子どもの精神分析的セラピストになること

実践と訓練をめぐる情動経験の物語

木部則雄・平井正三 ■監修

吉沢伸一・松本拓真・小笠原貴史 ■編著

ψ
金剛出版

本書を刊行するにあたって

　本書は，これまでにない趣を持つ子ども・思春期の精神分析に関する著書です。子どもの精神分析的セラピーを実践し訓練する中堅世代のセラピストを中心に執筆されました。この人たちが臨床の中で悪戦苦闘しながらも，それなりのセラピストになっていく様子が率直にいきいきと描きだされています。

　精神分析的セラピストになるためには，長きにわたる訓練と，実践の積み重ねが必要です。中堅世代は，ある程度の臨床実践をすでに行っている人たちですが，まだ発展途上でもあり，多くのことで迷いながらも成長する余白が今後あると期待しています。わが国では，精神分析の正式な訓練を受けることは困難であり，訓練にまつわるパーソナルな経験は通常では表舞台で語られることは多くありません。一見ナルシスティックにも見えるような試みですが，多数の中堅セラピストが対話を交わすことで，個人的なテーマを超えて普遍的なテーマが議論されています。

　精神分析的セラピストになるためには，一定の必要な訓練を終えることだけではなく，その過程にまつわる多くの迷いや葛藤を抱えていく必要があります。本書では，こうした葛藤がかなり明瞭に示されているように思われます。これから子どもの精神分析的セラピストを目指そうとしている臨床家や，すでに訓練をはじめた臨床家にとって，役立ち得る貴重な著作となるでしょう。

　また，現在の日本社会の状況や，そこに生きる子どもたちのありさまも論じられています。子どもの臨床家のみならず，大人のセラピストや子どもに携わっている多くの方に読んでいただければ幸いです。

監修者を代表して　木部則雄

序　章

　本書『子どもの精神分析的セラピストになること―実践と訓練をめぐる情動経験の物語』の中核は，そのタイトルの通り，子どもの臨床に関わるセラピストがいかにして精神分析的セラピストになっていくのか，その実践と訓練をめぐる情動経験についてのパーソナルな語らいや対話が収められています。本書を手にとってくれているあなたは，子どもの精神分析的セラピストをすでに目指そうとしている人かもしれませんし，もしくは関心があり何気なく手にとっただけかもしれません。あるいはあなた自身が，もしくはあなたの子どもが精神分析的なセラピーを受けたことがあったり，これから受けることを考えている人なのかもしれません。あなたが，どのような状況にある人であろうと，本書を読み進めていく中であなた自身の現在のあり方が，多かれ少なかれ問われることになるでしょう。

　なぜならば，本書では，従来の精神分析の概説書や論文集とは異なり，また学会発表などでの公の場での議論と違い，表舞台ではあまり語られることはなかったセラピストがセラピストとして生きること，またひとりの生身の人間として生きることをめぐる混乱や葛藤が生々しく，そして赤裸々に語られているからです。本書は子どもの臨床を実践している専門家や，それを目指そうとしている人を対象に書かれた本ですので，子どもの精神分析的セラピーに関心のある臨床家に役立ち得るかもしれません。しかし，そのような立場以外の人にとっても，生きていく上で直面する本質的な課題をめぐる問いが投げかけられるかもしれません。例えば，「人が成長していくこと」，「心の傷つきが癒えること」，「人が人に寄り添うこと」，「変えられないものを受け入れること」などをめぐる問いです。是非，読者のみなさんには本書を通

して，「自分自身の内なる声」と対話してほしいと思います。

　冒頭からこのように書いてしまうと何か怪しい雰囲気が醸し出され，本書をそっと置いて立ち去られてしまいそうです。私たち執筆者一同，子どもの精神分析的セラピストは，子どもたちとのセラピーでの関わりを通して，「子どもたちの言葉にならない，声なき声」を感じ考えようとします。その過程で，私たちは「自分自身と対話」することが必然的に求められます。しかし，よくよく考えてみれば，この営みというのは何も精神分析的なセラピーに限ったことではないでしょう。このような営みは，セラピーに限らず，「自分が自分として生きていく」ために，そして「他者と共存して生きていく」ために，慌ただしく過ぎ去る日々の中で少し立ち止まり内省するとき，そっと立ち現れてくる営みではないでしょうか。

　しかし，現代ではその瞬間を維持することが困難であり，その結果さまざまな形で問題が露呈して，セラピーを受けることが必要になるのかもしれません。子どもの場合は特に，その営みを支えてくれる他者が必要です。セラピーにつながっている子どもの中には，その他者の重要性や，重要な他者の不在をめぐる問題に取り組むこともあります。私たちセラピストもまた，その困難さゆえにセラピストになったのかもしれません。あるいはセラピストになろうとしているのかもしれません。では，どのように「自分自身と対話」することができるのでしょうか。本書は，まさにそのことをめぐる困難さとその意義を，「子どもの精神分析的セラピストになること」との関連で探求しています。宗教，哲学，文学，芸術など，はたまた自己啓発をめぐるさまざまな試みも，その手段と目的が異なるものの根底ではつながりをもっているのだと思います。人間が持つ本質的に大切な何かをとらえようとしていることには変わりないのかもしれません。

　本書では，明確な答えや，そこにたどり着くためのハウツーは提示されません。本書で試みられているのは，セラピスト自身の内なる対話と，それをもとにした他者との対話を重ねることで，「人が成長していくこと」，「心の傷つきが癒えること」，「人が人に寄り添うこと」，「変えられないものを受け入れること」とはいったいどういうことなのか，さらには「自分が自分として生きていく」ことや，「他者と共存して生きていく」ことをめぐる問いに

挑もうとしていることです。この試みを通して，「自分自身の内なる声」とは何か，「子どもたちの言葉にならない，声なき声」とは何か，「自分自身と対話」することとはいったい何を意味しているのか，これらの抽象的なものに輪郭が与えられることになるでしょう。決して綺麗ごとでは済まされない心の領域に私たちは目を向けることになります。是非，手に取った本書をそっと置かずに，もう少し読み進めてもらえれば嬉しい限りです。

＊＊＊

　さて，前置きがかなり長くなってしまいましたが，本書の構成を概説したいと思います。本書の中核となるのは，中堅世代のセラピストたちによって企画された，日本心理臨床学会における自主シンポジウム「子どもの精神分析的心理療法を学ぶ意義」の3年間（2017 - 2019）の記録です。各年のテーマは，「実践と訓練，そして情熱」（2017, 於 横浜），「出会いと変化，そしてやりがい」（2018, 於 神戸），「自分を生きることとセラピストになるということ」（2019, 於 横浜）であり，その記録がそれぞれ本書の第2部，第3部，第4部に収められています。毎回，2, 3名のシンポジストが各テーマについて発表し，それに1, 2名の指定討論者が討論し，さらにシンポジストや会場の参加者と対話を行いました。当日の会場でのディスカッションをそのまま掲載することはできませんでしたので，本書の2〜4部では，①シンポジストの発表，②指定討論者のコメント，③指定討論への応答を提示した上で，さらに，④シンポジウム全体に対するコメントを掲載しました。④のコメントは，訓練途上の臨床家から，ある程度経験を積んで訓練を提供している臨床家まで幅広い層の方々にお願いしました。その中には，当日会場に足を運んで下さった方も含まれています。このように工夫することで，当日のディスカッションに劣らない，厚みのあるディスカッションを掲載することができました。

　また，各シンポジストは，詳細ではありませんがヴィネットとして，自らが経験した事例に基づき考えを述べています。指定討論者との対話を通し，提示された事例の理解が奥行きあるものになっています。子どもの心の状態

や，その表現，そして他者との関係性について，精神分析的な観点からはどのように理解できるのか，その一端を知ることができるでしょう。ただ，これは絶対的な真実ではなく，子どもとの経験を内省し考えた一つの理解であり，絶えず検討し続ける必要がある類のものなのです。

　第2部「実践と訓練，そして情熱」では，事例の経験に基づきセラピストの「情熱」について多角的に議論されています。読者の方は，情熱という言葉からどのようなことを連想するでしょうか。精神分析的セラピーの実践と訓練を継続するとき，確かに情熱がセラピストを支えることになるでしょう。しかし，この情熱という言葉には，一般的な肯定的な響きとはまったく異なる側面も含まれています。この情熱という切り口から，子どもに向き合う姿勢を考えてみるときに，「子どもたちの言葉にならない，声なき声」や「自分自身の内なる声」を感知することの困難さが浮上してきます。読者のみなさんは，情熱という言葉が放つ一般的な肯定的な響きとはまったく異なる次元に誘われ，「人間が成長していくこと」のために「人が人に寄り添うこと」の両義性について考えることになるでしょう。また，「心の傷つきが癒えること」と「変えられないものを受け入れること」をめぐる心の機微を考えることになるでしょう。

　第3部「出会いと変化，そしてやりがい」では，困難な長きにわたるセラピー過程でクライエントの変化が生じるその瞬間に立ち会う局面が提示され，議論されています。私たちがセラピーで関わる子どもたちは，悩みを相談でき元気を取り戻すという類の状態ではありません。そもそも何に悩んでいるかを言語化することもできず，それが達成され話し合われるならば，大きな進展でしょう。ここで取り上げられているのは，それと比べるならばわずかな変化かもしれません。しかし，私たちセラピストは，その瞬間に子どもたちの真の姿と出会い，つながる実感を持ちます。セラピーで関わる子どもたちの中には，本当の意味で他者と出会ったことがない，あるいは出会うことを恐れている人たちが多くいます。それゆえに，「出会いと変化」の瞬間は，セラピストの「やりがい」と位置付けられ，セラピストがセラピストであることの意義を確認できるのです。まさに「子どもたちの言葉にならない，声なき声」を，「自分自身の内なる声」として捉えた瞬間です。セラピ

ストとしての仕事がかけがえのないものだと実感できる瞬間でもあります。しかし，その落とし穴もあるようです。読者のみなさんは，心が変化するとはどういうことなのか，「人が成長していくこと」のために，あるいは「心の傷つきが癒えること」のために，「人が人に寄り添うこと」の大切さとその困難さを考える契機となるでしょう。

　第4部「自分を生きることとセラピストになるということ」では，臨床家としての職業を選択し，さらにその中でも子どもの精神分析的セラピストという専門性に特化した実践と訓練を選択することになった背景，つまり「セラピストになること」についてのさまざまな葛藤が語られます。そして，その葛藤が，さらに「自分を生きること」，つまり自分の人生を生きることとの関連でどう位置づいてくるのかがさらに語られます。これは，子どもを対象としたセラピストに限らず，すべてのセラピストや臨床家に共通するテーマでしょう。また，このテーマは，どの職業の立場にいる人にも同様に当てはまるでしょうし，それぞれの領域での独特さがあるのでしょう。ここでは，「精神分析的セラピストになること」をめぐる訓練の独特さが取り上げられています。結婚して妻あるいは夫になること，子どもの誕生から親になること，そして子どもを育み家族が成長していく過程と，セラピストになっていく過程が，どのように交差しながら進んでいくのかにいての対話がなされています。さらに，わが子のみならず，次世代のセラピストを育むことの課題も加わります。まさに「自分が自分として生きていく」ことと「他者と共存して生きていく」をめぐるテーマです。読者のみなさんは，「変えられないものを受け入れること」に直面しつつ「人が成長していくこと」とはいかなることかを考えることになるかもしれません。何を選択し，何を選択しないのか，ここでもやはり「自分自身の内なる声」が手がかりになってくるようです。

＊＊＊

　本書では，これまで述べてきた中堅世代にあたる子どもの精神分析的セラピストの実践と訓練をめぐる語りと対話の他に，ベテラン世代にあたる，木部則雄先生，飛谷渉先生，鵜飼奈津子先生，平井正三先生の4名の先生方が

執筆に加わってくれました。彼らは，英国ロンドンにあるタヴィストック・クリニックに留学され，子どもの精神分析を創始したメラニー・クラインから連綿と続き発展してきた実践知を日本に持ち帰ったパイオニアの先生方です。

　順番が前後してしまいましたが，第1部は「現代社会における子どもを取り巻く状況と精神分析的心理療法の意義」について論じられています。現代の社会状況，およびそこで生きる子どもたち（第1章）や思春期の青年たち（第2章）のメンタリティについて，精神分析的な見地から考察がなされています。その上で，なぜ精神分析的心理療法が必要で役立ち得るのかが提示されます。第2部から第4部までは，子どもの精神分析的セラピストになる過程での主要なテーマを議論していますが，第1部はその前提にある，どうして精神分析的なセラピーがこの現代社会において必要なのか，精神分析的セラピストのアイデンティティの根幹に関して論じられています。

　第5部「子どもの精神分析的セラピストを目指す人たちに向けて」では，実際に子どもの精神分析的セラピストを目指したい人のために，その訓練過程について説明がなされています。具体的な養成機関でのセラピストの育成をめぐる現状と課題（第17章），そして訓練過程を経てセラピストに求められる資質（第18章）について論じられています。子どもの精神分析的セラピストを目指したいと思っている人たちにとっての重要な指針となるでしょう。また，自分自身が精神分析的セラピーを受けようと思うとき，セラピストはどのような訓練を重ねてきている者なのかを理解していただけると思います。もしくは自分の子どもに精神分析的セラピーを受けさせようとしている場合，あるいはすでに受けている場合，精神分析的セラピーがどのように役立ち，どのような営みであるのか掴んでいただけるのではないかと思います。

＊＊＊

　本書を手に取り，そしてそっと置かずに，ここまで読み進めてきてくれたあなたに感謝したいと思います。あなたがどのような立場にある方であれ，本書をさらに読み進めていただき，「子どもの精神分析的セラピー」と，「子どもの精神分析的セラピストになること」について理解を深めていただけれ

ば幸いです。そして，願わくば，単なる知識として理解するだけではなく，冒頭で示した，「人が成長していくこと」，「心の傷つきが癒えること」，「人が人に寄り添うこと」，「変えられないものを受け入れること」といった，人生における大切な構成要素について，あなた自身が「自分自身と対話」し，「自分自身の内なる声」に耳を傾けていただきたいと思います。あなたの心の中にもある「子どもたちの言葉にならない，声なき声」は，「自分が自分として生きていく」ことや「他者と共存して生きていく」ことをめぐる問いに何らかの手がかりをもたらしてくれるかもしれません。本書が，読者であるあなたにとって，「自分自身と対話」することをわずかながらでも後押しすることができるのであれば，執筆者としてはこの上ない喜びです。なぜならば，精神分析的臨床の根幹は，内的な自己と対話する力を育むことにあるからです。それはセラピーを受けるクライエントのみならず，実践するセラピスト自身にもあてはまります。本書は，セラピストの内的自己との対話による情動経験の物語です。読者であるあなたの情動経験の物語をどのように紡ぎだすのかは，本書を読み進めていくあなた自身に委ねられることになるでしょう。

執筆者を代表して　吉沢伸一

目　次

第5部　子どもの精神分析的セラピストを目指す人たちに向けて

第 1 部

現代社会における子どもを取り巻く状況と
精神分析的心理療法の意義

第 1 章

乳幼児と子どもを廻る環境
——エディプスなき現代社会——

木部則雄

現代社会における子どもを取り巻く環境と精神分析的心理療法の意義について，これから述べるわけですが，精神科臨床，特に子どもと関わる臨床を始めてすでに 35 年以上も経ってしまいました。いささか私見的ですが，精神分析の背景としての社会や文化という観点から散文的に述べてみようと思います。また，ここで昔はよかったなどとノスタルジックなことを伝えたいわけではなく，ある価値観を押し付けるつもりは一切ないことを，まずお断りします。時代は常に流れ，人はこの歴史的流れに身を任せるしかないということなのです。コロナウイルスが蔓延し，自称専門家たちがあたかも真実かのようにコメントを矢継ぎ早に述べています。この殆どのコメントはその場限りのインスタントであり，まったく真実はありません。人間の浅智恵では，歴史という自然の流れの中では太刀打ちできません。ナポレオンですら，当時の時代背景から誕生した寵児でしたし，歴史は個人によってなされないものです。

I フロイト・クラインの時代

精神分析は 19 世紀末，フロイトの住むウィーンのリンク内の富，教養も地位もある上流階級のユダヤ人社会の中で生まれました。当時のウィーンは世紀末という文化が咲き誇った時代であり，作曲家グスタフ・マーラー，画家グスタフ・クリムト，哲学者ルートヴィヒ・ウィットゲンシュタインなど活躍した文化人を挙げれば限りがありません。ここでは議論をシンプルに進めますが，フロイトはまず，ヒステリー患者の語る性的外傷を現実の出来事

ではなく，最終的に心的世界の空想の賜物であるとしました。性的外傷説の放棄をすることで，心的世界の探求に舵を切りました。フロイトは，当初「抑圧」を唯一の防衛と考えており，この無意識的葛藤を意識化することでヒステリーなどの神経症を治癒に至らせるというのが精神分析の考え方の基本です。当時フロイトが相手にしていたユダヤ人の上流社会には，多くの抑圧的な権威，常識，道徳，性へのタブーといったものが存在していました。また，そもそもユダヤ人はキリストへの帰依を拒否した民であり，歴史的に弾圧されていました。抑圧は当時のウィーンに住むユダヤの人々のこころの中心的な機制であったわけです。日常語でいえば，抑圧は我慢とか忍耐といったことになるでしょう。興味深いのは，同時代のピエール・ジャネは「トラウマ」，「解離」について語っていることです。ジャネの患者のほとんどは幼い少女時代から娼婦として街で働いていた女性たちでした。この女性たちにとっては，性的外傷は心的なものではなく，まさしく現実でした。つまり，フロイトとジャネはまったく異なる社会背景にある患者と関わり，その経験を理論化したということです。余談ですが，ウィーンにもジャネと同じような背景がある社会もありました。これはエゴン・シーレが描いた恍惚の表情を浮かべる娼婦たちですが，フロイトの患者には一人たりともいませんでした。

　フロイトの精神分析のもう一つの鍵は，エディプス・コンプレックスの解消ということです。フロイトは自らの体験から，フリースという耳鼻科医への手紙での交流の中でこれを発見，洗練化しました。さらに，これが普遍的な無意識であると確信し，この源泉としてギリシャ悲劇のオィデプスに見出しました。さて，このエディプス・コンプレックスという概念ですが，フロイトの生活史は異なりますが，当時の人々は基本的に親の仕事を継ぐという封建制の中で，差し迫る現実的な問題であると考えることもできます。封建制度において，身分は固定化し，オィデプスもそうですが，息子は父親と同じ仕事に就かなければなりません。そこには実際の父親と息子の葛藤があり，勝者と敗者という現実がありました。息子は常に父親の卓越した技や芸から圧迫され，それを追い越すことが使命となっていました。そこでは忍耐と我慢が必要であり，「抑圧」が重要な機制とならざるをえませんでした。抑圧の機制が働けば働くだけ，意識と無意識の境界が明確に形成されます。その

結果，抑圧された願望や欲動は無意識を豊かにし，タブーが多ければ多いだけ罪悪感も生じてくるのです。

　フロイトに次いで，精神分析の領域を広げたのはメラニー・クラインです。クラインはフロイトの背景と同じくユダヤ人家庭の子どもたちの精神分析に乗り出しました。クラインは子どもには大人のような「抑圧」という防衛は機能せずに，自我の未熟さゆえに「投影同一化」が主体となる原始的防衛についての臨床実践，研究について専心しました。つまり，ほとんどの子どもは大人に比せば，忍耐や我慢ができず，欲求や衝動を外的世界に一気に排泄するというもので，子どもの本質を考えればとても分かりやすいことです。これは精神分析の適応について，「抑圧」を中心の防衛とする神経症だけでなく，「投影同一化」を中心とする子ども，パーソナリティ障害，さらには精神病へと拡大を可能にしました。精神分析の技法や研究は「投影同一化」についてどう対処するのかということが，この数十年のトレンドでした。また，クラインが両親の養育機能への言及が乏しいとされていますが，当時の時代背景からすれば，両親の養育態度は問題にされないことでした。また，クラインの関わった子どもたちは恵まれていて，貧困とか，虐待とかは見受けられなかったことに起因しているのでしょう。精神分析は，「抑圧」が機能する社会構造に対して，「投影同一化」が病理として展開する子どもという背景の中で構築されてきました。

II　現代の精神分析のフィールド

　私の精神分析的な臨床実践は，英国のタヴィストック・クリニックに留学した時からですが，当時，エディプス・コンプレックスは概念だけでなく，実際の臨床現場でも目の前でその展開を見ることができました。1991 年から 4 年間タヴィストック・クリニックで研修した経験に基づいて，『こどもの精神分析』（2006）を刊行しましたが，これは当然のことながら，タヴィストックでの研修，その時代背景からの直接的な影響を受けています。本書はエディプス・コンプレックス，早期エディプス状況によって，臨床実践が行うことができるという私自身の実感と体験を記述したものです。その後，

『こどもの精神分析Ⅱ』（2013）を刊行しましたが，これはその後の臨床実践で日々感じる事態に対応するために書いたものです。結果として，本書は私が「今どき」の精神分析的な臨床実践を行う中で生まれた問題意識を反映するものとなっています。簡潔にいえば，現代はエディプス不在の時代の中で，いかにして子どもの精神分析に関わるかというテーマです。こうした時代背景に関して，これから私なりの考察を述べたいと思います。

　この 10 年ほど，私は臨床フィールドの大きな変化，つまり社会や人々のこころの質に大きな変化が生じているのではないかと感じています。昨今，精神科や心理臨床の実践の現場では，さまざまな新たな問題が生じています。子どもの領域では，発達障害，そして保護者の養育不備を含む虐待のケースが増加し，思春期の領域ではひきこもりなどの社会不適応，解離性障害や発達障害が外来に溢れ，そして大人においては，いわゆる新型うつ病と言われる現代的なうつ病が臨床現場に溢れています。こうしたトピックは，21 世紀になって精神科や心理臨床の表舞台に現れてきたという印象があります。

　これらのトピックスは別個のものではなく，連続したものと考えるのが妥当でしょう。例えば，不登校の子どもはそれが継続すれば，ひきこもりになります。ここに共通しているのは，おそらくエディプス・コンプレックスの経験のなさ，その結果としての超自我の不在ということになっているように感じています。昨今の子どもたちは徒党を組んでガキ大将の下に上下関係を学んだりすることなく，喧嘩をしたりすることは好ましいことではないとされています。昭和の時代には，子どもの喧嘩に親が口出しすることは禁忌でしたが，今やいじめ問題への対応のために，早期から親の介入が一般的です。子どもたちは直接的な関わりでなく，オンラインでゲームを行うなど，過去の身体をぶつけ合うなどという機会は激減しました。こうした社会情勢の中で，子どもは直接的に戦うことに慣れていない時代になったようです。いわゆる新型うつ病の若者の主張は，上司がしっかりと教えてくれないので，自分がうつ状態になったというものです。仕事や技術は盗むものであるという考えは過去の産物であり，マニュアルを作成することが求められる時代になっているのです。これら現代のトピックを前にして，精神分析に何ができるのでしょうか。現代社会において精神分析を生かすことは，精神分析が社

会とどのように関わっているのかを考えない限りは難しいのではないかと感じています。

　では，「今どき」の現代社会とはどのようなものなのでしょうか。街には物が溢れ，物やお金に過度な価値が置かれています。バブルと言われた時代はとうに過ぎましたが，メンタリティは現実よりも時間的に遅れて変化するようです。私たちには餓死とか，凍死などは思いもよらないことです。戦前，あるいは戦後の復興を築いた我慢や忍耐は愚かなこととされる一方，自己表現や自己主張は過剰に重んじられます。つまり今は，沈黙は鉄くずであり，すべての主張は金であるというような時代となりました。こうなると，権威や習慣，道徳などはどこかにすっかり消え去ってしまいました。両親の子どもへの影響，父親の権威は失墜しました。学校の教師は親や保護者から言いたい放題に言われ，医療関係者や臨床に関わる専門家は訴訟を恐れ，政治家や公務員もすっかり権威がなくなりました。誰もが権威を失い，人はインターネット上に氾濫する情報に惑わされているような時代になりました。

　おそらくわが国の精神分析が最も盛んだったのは，昭和40年代から平成までといった感じでしょう。当時の若者たちのメンタリティは，戦前，戦後の焼け野原から生き残った親からの養育でした。ここでの風潮は，上から一方的に理不尽なことを押し付けるといった超自我に基づく養育環境でした。また，エディプス・コンプレックスも重要な鍵概念として，機能していました。子どもの問題行動はすべて家庭での躾の問題とされ，この行き過ぎは「母源病」などといった行き過ぎた風潮にもなりました。この頃に，ADHDや学級崩壊といったことはありませんでした。学校の教師は権威的であり，ときには体罰も公然と行われ，離席をするなどということは論外でした。この「抑圧」は重要なメンタリティのテーマであり，社会現象としてはこれに対する反抗として学生運動，病的な反抗は境界例として精神医学全般のテーマでした。このために，精神分析はこの時代の臨床に大きな貢献ができました。

　さて，その後わが国だけでなく，世界は平和な時代が流れ，米国が世界を代表する価値概念を提出する時代となりました。これは「抑圧」の文化に対する「発散（自己表現）」の文化です。現代人の行動原理はイド中心であり，アダルトチルドレンといった誰が悪いのかという他罰主義であって，自責的

な傾向は影を潜めました。現代人のメンタリティの防衛機制の中心は「投影同一化」と「否認」になり，「抑圧」は表舞台から消えてしまいました。フロイトのこころのモデルでは，「抑圧」によって豊かにされていた無意識的葛藤は，発散の結果として枯渇してしまった印象があります。そして，昔のような罪悪感もかなり消褪してきたようです。無意識の枯渇化は空想と現実を混乱させることになり，バーチャルリアリティの世界が現実を凌駕し始めています。こうした時代の流れの中で，無意識や葛藤を積極的に取り扱わない認知行動療法が流行しているのでしょう。しかし，昨今，認知行動療法の再発率の高さが指摘されています。

　「抑圧」という機制が社会で機能しなくなりつつある現代において，精神分析は「投影同一化」と「否認」を中心とする病態，あるいはそれ以下の病態への適応を求められます。 この機制は本来子どもに活発ですが，現代は大人としての成熟を失いつつある時代です。こうした機制へのアプローチは，特にクライン派精神分析によるパーソナリティ障害や精神病の精神分析治療において，すでに洗練された理論となっています。この観点からすれば，現代はクライン派の臨床実践の重要性が増し，私たちの臨床での理解に大きな手がかりを与えてくれます。

　話題を子どもに戻せば，現代にあって発達障害は増加の一途にあり，今や疑いもなくトレンドです。その大きな理由の一つは，子どもの精神障害の診断の不備にあると思います。今日，DSM-5，ICD-10 といった操作的診断基準が臨床で多用されていますが，そこで最も頁が割かれているのは発達障害です。ここにはすべての子どもの問題行動が羅列されています。これを受けて，他の子どもとのコミュニケーションが少々苦手であるとか，教師に反抗的であるといっただけで，アスペルガー障害や ADHD と診断されている例は枚挙に暇がありません。そもそも操作的診断基準はマニュアルであり，診断基準のそれぞれの項目に該当するか否かを判別し，該当した項目の個数で診断を決めるというものです。したがって，素人でも診断ができる魔法の本であるかのような錯覚に陥ります。もともと統計や研究のための診断という任務のみを負っていた操作的診断基準が，臨床現場に侵入しそこを占領してしまった感があります。これに全面的に従って診断を行うことにより，症

状，行動や適応といった表面的な事象に焦点を当てる一方で，発病に至る家族，環境，力動的関係や無意識的世界が無視されてしまうようになりました。操作的診断基準だけでは十分な臨床実践を行うことはできないばかりか，診断名を付けることだけが重視され，大きな問題となることもしばしば経験します。例えば，ある子どもについて，この子はアスペルガー障害だからこうであるに違いないという十把一絡的な議論が展開されたり，その決め付けに従って，両親や教師を指導したりすることです。診断は問題行動によってなされますが，私たち臨床家は問題行動と関わるより，健康な部分と関わって，そうした問題行動に対処するようにしています。健康な部分や養育環境は個々の子どもによって異なり，診断マニュアルでは把握することはできません。オーダーメイドこそ臨床の醍醐味です。また，被虐待児も生物学的な背景の強い多動児も，同じ ADHD として診断されてしまうという困った事態に陥っています。

　私は中核的な発達障害を除いて，発達障害という診断の境界は曖昧であり，ある意味，「すべての人が何らかの発達，認知上のゆがみを持つ発達障害である」と思っています。私たちは各々，勉強や運動だけでなく，日常生活においても得意不得意があり，それをなんとなく認識して生きているのではないでしょうか。その結果，できるだけ自分の得意な領域で社会適応しているのです。この議論は，一昔前のパーソナリティ障害にも似ています。パーソナリティ障害は自らのパーソナリティについて悩む，あるいはその人のパーソナリティの問題で周囲が悩むというものです。おそらく，自分のパーソナリティに悩まない人は周囲に迷惑な存在です。つまり，すべての人はパーソナリティ障害となります。さて，パーソナリティ障害という用語もほとんど使用されることのない用語となりつつあります。これは精神医学の力関係の影響によるように思います。パーソナリティ障害は精神分析，力動的精神医学の産物です。ここには自己責任という要素が含まれ，精神分析療法を含む心理療法が第一選択とされていました。では，今，パーソナリティ障害はどこに行ってしまったのでしょうか。ほとんどのパーソナリティ障害は，大人の発達障害として診断されています。境界例は大人の ADHD，スキゾイドパーソナリティは自閉スペクトラム症として，発達障害に変身したようです。ここに

は自己責任はなく，誰にも責任はありません。器質的な要素がその責任を被ることになりました。ここには治療に対する動機付けも乏しい現状があります。

　子どもの精神疾患をカテゴリー化して診断するのは，もともと不可能に近いことです。自閉症の概念を確立したレオ・カナーは，「診断ということの本来の意義を満たす目的に従って実際的な表示法を考えた場合，事態をもっとも簡単な短文の形式で示すことが合目的である」と記しています（Kanner, 1943）。ウィニコットも，「児童精神医学において症例を，特に思春期以前や青年期前期の子どもたちを分類し，病名のレッテルを貼ることの価値には限界がある」と述べています（Winnicott, 1958）。この二人の意見に代表されるように，一人ひとりの子どもを取り巻く環境が違えば神経的発達も異なり，パーソナリティなどの心的発達も多岐にわたって個性があるため，これらを類型化することは至難の業です。しかし，現状を見る限り，個別に理解するという臨床の基本的な態度を，私たちは科学という砂上の楼閣の上に立ったために，臨床家という基本を忘れてしまったようです。

　あえてもう一つ，ここで述べておきたいことがあります。臨床現場では，発達障害のお子さんを一生懸命に養育しておられ，敬意を表したい保護者の方にもたくさんお会いします。その一方，発達障害という診断が養育の不備の免罪符となってしまう場合があるという事実に，触れないわけにはいきません。それは子どもの問題行動をすべて発達障害という問題に集約させることで，保護者の養育の問題を棚上げし，子どもに責任を押しつけて事態を処理してしまうということです。このメンタリティは今日の他罰的な文化状況を如実に反映しています。例えば本当にひどいケースとして，「うちの子はADHDだからどうにもならないのよ」と言いながら，虐待を繰り返す保護者に出会ったことが一度ならずあります。こうした極端な事態は，診断を乱用する医療サイドの問題かもしれませんが，発達障害という曖昧な境界設定そのものの問題を提示しているかのようです。

　発達障害が大きな問題となっているもう一つの理由は，「抑圧」という我慢の文化が否定され，私たちが発散の文化の真っ只中にいるということです。これが子どもにも波及した結果，教師の言うことは馬耳東風となり，ときに学級崩壊といった事態に陥ることがあるのは周知のことです。学級崩壊と似

て非なるのは「校内暴力」かもしれません。これは教師への反抗という，学生運動のジュニア版ですが，かつては，先生たちと子どもは戦い，ぶつかり合っていました。今の学級崩壊と比較すると，時代の変化がより見えてくるように思います。今まで「抑圧」の文化によって，学校での離席などの問題行動を制止され，なんとかクラスに適応していた子どもたちは制止を解かれ，好き勝手に行動するようになりました。「発散」の文化は，大人だけでなく子どもにも大きな影響を与えているのです。

　こうした子どもがしばしば夢中になっているのは，ゲームです。ゲームは時にゲーム依存という社会現象にもなっています。メルツァーは自閉症との精神分析的探究から，心的次元という概念を提案しています。人のこころは時間と空間のある四次元性，空間のみの三次元性，平面の二次元性，直線の一次元性に区分されるとしました（Meltzer et al., 1975）。私たちがコミュニケーションできるこころの構造は四次元性で，相手の意図を理解し，適切に対応することができます。三次元性では「投影同一化」はできますが，そこに時間性がないために，前後の文脈はなくなり，「投影同一化」されたものは誰からもキャッチされずに宙に舞うことになります。これは被害妄想とか，妄想的世界の源になります。二次元性とは，こころに空間性がなく，相手の真似をするとか，知的に表面だけを学ぶということになります。一次元性はこころもなく，相手に一直線に突き進む世界です。私たちの社会は，「発散（投影同一化）」の世界にいますが，この世界よりこころが構造化されていないのが，二次元性の「付着同一化」です。ゲームはまさしく二次元性です。ゲームはスマホや PC の画面上で行われ，指先で表面を操作するだけで，次々と新たな世界が展開し，大きな興奮を与えます。また，二次元アイドルとか，アニメの主人公に夢中になる若者も多くいます。私たちの出会う子どもたちを蝕んでいるのは，この二次元性の世界の住人であるということを知らなければなりません。

　さて次に，発達障害と同じく大きな問題となっている虐待は，主に保護者の問題です。子育てというのは，決して楽しいことの連続ではなく，どちらかと言えば辛いことや苦しいことの方が多いものかもしれません。子育てとは，報いのない尽力かもしれません。こうした苦しさに耐えることが苦手な

保護者が，子育て困難に陥ったり，時には虐待という悲惨な事態を引き起こすというケースが増加しています。もちろん，ここには核家族，片親家族などといった現代の家族の問題，隣近所の付き合いの希薄化など地域社会からの孤立化など現実の家族，社会問題も関わっています。このため子育て支援ということが，現在では重要なテーマとなっています。しかし，これらの状況すら，「抑圧」から「発散」へのメンタリティへの移行を反映していると言えるでしょう。虐待に及んでしまう保護者の多くは，自分自身も不適切に養育された過去があり，不適切な養育の世代間伝達のサイクルに嵌っています。問題のある過去の養育体験を整理できずに，自分が親になることによって過去が襲ってきます。そして，この過去はさらなる虐待を生み，虐待の連鎖が起こり，トラウマがトラウマを生みだす構図となってしまっています。トラウマとは抑圧することのできない体験であり，それは機能するこころの外に布置し，時々フラッシュバックとしてこころに侵入し，言語化することのできない領域に棲みついています。こうした親は赤ん坊の泣き声の意図を理解できずに，ネグレクトや身体的な虐待に及んでしまいます。フロイトは心的外傷説を捨てることで，精神分析を展開させました。しかし，現代の精神分析はトラウマというフロイトが重視しなかったテーマを取り扱う必要に迫られています。しかし，こうした世代間伝達だけでなく，保護者が自らの不安やストレスを抱えることができず，ただ単に子どもに八つ当たりしているという短絡的な構造も，虐待の多くの背景になりつつあるということは大きな問題です。

　さらに悲惨な事態は，発達障害と虐待が密接にリンクしていることがあります。発達障害の子どもたちを簡単に定義すれば，定型的な発達が困難な素因を持っている子どもたちということです。それだけに，いっそう養育環境が重要な要素になってきます。基本的に「親はなくても子は育つ」という普通の子どもたちと異なり，発達障害の子どもたちの養育には多くの手間暇を要します。この手間暇，養育困難が虐待に発展してしまうことがあります。また，乳児の頃からネグレクトなどの虐待を受けると，発達も停滞してしまいます。事態は鶏が先か，卵が先かのような様相を呈してきます。残念ながら，この問題は今後さらに医療，福祉分野だけでなく，社会問題として重要

なテーマとなっていくでしょう。ここまでをまとめますと，この数年の子どもとの臨床実践で感じるのは，エディプス・マテリアルが激減したということです。ここでのエディプス・マテリアルというのは，同性の親との葛藤関係のことです。「今どき」の親子関係には戦いとか葛藤はあまり見られず，それは上下関係のないフラットな関係であったり，子が親を心配するように逆転した関係であったり，まったく関与しないかのような関係であったりします。現代はエディプスの時代ではなくなり，それを経験したり，克服しようとする必要性がなくなったように感じられます。この問題は，葛藤を回避し，現実と直面しない思春期の青年のひきこもりや新型うつ病といった心性に関係しているに違いないでしょう。

　エディプスは子どもにとって初めての深刻な戦いです。これを経験しなければ，思春期の自立が困難となるでしょう。それがひきこもることのメンタリティということになります。また，受験などの青年期の洗礼は乗り切ったものの，いざ現実社会との戦いでは，上司の叱責一つでいとも容易く崩れてしまったりという事態を招きかねません。こうした観点から，これは大人の発達障害にも連続性を持つことになるでしょう。

III　現代における精神分析の意義

　私たちの社会は，すでに「抑圧」，四次元の世界ではなく，クラインが描いた「投影同一化」，三次元の世界です。フロイトの精神分析の十八番は「抑圧」に伴う転移・解釈ですが，クラインは「投影同一化」の精神分析にまで拡大しました。私たちの相手にする子どもたちは，三次元以下の二次元，「付着同一化」の世界に棲んでいることになっているのは必然のことなのかも知れません。

　現代の精神分析はフロイトやクラインの技法を使用する前に，その下準備が必要になりました。これはビオンの「コンテイナー」（Bion, 1962）であったり，デュビンスキーの「情緒的理解」（Dubinsky, 1997）ということになります。私たちはクラインの時代の子どもたち以上に，「投影同一化」が乏しく，バラバラで表層的な世界を包容的に理解して，そこに情緒を吹き込む必要があります。近頃，子どもの心理療法のスーパーヴィジョンなどで頻回

に見るのは，休暇や些細なストレスから，自我はバラバラになってしまうことです。ここには，休暇に対する怒りとか，攻撃も見出されません。こうした子どもたちへの精神分析的技法は，怒りや攻撃性への言及ではピント外れになっています。

　こうした現状を踏まえると，タスティンの積極的な精神分析技法が参考になるかもしれません。私たちはできるだけ厳密な治療設定，杓子定規的でなく柔軟な治療態度，バラバラな自我をまとめる包容性，転移解釈よりもここで起きていることについての情緒的理解を伝えることが重要なように思います。重篤な被虐待児では，従来の転移解釈は無謀なことになり，しばしば治療の中断となってしまいます。発達障害児では転移解釈は青天の霹靂にしかなりません。こうした下準備の上に，初めて従来の転移解釈が成り立ちます。

　こうした精神分析の技法だけでなく，累々と積み重なった精神分析の知見は現代の子どもたちへの理解に大いに役立ち，これは他のどの学派よりも優れたものであることは疑いのないことです。

文　献

Bion,W.R（1962）. *Learning from experience*. London: Heinemann. 福本修（訳）（1999）. 経験から学ぶこと. 精神分析の方法I―セブン・サーヴァンツ. 法政大学出版局.

木部則雄（2006）. こどもの精神分析. 岩崎学術出版社.

木部則雄（2013）. こどもの精神分析II. 岩崎学術出版社.

Kanner, L.（1943）. Autistic Disturbances of Affective contact. *Nervous Child*, 2, pp. 217-250. 十亀史郎・岩本憲・斉藤聡明（訳）（2001）. 幼児自閉症の研究. 黎明書房.

Meltzer, D., Bremner, J., Hoxter, S., Weddell, D. & Wittenberg, I.（1975）. *Explorations in Autism*. London: Clunie Press. 平井正三（監訳）（2014）. 自閉症世界の探求―精神分析的研究より. 金剛出版.

Rustin, M., Rhode, M., Dubinsky, H., Dubinsky, A.（1997）. *Psychotic States in Children*. London: Karnac Books. 木部則雄（監訳）（2017）. 発達障害・被虐待児のこころの世界―精神分析による包括的理解. 岩作学術出版社.

Spensley, S.（1995）. *Frances Tustin*. London/ New York: Routledge. 井原成男（監訳）（2003）. 木部則雄解題：タスティン入門―自閉症の精神分析的探求. 岩崎学術出版社.

Winnicott, D. W.（1958）. *Collected Papers：Through Paediatrics to Psycho-Analysis*. London: Tavistock Publications Ltd. 北山修（監訳）（2005）. 小児医学から精神分析へ：ウィニコット臨床論文集. 岩崎学術出版社.

第2章

新しい思春期モデル

——ポスト・クライン派によるデジタル・ネイティブ時代の臨床思考

飛谷　渉

I　はじめに

　インターネット，スマートフォン，SNS，これらは今や生活のインフラとなった。それらは現代における人と人とのつながりの基盤となり，コミュニケーションの「場」を提供する。日本でインターネットが一般に普及したのは1995年前後と言われている。それからすでに25年が過ぎ，その頃生まれた人々は，今や20代なかばの青年期にいる。生まれながらにしてICTに親しみ，幼少期からインターネット社会で過ごしてきた世代の若者たちをデジタル・ネイティブと呼ぶ。こうした若者たちの思春期の精神生活の有り様は，既存の思春期発達論からは大きく外れてきているように見え，彼らを理解するには相応の新たな概念モデルを必要とするように思われる。

　極言するなら，思春期は消滅しつつある。思春期の中核を中学生に限定するならば，彼らの作る集団の質や，家庭や学校での振る舞いは，もはや数年前までのそれとは随分異なっているようだ。そうした印象には，思春期臨床に携わる臨床家であれば概ね同意してくれることだろう。学校現場には，今も手に負えない思春期の子どもたちがたくさんいるが，彼らは以前のようには徒党を組まず，親への反抗も目立たない。思春期的な圧の高さがなく，熱気がなく，そして表面的には情緒的にあまり混乱していないように見える。だが他方，突如脈絡なく爆発的破綻を生じるか，もしくはそうした破綻の予感に怯えている。数年前までは必ずあった思春期的混乱の代わりに，今や

AS（自閉スペクトラム）や ADHD などの発達障害的な児童が激増し，それゆえそれぞれの子どもは集団化せずむしろ孤立化している。つまり，コミュニケーションの困難や集団に帰属することへのアルルギーとでもいうような，これまでとは異なる極端な不適応が，思春期問題として急浮上しているのである。ネット上でのいじめ，SNS で知り合う大人との危険な接触，不登校や引きこもり，唐突な家出，非行，ゲーム依存など，生じていることは一見同じようでも，その質がどこかこれまでとは随分異なっている印象がある。思春期の何かが急激に変わってきているようである。

　人の心に心で触れることで生じる現実をつぶさに観察するとともに，その知見について考え理解するのが精神分析の基本的スタンスである。その理論は，思弁からではなく臨床現場での経験から得られるものであることは，今もフロイトの時代から変わっていない。時代が変わり，人の心の様相が変化しても，精神分析の「心の現実を体験し，観察し，理解する」という基本的な有り様は変わらないのだ。これは，物理学がニュートン力学から相対性理論を経て量子力学へと展開しても，その基本的なスタンスが変わらないのと同じである。だが，こうした科学的接近法によって得られる真実の発見は，時として人を強く脅かす。物理学も精神分析も激しい社会心理的反発に出会ってきた。例えば地動説を洗練したガリレオは異端審問にかけられた。精神分析の誕生を記した創始の書「夢解釈」（Freud, 1900）の初版は，当時のアカデミズムからは完全に無視されほとんど売れなかったため，フロイトがいたく失望したことはよく知られている。反発は外側からだけではない。そもそも地動説のオリジナルはコペルニクスだったが，自説の公表を晩年まで渋っていた彼は，弟子の説得に渋々応じて出版に踏み切った後，脳卒中で倒れた。ニュートンは微分法や万有引力の理論を公表した後，精神変調を来たした。このように，「真実の公表 publication of the truth」は時として，社会的な敵意や反感を喚起し，そればかりでなく公表した個人の内部においても，心理的抵抗や精神的破綻，はてには身体的破綻として生じる恐慌反応を引き起こすのである。人の心の真実を照らし出す方法としての精神分析が歓迎されないのは，そういった意味で当然のことなのだろう。フロイトが「抵抗」として概念化した症状へのしがみ付きは「真実への恐れ」の現れである。

　思春期もまた，彼らの唐突で不器用な剥き出しの真実暴露性ゆえに歓迎されない。これも「個人的真実の公表 publication of the private truth」のもたらす敵意と混乱が本人も含め関係する人々に喚起する不安のためである。思春期は，人が大人になる際の「心の脱皮」（飛谷，2019b）の時期だとみなすことができ，その脱皮は，心にも，身体にも，社会的立場にも，同時に生じる急激な変化として現れる。それは家族（両親と兄弟姉妹）というエディプス的な仮の外皮から脱皮して，社会に開かれた大人としての自分自身になる激変過程であり，ここで彼らは剥き出しの真実を晒すこととなる。その変化とは，「自分とは誰か」という自己同一性を目指した深刻な自己探求のもとで，真実の自己に出会い，自分になるプロセスである。さらに，それは現実を体験する痛みを，夢見によって消化することに立ち会い，心的現実に直面することを助けてくれる「良い内的対象」を内側に再発見するプロセスと同期する（Meltzer & Harris, 2012）。これが，思春期的主体の達成すべき心理社会的課題である。これは今も変わらない。先般，思春期が消滅しつつあるといくぶんセンセーショナルな物言いをしたが，それはあくまでも前時代的で定型的な思春期像が消滅しつつあるということであって，今も変わらずこの時期に身体は急成長するわけで，心としての内的対象関係や社会性としての対人関係にはやはり急激な変化が生じてもいる。ただ，心理社会的な思春期はその有り様が変わったのだ。

　本章では，現代において生じている思春期の急激な変化に接近すべく，クライン，ビオン，メルツァーの流れに位置付けられるポスト・クライン派の概念装置を用いて，新たな思春期モデルを示し，思春期臨床の方法論として精神分析的心理療法からのアプローチが特に有用であることを示そうと思う。思春期のモデルを構築するにあたって，ビオンのグループ理論から生じたプロト・メンタル・マトリクス（Bion, 1962a）を人の心が発生する基盤と見なし，その延長線上にメルツァーの思春期論（Meltzer & Harris, 2012），ビオンのアルファ機能論における接触障壁概念（Bion, 1962a），そしてエスター・ビックの心的皮膚と代理皮膚概念（Bick, 1968／1993；Bick, 1986）をそれぞれ位置づけ，それらを有機的に組織化して，独自の「思春期の心的脱皮モデル」（飛谷，2019b）を提示したい。これはいわば，思

春期というものを，心のインフラ・ストラクチャーの成長的再建過程とみなすモデルである。さらに，これをもとにして，現代の思春期に一体何が生じているのかを理解する一つの試みも提示してみよう。

Ⅱ　プロト・メンタル・マトリクスと基底想定

　今回提示する思春期論は，ビオンが発想したプロト・メンタル・マトリクスというヒトの存在様式における生物心理社会モデルを基礎としているので，それを共有することから始めたい。ビオンは「集団における諸経験」(Bion, 1961) おいて，個人心理の基盤にプロト・メンタル・システム（マトリクス）という心身未分化の原始状態を想定し，それは集団心理として作動する基底想定 (basic assumption) と区別することができないものとなるとした。このプロト・メンタルはその字義通り，「原心性」であり，心の原型基質である。それは心・身体・集団という三つの領域へと分化する潜在性を内包した心的基質であり，人の心が存在する「様式」であり「場」となる。こうした発想の背景には，ビオンが熟読したといわれるベルグソンやホワイトヘッドの哲学観が見え，その中心的価値観は，人の心を特権的次元に位置づけるのではなく，それが身体的なもの，ひいては物質的なるものとも同じ起源を持つと見なす汎心論的で進化論につながる科学的哲学であると言えるだろう。ビオンのオリジナリティは，特に心と体の未分化状態が集団（社会）心性に下支えされるという着想にある。こうした発想は，群生動物としての人間の在り様に心の基質を置く観点を基礎としており，「人の心を構成するのは他者の心との接触の経験である」とする，彼のより有名なアルファ機能論やコンテイナー・コンテインド・モデル (Bion, 1962a) と共通の基盤を持っていることが分かる。ビオンのプロト・メンタルは，後述するエスター・ビックも言及する心身未分化状態と同じ概念だが，より科学的に洗練されている。

　メラニー・クラインは，ヒトの本能衝動という生命エネルギーは個人の内的世界において必ずや，内的対象が神話的に（エディプス的に）関係し合う無意識的空想という体験様式を取ると考えた (Likierman, 2001)。したがって，彼女にとって内的対象は，身体的存在に端を発しているものの，内部に

おいて神話的に体験されるものであり，ビオンの理論と照合するなら，すでに原始的なアルファ要素（心の要素）である（Bion, 1962a）。したがって，部分的にビオンのプロト・メンタルとクラインの無意識的空想における内的対象は，重なるところがあるように見えるとはいえ，プロト・メンタルの方が，心として分化する以前のより原始的な基質状態を明確にカバーしている。したがってそれは，より身体的 physical であり，より集団情動運動的 group e-motional である。それゆえ，ビオンは，基底想定によって動く個人はプロト・メンタル状態にあり，マインドレス（mindless 無心）だと考えている。「マインドレス」は，心のない状態を指すのではなく，情動はあるものの，個人がそれを体験することなく，ただそれに動かされ，ある種，責任を放棄した無意識的な集団行動に身を任せている原始的状態を指すといえるだろう。ビオンはそうした基底想定を三種想定しており，それぞれ闘争逃避グループ，依存グループ，つがいグループとしてその心性の特質を抽出している。それぞれをごく簡単に提示してみよう。

　闘争逃避グループ（fight-flight group）では，グループ内で常に闘争が起こっており，他のメンバーはその闘争を見守っている状況が延々と続く特徴がある。それによって，グループが抱える解体消滅の危機とそれに伴う破局恐怖からは目を逸らせ続けることができ，危機は万能的に否認され防衛される。したがって，このグループでは破滅不安が回避されるものの，迫害妄想不安が蔓延することとなる。闘争の維持によって本当の分裂を回避できるかもしれない。このグループを統括するのはグループ内で最も妄想的で闘争的なパラノイド・リーダーである。このグループ内に蔓延する情動は敵意と憎しみ（H）である。

　これに対し，依存グループ（dependent group）では，強力なリーダーにグループのメンバーが頼りきっており，常に何か魔術的な方法で良い変化をもたらしてくれることを期待している。そうした消極的態度がグループ内部に蔓延する。個人において基本的信頼感の欠如あるいは自信の欠如があったとしても，それをグループが補ってくれる。この基底想定グループを統括するのは，最も自己愛的なナルシシスティック・リーダーである。このグループの基底にある情動はさまざまな次元での愛（L）である。

　最後に，基底想定つがいグループ（pairing group）では，二人のメンバーがカップルになって延々と対話するのを他のメンバーが期待して見守る。メンバーたちは，カップルの対話から何か新しいアイデアが生まれ，それが救済となることを望んでいる。新しいものとは魔術的万能的救済者空想として共有されるものであり，メシアが生まれる空想である。そうすることでグループメンバーは絶望感を免れることができる。これは個人としてマインドレスとなる基底想定であるとはいえ，三つのグループ心性のうちでは最も思考と想像へと近づいており，創造性へと開かれるポテンシャルを持っている。このグループで共有される情動は「知（K）」である。顕在的なリーダーがいないのが特徴である。

　これらの基底想定によって，科学的手法から来る不確かさやフラストレーションからは解放され，不安や絶望感，崩壊の恐怖などは回避される。とはいえ，グループとしてのタスクは全く進まないまま放置されてしまう。それ自体が不満の原因になり，さらに不安や絶望感を生む悪循環に陥ることとなる。さて，これらの概念を基礎として思春期について考えてみよう。

Ⅲ　思春期の混乱と夢を見る力：
メルツァーの精神分析的思春期論

　臨床現場から「普通の思春期」を知ることは難しい。なぜなら，臨床現場に現れる子どもたちは，不登校にせよ，非行にせよ，解離や摂食障害などの思春期病理にせよ，どれも彼らが「思春期をやれない」ために生じることだからである。「普通の思春期」の子どもたちは，通常思春期グループを形成し，日々混乱した投影的でプロト・メンタル（もしくはマインドレス）な精神生活を送っているため，われわれ臨床家の前に姿をあらわすことはない。したがって，その様子をうかがうことができるのは，臨床現場ではなく，家族の内部か，学校内外における中学生集団の内部においてである。そうだとすれば，中学生の心の典型的な様子を探索するには，彼らがグループといかに関わるかについて観察し，考察することが役に立つだろう，そう考えたのがクライン派の分析家ドナルド・メルツァーであった。しかも彼の立脚点は，同

時期に思春期論を展開したピーター・ブロスに代表されるような，性的発達や身体的発達に対する適応の内的外的苦闘として思春期を捉える自我心理学的な観点とはずいぶん異なるオリジナルなものであった。メルツァーが焦点化するのは，この時期の子どもの心に必然的に生じる両親に対する幻滅であり，それが引き起こす深刻な混乱である。それは「知ること」をめぐる大混乱を中心に概念化される独創的な思春期論である。彼がこの着想を語ったのは 1970 年代ではあるが，その説得力は 50 年を経た今もなお色あせておらず，時代やメンタリティが変化しても十分に耐えうる概念基盤となる。

　メルツァーの思春期概念を特徴づけるものは，「混乱」と「知」の諸次元である（Meltzer & Harris, 2012；飛谷，2014）。彼が思春期的混乱の核と見なすのは，潜伏期のあいだ万能的理想化と心的現実の否認によって空想的に維持されてきた内的外的両親の万能性と全知性が，ここでもろくも崩壊する経験である。彼らは両親が何一つ自分たちだけではできず，すべてを知っているわけではないのだとにわかに気づき始める。そのような両親への極端な幻滅によって子どもたちは，実は両親が権力を貪っていたのであり，世界の利益を独占している偽善者だと感じ始め，彼らの世界観は極端な形で一変する。これが反抗期として現れる彼らの豹変の背後にある空想体験の内実だとメルツァーは考える。

　彼らは通常，思春期グループを脱皮のための一過性の代理皮膚（セカンド・スキン：後述）として使用して，バラバラになること，発狂することを回避する。思春期グループは基本的には，にわか作りの避難所として機能するが，それはビオンのいう基底想定グループであり，それに属する個人はマインドレス（無思考状態）に留まる。とはいえ，それは家族や両親を離れた独自の社会活性であり，唐突で極端であるとはいえ社会化への第一歩となる。それゆえ思春期グループでの経験は，個人が社会化するための非常に重要なプロセスを提供するが，その本質上，思春期グループは妄想的不安に色取られているため不安定であり，コンテイナーとしては著しく機能不全である。この中学生集団は，ビオンの基底想定のうち闘争逃避グループに相当する。したがってそのグループは住みにくく，長居できるものではない。多くの思春期の個人は，どうしても個人として思考することを強いられる青年期に至ると，

マインドレスを維持する思春期グループからは押し出されるか，あるいは自ら脱出する形で，高校生以降の青年期グループという，より生産的で安定的な「つがいグループ」へと移住する。ここで個人として思考することが可能となる彼らは，このような移行・成長過程において，思春期の身体的性的急成長に伴っていったん破綻した心的皮膚を，徐々に再構築するのである。そして，その過程において内的対象関係（心的現実の関係化・体験化・消化）が次第に可能になってゆく。こうしたグループ心性への出入りのかたわら，思春期の子どもたちは思考する自己を確立し始め，しかも内的な葛藤のただ中にいる自分を発見する。その葛藤とは，親の全知性が崩壊したことで生じる混乱とそれに伴う恐怖，惨めさ，無力感など困難な情動と痛みを伴う心的現実に向き合うことであり，それらに対処するために，外側と内側に向けての解決が図られることとなる。

外側の解決：外部への万能的前進という退行

　思春期的混乱の渦中にいる彼らは，即座の解決を求めて，外的現実へと向けた行動を起こす。若者は，即座に大人世界へとアクセスし，権力と成功を我がものとすることで，短絡的に混乱を解決しようとするのである。知識を貪欲に獲得し，学業において成功を収め，運転免許を取得し，性行為を行う権利を容赦なく我がものとする。これらは，自分が外的世界において，全知全能になる空想を伴って，実際にも現実的な達成を得ることに結びつく。それは，性的体験ばかりではなく，仕事をすること，金を稼ぐこと，免許を取得すること，試験に合格すること，スポーツで勝利することなど，個人によって現実的達成は大きく異なるが，背景にある空想はみな同じである。彼らはここで，外的現実における達成から「力の感覚」を得て前進を感じる必要があるのだ。これは外的現実においては前進に見えるし，実際に必要なものもあるのだが，内的な成長を伴わないなら，新たな躁的否認の働く防衛的退行状態となることを見落とすべきではない。ここで再び，全知対象（理想化された両親対象）の喪失による混乱と痛みという心的現実が強固に否認される。内的成長なくこれが続くなら，それは骨格のない建物に厚い壁を何重にも塗りつける所作に等しく，遅かれ早かれどこかでパーソナリティという建物は

崩落するだろう。

内側の解決：内的対象への依存という成長

　思春期に至って，顕在的もしくは潜在的に破綻した心のインフラを再建するには，むしろ「内的解決」の方が本質的に重要である。外的解決のみが先行するなら，痛みの体験を回避するために，心的現実の否認を維持し続ける必要があることは先述したとおりである。そうした否認の維持には，スプリッティングと投影同一化に頼らざるを得ないため，多くは外部に痛みを押し付ける形となり（投影同一化優位の自己愛対象関係），他人への配慮に欠けた自己中心性へと陥る（プロト・メンタル・システムから考えるなら身体化というもう一つのチャンネルは残っているが）。ところが，他人を配慮する必要が生じる青年期にあっては，このような否認の維持だけでは精神生活が成り立たなくなってくる。したがって，全知的対象を喪失した痛みと混乱による心的破綻から浮上するには，心的現実に直面する困難な作業に立ち会い，助けてくれる「良い内的対象」を，自らの内部に再発見することが必要となるのである。

　この再発見過程に際しては，必然的に想像力や夢見の能力など「知る・気づく活性」が高まり，メラニー・クラインのいう好知本能も活性化される。こうして，内向きの解決に際して，内的な良い対象との再接触と依存へと向かう動きが生じてくる。さらにそこで内的対象の英知を知り，その内部を所有したいという，乳児的欲動と葛藤とが再燃する。また，ここで同時に，乳房を求める貪欲さ，全知的母親への羨望，母親の身体内部に安穏として存在し，その富を貪っていると感じられていた赤ん坊たちやペニス（父親）への嫉妬など，激しい情動が内的に再燃してくることになる。メラニー・クラインのいう母親の乳房とその内部への空想を伴う「早期エディプス状況」（Klein, 1932）がここにきて激しく再燃してくるのである。このように，思春期後期において内的な良い対象を知りたいという活性が高まるが，ここでの激しい知識欲による探求によって，内的対象を損傷してしまったという強い罪悪感を伴って，抑うつ的不安もまた活性化されてくる。したがって，混乱から浮上しようと良い内的対象と接触し，「あふれる英知（全知性よりも，

より心的現実に基づいた経験知へと変容してくる知）を創造する対象」に同
一化しようと求める思春期少年少女たちは，内的対象の英知を求めれば求め
るほど対象を傷つけてしまうという，非常に強い抑うつ不安をめぐるジレン
マを体験する。

　ここで彼らにとって必要なことは，内的対象の「寛容さ」を発見すること
だとメルツァーは述べている（Meltzer & Harris, 2012；飛谷, 2014）。彼らが，
英知を期待するならば，内的対象がそれを与えてくれる。自分について知ろ
うとするなら，内的対象がそれに答えてくれる。寛容な内的対象が彼らに必
要な知識を与えてくれるのである。ここに来て，潜伏期に優勢だった外的両
親の理想化は，内的両親の寛容な応答性の体験へと変容する。内的対象との
依存をめぐる相互関係がここに生成することになる。こうして彼らは「他者
性を備えた自分自身の心」とふれあい始める。自分の心における他者性とい
えば，矛盾した表現に聞こえるかもしれないが，これこそが内的対象という
ものである（Likierman, 2001）。自分の心は道具や機械のように自分の意
志で思いのままに使えるものではないのだと，思春期の若者は学ぶのである。
自分の心（良い内的対象）に彼らは問いかけ，尋ね，応答を待たねばならない。
　それが最も明確な形を持つ心的体験が「夢を見ること」である。若者は，
ここで内的対象の夢生成力によって助けられて，思春期の混乱から救い出さ
れるというのがメルツァーの発見である。内的解決は一見すると幼児的状況
への退却のようだが，これは夢見を通じての内的対象との対話であり，これ
によって彼らは自分自身の内的対象に頼ることができる自立した大人へと成
長するのである。このような良い内的対象の夢見による解決能力は，実際に
眠ったときに見る夢として現れるばかりではない。それは思春期後期になれ
ば，彼らが芸術への強い関心を持つこととしても現れる。音楽への関心，文
学への関心，絵画への関心，演劇や映画への関心，これらは彼らが修復を願っ
て内的対象との交流を切望することの表れである。メルツァーは，内的解決
に向かう若者の心には，外的解決に伴う尊大さとは異なり，内へ向かっての
切ない憧れとともに，夢見を待つ謙虚な態度が認められるものだと語ってい
る。

Ⅳ　ビックの心的皮膚概念とビオンの接触障壁概念

　エスター・ビックは，1968 年の簡潔な論文（Bick, 1968 ／ 1993）とその後の臨床経験によりその発想を裏づける論考（Bick, 1986）において，「投影同一化」が可能となる前提条件としての「心的皮膚対象体験の内在化」を概念化し，後の付着同一化概念の基礎を築いた。彼女は多くの乳児観察と幼児とのプレイセラピーから，生後すぐではパーソナリティの諸部分，つまり心的内容や情緒内容は，いまだ身体諸部分や身体的内容物と区別されず心身未分化状態として体験されていると結論づけた。さらに，このような最初期における心身未分化のパーソナリティ諸部分は，「未統合」の状況にあり，外的対象が提供する皮膚機能によって束ねられる必要があると考えた。

　ビックによると，乳児がこの皮膚機能を担う外的対象を取り入れることで，内と外の区別が可能となり，内的スペースという空想体験が生じる。その内的空間が枠づけられて初めて内的対象という体験が可能となる。つまり，外的対象の心で受け止められ，理解され，応答されることで生じるコンテインメントによって，外的対象とは区別される内的空間と内的対象の体験が可能になるというのが彼女の考えである。

　ところが，外的対象の受容の失敗，不適切な応答などコンテインメントの失敗，そして主体の側における羨望やサディズムなどによる空想的攻撃によって，この心的皮膚が形成不全や機能不全に陥るとき，自らの消滅や解体を防ぐために，心的皮膚の機能不全や欠如をさまざまな方法によって代償する必要が生じる。この皮膚代償機能をビックは代理皮膚（セカンド・スキン）として概念化し，その例として，特に「筋骨たくましさ」，さらには交流ではなく壁を構築する「おしゃべりや口達者」を挙げた。また，言語活動や筋肉運動ばかりでなく，「自慰空想を伴うさまざまな自慰的行為」「自傷行為」など自分の体を意図的に使用する行為や，あるいは「物語への耽溺」「妄想」「幻覚」など目の前の現実から退避したり，新たな偽りの現実を構築したりするといった心的活動など，あらゆる人間活性や病的体験がセカンド・スキンとして使用されうる。それらはすべて，自己の消滅不安を中心とする破局状況

への防衛として機能し，臨床的には自閉症類縁状態や心身症，あるいは依存症などに付随して現れるものである。

　ビックは，これらセカンド・スキンによって保護されるべき破局不安がむき出しになると，それは主体にとって，「果てのない空間への墜落」と「行き止まり」という相反する性質が表裏一体となった体験となると説明している。これらの経験の性質は，「拡散」と「静止」，「無限化」と「ゼロ化」として抽象化できるだろう。さらに，これは破局不安の投影同一化における「過剰」と「抑留」の体験に相当するとも考えられる。

　こうした破局不安は耐え難く，さまざまな形で体験から隔絶されることで回避される。破局不安体験からの保護は，そのあり方によって，パーソナリティに特有の性状を生じさせる。それはその個人に接する他人からすると，カプセル化，ロボット化，心的凍結，心的砂漠化，無機質化などとして比喩的にとらえられる心的皮膚状態として感知され，程度の差こそあれ，それは「脱人間化」もしくは「心的仮死」の表れと感じられる（飛谷，2016）。

　こうした心的皮膚の破綻による破局不安の露出は，心的要素のプロトメンタル領域への退却を招く。したがって，心的皮膚の破綻の修復は，心理的防衛，身体化といった領域への流出によってなされるばかりでなく，基底想定グループ・メンタリティという社会的情緒領域（厳密には非体験的情緒領域）での活性に置き換わることでなされる場合が想定できる。したがってその場合，個人が，基底想定を共有する社会集団のメンバーになることでマインドレスになれれば，それがセカンド・スキンを提供することにもなり得るのである。思春期について考える際，この集団活性をセカンド・スキンにするという一時的保護が重要になってくる。

　他方ビオンは，コンテイナー・コンテインドによる意味生成モデルを概念化した（Bion，1962a）。「思考（情動体験）」が「思考者」を探し求め，思考する対象によって思考されることで，その思考は意味体験化するという発想がその中心概念である。投影同一化は，植物が太陽への向性（トロピズム）を示すのと同じように対象を指向する。ビオンにとって，投影同一化の作動領域は，万能空想という個人の無意識的空想に留まるのではなく，母子間交流という外的現実の場に位置づけられる。乳児の思考の原型としての情動体

験は，空想としての投影性同一視ばかりでなく，彼のいう「現実的投影同一化」（Bion, 1962b）を通じて母親にコミュニケートされ，それを受信する母親の夢想をはじめとした，彼が「アルファ機能」と呼ぶ変形機能によって，解毒・理解・変形されて，アルファ要素となる。さらに，その機能を乳児が再取り入れすることで，自らの情動体験の輪郭を得られるようになり，それらを思考することができる。つまり他者（外的母親）との現実的接触を経て，初めて自分の情動体験への気づきを得ることができるというのがビオンの発想である。これは，思考の成長が，最初は他者（つまり母親）による「気づき」と「夢想」という意識的無意識的な観察・思考・応答能力に依存しており，その能力つまり母親のアルファ機能を乳児が内在化することで，その機能を持つ内的対象が内に宿るというパーソナリティ・モデルである。

　アルファ機能によって生成されたアルファ要素は，夢見の素材すなわち夢思考を心に提供することで夢見を可能にし，意識的であること，無意識的であることの区別を可能にする。さらに，アルファ要素は結びつくことで接触障壁を形成し，それが意識と無意識との間の，浸透可能な有機的境界となる。この心的透過性半透膜としての接触障壁によって，さまざまな心的境界を保つことができ，人は正気でいることができる。つまり，アルファ機能は「体験」を可能にするとともに，人が正気を保つために必要な機能なのである。この接触障壁はビックのいう心的皮膚対象の体験に他ならない。したがって，有機的に機能する心的皮膚（接触障壁）において，人は活発に夢見ることができるのである。単純化するなら，「夢は心的皮膚機能の表れである」となるだろう。だが，ビオンは，どちらかといえば心を経験の消化器官であるとみなしていた。したがって，夢は情緒体験の心的消化産物と捉えるのが自然だが，実際にはそればかりでなく，経験の基盤となるパーソナリティの外皮としての機能を果たすことも見落とすべきではないだろう。これはアルファ機能を，体験形成基盤（心的皮膚）と意味生成作用（心的消化）という二段階に区別することにつながるかもしれない。

Ｖ　思春期の心的脱皮モデル

　思春期は，身体の急速な成長と性的成熟，社会的役割の急変によって特徴
づけられる。これは上述のプロト・メンタル・マトリクスにおける身体と社
会（集団）という二つの領域での激変を意味する。こうした思春期における
身体と社会性の変化は，乳児期に経験したはずの心身未分化状態を再びもた
らす。ここで，主体としての思春期の子どもたちが体験する不安は，それま
での潜伏期的アイデンティティが崩壊することで生じる実存的恐怖と自己消
滅恐怖を伴い，「この体は誰のものなのか」「自分は誰なのか」という切実な
問いをめぐって顕在化することとなる。

　こうした思春期におけるパーソナリティの激変は，潜伏期に形成された堅
く脆い蛹の殻としての心的皮膚が脱皮を経て，交流可能で象徴化能力の高い
柔軟な心的皮膚を新たに形成して行くプロセスとしてモデル化することがで
きる。これはある面では比喩だが，ビックの心的皮膚概念と同様に，一つの
体験的発達モデルを提供する。この心的脱皮のプロセスでは，心的皮膚が一
過性に欠損するために激しく剥き出しの乱雑な投影状態が生じる。そこで，
こうしたなかば暴力的な投影を受け止めるための家族のコンテイナー機能が
重要になる。だが，思春期の社会化には，家族からの独立を要するため，家
族から離れた一時的な受け皿が必要となる。それを提供するのがメルツァー
のいう「思春期グループ」である。

　思春期における心的要素は，プロト・メンタルとしてのグループ心性にま
で次元の下がった形で，かりそめのまとまりを得なくてはならなくなる。こ
うして，思春期グループが一過性の仮の皮膚を提供する。脱皮の後，心的真
皮が再形成されるまでの間，人としての存在を維持するには，思考する主体
が再構築されるまでの間，思春期グループという仮設の皮膚が必要となるの
である。主体の再構築とは，前述した夢見を可能とする「良い内的対象の再
発見プロセス」である。主体という情緒体験の基盤としての心的皮膚を再構
築し内的対象の宿る心のスペースを回復することで，情緒体験を消化するこ
とのできる夢見が可能となるのである。

　この心的皮膚の脱皮モデル（飛谷，2019a）は，思春期プロセスのモデルとして一定の説得力を持つだろう。だが，これはいわば一昔前の思春期の子どもたちに当てはまることなのであって，デジタル・ネイティブ世代にいたっては，どうも様相が異なっていると思わざるを得ない。

Ⅵ　デジタル・ネイティブ時代の思春期

　現代の思春期には一体何が起こっているのだろうか。多くの子どもたちは，小学生時代からすでにスマホやタブレットを持ち，SNS をはじめとしたバーチャル世界に親しんでいる。そうしたなか，思春期過程も激変したようだ。デジタル・ネイティブの子どもたちを見ると，そもそも心的皮膚が脆弱になっているようである。極端な例では心的皮膚が欠損していたり，あるいはあまりにも硬質な心的皮膚に覆われていたりで，パーソナリティ構造は硬直化，もしくは無構造化している。こうした子どもたちは思春期をどのように迎えるのだろうか。容易に想像されることは，彼らの心的皮膚が硬すぎて，あるいはそもそもそれがなくて，脱皮などできない，あるいはその必要がないかもしれないということである。私が本章冒頭で述べたように，デジタル・ネイティブにおいて思春期が消滅しつつあるとすれば，それは，彼らに思春期を迎える能力がないからなのかもしれない。そのような彼らは永続的に代理皮膚を必要とするだろう。

　SNS を代理皮膚として使用している人たちにしばしば出会うようになった。内的対象の機能不全を代償するためか，「顔が見えない外的対象たち」からの応答を代理皮膚として使用することで，自己の輪郭をかりそめに保ち続けられるが，その代償として考えることや夢見ることができなくなってしまうようである。SNS は，何らかの外的対象の関与があるため幻覚とはいえないまでも，これは少なくとも内的対象関係ではない。本来「夢見」になるはずの心の活性が，このようなバーチャルなグループ活性によって取って代わられはじめているのかもしれない。つまり，夢見が退化しようとしている。

　このようなコミュニケーション・インフラの急激な変化は，集団を構成す

る連結要素も変えてしまった。従来の思春期では，乱雑で混乱しているものの，強力な投影同一化が活発であり，相互性の現実的投影同一化によって集団が形成されていた。これは個人から集団への転移状況が可能であることを示しており，すなわち内的対象の外在化が可能である。ただ，これだと投影ばかりが生じるので凝集性に欠け，表層的なラベル（女性，男性，ファッション etc）や浅はかな理想化（アイドル）によって集団を維持せねばならず，この思春期集団は移ろいやすく脆弱となる。これが一昔前の思春期の状況である。

　ところが，現代のデジタル・ネイティブの思春期グループが，SNS などのバーチャル・コミュニケーションによってつながる集団だとすれば，それには実体がなく拡散しており，少なくともここには集団を形成するはずの現実的投影同一化の効力が甚だ希薄となるだろう。さらに，幼児期における両親との関係の変化がエディプス構造も変化させているとすれば，思春期に入る前段階としての潜伏期すら消滅しているかもしれない。そうだとすれば，潜伏期での理想化が破れて思春期が始まるというメルツァーのモデルも変更を余儀なくされる。すなわち，そもそもの思春期の入り口についても考え直す必要が生じてくるのである。バーチャル世界では見せかけの全知性が保たれ，両親や世界に幻滅しなくてすむので，メルツァーのいうような理想化の破綻は生じないかもしれない。したがってデジタル・ネイティブ世代の主体は，バーチャル世界が見かけ上の満足を幻覚のように即座に与えてくれるため，フラストレーション耐性が著しく低下するとともに，心的現実への気づきを即座に削除・排泄する能力，つまり幻覚心性を高めることになるだろう。

　思春期が消えてしまったかのようなデジタル・ネイティブ時代の若者たちの精神生活は，ただただ貧困で，希薄なだけなのだろうか。それだけでは，時に激しい自傷や自殺企図を行う症例や突発的に奇妙な暴力事件を引き起こす若い患者たちの在り方を説明することはできない。臨床経験からは，無機質で乏しい心的活性と突如現れる破局的体験様式の強烈なコントラストこそ，現代の若者たちの心的状況を特徴づける性質だと感じられる。

　デジタル・ネイティブでは，両親との間でのエディプス葛藤が衰退している。エディプス葛藤のフロイト・バージョンは，同性の親からの去勢の脅か

しから生じる恐怖のもとで，異性の親への性的愛情成就を棚上げすることがその中心である。メラニー・クラインのバージョンでは，焦点は去勢の恐怖から，原光景という両親間の性愛的関係から排除されている苦痛を生き残ることへと移動しており，そこで生じる原光景空想は母親の身体内部へのグロテスクな乳児的・原始的性質に彩られている。これらは視野の倍率を変えたエディプス葛藤の二つの重要な側面である。これらのエディプス葛藤は，人が人であるかぎり，その実存的葛藤の中心なのであり，人の心の核である。したがって，エディプス状況が人のパーソナリティの中でどのような形態で存在しているのか，それこそが人の生きている実感を支えている。また，エディプス葛藤は主体としての子どもに，両親の間には自分との関係以外の彼らだけの関係があることを，痛みに耐えつつ認識し想像することを強いるが，そうした痛みに直面する経験から，人は「想像する活性」，「知る活性」を得る。したがって，エディプス葛藤を体験する能力は，奥深い想像力へとつながり，それは象徴形成力に直結する。さらに言い換えれば，その能力は夢を見る力であり，心の生命活性となるのである。

　そうすると，両親や母親との直接の情緒体験が希薄化している現代でも，人は心を持つのだから，エディプス葛藤は全く消滅したわけではなく，バーチャル化しているのだと考えることもできるかもしれない。つまり，エディプス葛藤は「偽エディプス化」しているのかもしれない。だからそこで体験される「生」や「性」は，決して生々しいものではなくなり，いわば「生・性のようなもの」となるのかもしれない。したがって，デジタル・ネイティブたちが思春期にさしかかったときに体験するアイデンティティに関する切実な疑念は，今や「私は誰なのか」ではなく，「私は本当に生きているの？」となるのだろう（飛谷，2019a）。

　バーチャル世界に支えられた彼らの代理皮膚が何らかの要因によって破綻し，代理の外皮がはがれてしまったときには大惨事となり得る。そこには，おそらくメラニー・クラインのいう母親の身体をめぐる乳児的な早期エディプス状況が唐突に露呈してくるだろう。彼らは怪物的な悪い対象に取り囲まれ，猟奇的食人的内的対象の餌食になるような恐怖を味わう。こうした極端な壊滅恐怖は，集団との接触によって活性化されやすい。極端ないじめや不

可解な不登校など集団生活への不適応の背景には，こうした原始的エディプス状況がにわかに露呈していることを理解する必要があるのだろう。

Ⅶ　おわりに

　本章では，ポスト・クライン派精神分析の諸概念をもとに，新しい思春期のモデルを提示し，それによって現代の思春期に生じている変化を理解することを試みた。そこでわかったことは，これまでの思春期の子どもたちの内的葛藤が「自分とは誰か」という自己探求であり自分探しであったのに比し，現代のデジタル・ネイティブの思春期的葛藤は，「自分は本当に生きているのか」という心的生命への実感のなさから生じる命探しへと変形しているのではないかということであった。このことによって，現代の若者が，自分自身の経験に実感を持てない，離人症的存在様式をとりがちなことを説明できるだろう。

　こうした変化には，現代において両親との関係が変容し，エディプス状況が希薄化していることが主たる要因として考えられる。エディプス状況という人の根源的苦悩を，自分自身の情緒体験として内的に直面することは，誰にとっても困難なことである。エディプス状況に伴う心的現実に直面することに立ち会ってくれることが，クラインのいう「良い内的対象」の重要な恩恵の一つである。したがって，良い内的対象こそ心の生命の源となるのである。良い内的対象は，柔軟で対話の可能性に満ちた心の皮膚の体験を提供し，夢見による体験の消化の前提条件となる。そうした対象を内在化することが，心の生命感の源になるのである。

　現代において，エディプス葛藤が希薄化していることが思春期の消滅という事態として発現しているのならば，それは心の生命感が失われつつあることを意味している。エディプ状況の経験をめぐって展開するのが精神分析である。失われた心の生命感を再生することのできる治療としては，精神分析的心理療法しか私は知らない。

文 献

Bick, E.(1968). The experience of the skin in early object-relations. In E.B. Spillius(Eds.). *Melanie Klein Today. Vol.1*. London：Routledge. 松木邦裕（監訳），古賀靖彦（訳）（1993）. メラニー・クライン トゥデイ② ──早期対象関係における皮膚の体験. 岩崎学術出版社.

Bick, E. (1986). Further considerations on the function of the skin in early object-relations : Findings from infant observation integrated into child and adult analysis. *British Journal of Psychotherapy*. 2. 292-299.

Bion, W.R. (1961). *Experiences in groups*. London：Tavistock publications.

Bion, W.R. (1962a)：*Learning from experience*. London：William Heineman Medical Books. 福本修（訳）（1999）. 経験から学ぶこと. 精神分析の方法Ⅰ──セブン・サーヴァンツ. 法政大学出版局.

Bion, W.R. (1962b). *A theory of thinking*. In: Second thoughts (1967). London：William Heineman Medical Books.

Freud, S. (1900). *The Interpretation of Dreams. Standard Edition, 4*. Hogarth Press.

Klein, M. (1932). *The psycho-analysis of children. The Writings of Melanie Klein, vol. Ⅱ*, London：The Hogarth Press. 衣笠隆幸 （訳）（1996）. メラニー・クライン著作集 2. 誠信書房.

Likierman, M. (2001). *Melanie Klein: Her work in context*. London：The Continuum International Publishing Group. 飛谷渉（訳）（2014）. 新釈メラニー・クライン. 岩崎学術出版社.

Meltzer, D. & Harris, M. (2012). *Adolescence-Talks and papers by Donald Meltzer and Martha Harris*.' London：Karnac.

飛谷 渉 (2014). 思春期の混乱と夢を見る力：メルツァーの精神分析的思春期概念. 谷町子どもセンター・関西心理センター開設 20 周年記念誌, 6-15.

飛谷 渉 (2016). ベータ要素のバリエーションと自閉性知覚要素─ビオンの変形理論から見た幻覚心性と自閉性変形 In: 福本 修・平井正三 （編著）. 精神分析から見た成人の自閉スペクトラム. 誠信書房. 254-275.

飛谷 渉 (2019a). デジタル・ネイティヴ時代の思春期を理解する─思春期臨床への精神分析からの寄与. 児童青年期精神医学とその周辺, 60, 476-482.

飛谷 渉 (2019b). 思春期のためのアセスメント─心的脱皮と思春期グループの体験をめぐって. 精神分析研究, 63, 19-27.

第 2 部

実践と訓練，そして情熱

イントロダクション

吉沢伸一

　第2部は，2017年度の日本心理臨床学会の自主シンポジウム「子どもの精神分析的心理療法を学ぶ意義——実践と訓練，そして情熱」の記録です。まず最初に，このシンポジウムの抄録を提示してみたいと思います。

　われわれが心理療法を学ぼうとするとき，一つの学派を選択し傾倒する必要がある。そこにはある種の覚悟が伴う。これらの経験なしには，心理療法の本質を学ぶことはできない。訓練は長期に渡り，さらに経済的負担も大きいが，それを持続する中で学ぶ意義と実践での有用性をつかみ取っていく。この訓練と実践を橋渡しし，継続し続ける原動力は何であろうか？
　その一つには，セラピスト一人ひとりの「情熱」があるのではないだろうか。心理臨床という仕事上，この情熱はあまり表舞台に出てくることはない。しかし，われわれが，日々クライエントと向き合い，自分と向き合い，そしてある学派のアプローチを学び続けるのは，この情熱抜きには困難であろう。そして，この情熱がいかに醸成されるのかも，個々のセラピストで異なるに違いない。このシンポジウムは，通常は表舞台に上がらないこの情熱について多角的にディスカッションし，子どもの精神分析的心理療法の訓練と実践を通した学ぶことの意義を探求したい。
　当日は，初心者から中堅，そしてベテランの関心のある方に参加していただき積極的に発言してほしい。初心の時期は，多くの迷いの中で自分自身を臨床的に使用できるようになるために奮闘しているかもしれない。中堅になると，そのプロセスを経て，何か自分の中での確かさをつかみかけているか

もしれない。そしてベテランになると，自分なりの臨床的スタンスを確立して
いるかもしれない。セラピストの個性のみならず，専門家としての各発達
段階において，臨床を支える情熱のあり方も異なってくるのだろう。いずれ
にせよ，この情熱は模倣したり装うことはできない。自分の臨床の中からの
み立ちあらわれてくる類のものであろう。当日は世代間を超えた対話が，く
すぶっている情熱を刺激し，参加者が心理療法を学ぶことをパーソナルに考
えられる時間となることを目指している。

　このシンポジウムで発表し討論しているのは，中堅に位置づく実践家たち
です。当日のディスカッションでのやりとりをそのまま読者の方々に届ける
ことができないのは残念ですが，訓練途上にある中島良二先生と，経験を積
んでいる三宅朝子先生に，それぞれの立ち位置からコメントをいただきまし
た。テーマである，実践と訓練をつなぐ「情熱」とは，この第 3 章をお読み
いただければわかると思いますが，なかなか奥深い切り口です。セラピスト
の成長や発達に伴い，この「情熱」の意味合いも変遷していくのかもしれま
せん。それでも，普遍的な要素もあるのでしょう。第 2 部では，各執筆者が
それぞれの立場で，率直に自己を語り，それらの経験に近づこうとしていま
す。読者のみなさんは，本章を読み進め，多くの刺激を受けるかもしれません。
しかし，そこには答えはありません。なぜなら，あなたがセラピストとして
生きるための情熱は，読者であるあなたの中にあるからです。本章を読んで
いただき，読者の方々が，普段は言葉にし難い，自分の中にある情熱につい
て，あるいは内なる声について，何かを感じ取りセラピストとして自分を再
検討する機会となるのであれば，本章の目的は達成されます。是非，読者の
方も指定討論者の一人になったつもりで，本章を読み進めてみてください。

第3章

情熱は苦しみではなく，立ち上がってきた歴史が生む

松本拓真

I　情熱というテーマが喚起する抵抗

　私はこのテーマでのシンポジウムの話題提供者を引き受けたことを深く後悔しています。最初は「自分が子どもの精神分析的心理療法をしている理由を話せばいいのね，OK」という軽い気持ちでした。私は大阪で臨床心理士資格を取得し，京都の認定 NPO 法人子どもの心理療法支援会にて訓練を受け，2014 年に「子どもの精神分析的心理療法士」資格を取得しました。しかし，2017 年 4 月から現職につき，自身の臨床をほとんど閉じて，それまでの 1 ／ 5 ぐらいしか心理療法実践を行えなくなりました。そこで私は「自分が一体何者なのか？」，「子どもの精神分析的心理療法士を名乗り続けていいのか」，「セラピーも数ケースしかしていないくせに」と悩むことになっています。このシンポジウムの他の先生たちは，臨床実践に深く身を置いているのに，私だけが仲間外れなのではないだろうか，「お前は情熱が足らなかったから大学教員に逃げたんだ」と内心笑われているのではないだろうかという不快な気持ちになったものでした。情熱という明るくポジティブな感じがするテーマなのになぜこんなに嫌な気持ちにさせられないといけないのでしょうか。

Ⅱ　情熱は苦しみから生まれてくるのか？

　テーマの情熱が英語の passion を指しているならば，このことは意外な
ほどうなずけます。ジーニアス英和辞典（大西・南出，2001）によれば，
passion は情熱や熱望を意味する前に，キリストの磔，受難を意味する言葉
だったそうです。つまり，「苦しみ」や「それを受けること」が元の意味で
あり，passive や patient も同じ語源なようです。なるほど，ここに吉沢先
生の裏の意図があったのかもしれないと思います。つまり，passion につい
て語ろうとするならば，自分の patient，つまり「患者性」について向き合
わざるを得なくなるということなのでしょう。たしかに，私は自分が何者な
のか，心理療法士としてのアイデンティティを保っていられるのかについて，
自分自身が受けている分析の中で私は患者としてずっと話してきたように思
います。

　情熱と苦しみという一見対立するようなものですが，実は根が一緒と感じ
られることはそれほど奇異なことでもないのかもしれません。クラインが抑
うつポジションとして定式化したのは，その苦しいモーニングワークの中か
ら創造性が生じてくるということです（Klein, 1935）。私はいま教育学部に
勤務していますが，教師を希望しなくなった学生は結構いて，その学生の話
を聞くと「教師はブラックだよ，つらいよ，それでもやるの？　って色んな
ところで言われて，自分にはそれだけの情熱はないなって思ってやめるよう
にしました」というようなことを言います。これは教師を臨床心理士・子ど
もの精神分析的心理療法士に置き換えると，読者の皆さんの中にも言われて
きた人が多いのかもしれません。そのようなことを学生に聞かせる人の言い
分としては，最初に厳しいことを言って，それでも這い上がってくるような
情熱のある人じゃないと，この仕事は務まらないからだと言います。獅子が
子どもを千尋の谷に突き落とすといった意味なのでしょう。

　ちなみに私はこの考えが好きではありません。なぜ他人の都合とタイミン
グで自分の情熱を計られなければならないのか，なぜ他人に証明するよう圧
力をかけられなければならないのでしょうか。それによって多くの若い人が

自分の情熱を信じられなくなっています。「私には人から認められるだけの苦しい経験がないから」とか，「苦労する覚悟がないように思うから」とか思い，訓練に乗り出すことをためらうことになってしまうとしたら，とても不幸なことでしょう。

　私は獅子の子どもにとって重要なのは，谷に突き落とされるという苦しみを与えられたことではないと思います。むしろ，自分のペースで這い上がる旅をしてきたことなのではないでしょうか。つまり，「人から与えられる苦しみ」が情熱の構成要素ではないのです。その後に生じる「自分がやっている」という感覚こそが自分の情熱を作り上げるのでしょう。passion の同じ語源に passive（日本語では「受身」などと訳される）がありますが，私は自閉スペクトラム症の受身性について博士論文で研究しました（松本，2017）。子どもが受身的になるのは，自分という感覚，自己感を持つことが困難であるためであり，周囲は子どもを傷つきやすい，保護を必要とした存在と見なす一方で，子どもの側からすれば周囲の方が傷つきやすいと感じ，壊さないために意志も好奇心も出せなくなっていることが心理療法を通してわかりました。私たちも「臨床心理士ってつらいよ，それでもやるの？」という先輩たちの言葉に，その先輩たちのトラウマを見て，自分が情熱を持つことを遠慮しなければならないと感じているのかもしれません。

Ⅲ　あるオリエンテーションを選ぶ理由は 比較によって決まるのか？

　そう考えたときに，吉沢先生が第2部のイントロダクションで書いた「情熱は模倣できない」という言葉は感動的です。私はこれは「情熱は誰かと比べるものではない」と言い換えることができると思います。あくまで情熱は自分の中から生じるものということなのでしょう。

　心理臨床の領域でオリエンテーションを決めるためらいとしてよく聞かれるのは，「もっと他の方法を広く知ってからにします」という発言です。確かに他を何も知らずに一つに選ぶのはリスクが高いものです。しかし，自分の専門性の根幹を支えるものが，比較によって，ある意味で消去法のように

決まるということが良いのでしょうか。私たちが心を激しく動かされる経験というのはそれほど多くはないと思います。そのときに他にもっと良いものがあるかもしれないからと，その感動を脇に置いておくのはもったいないのではないでしょうか。私たちが人生で選べるものは，それほど多くはありません。いつか，あるオリエンテーションが魅力的だと思ったときに，それが選べる場所・タイミングにある保証はありません。自分が手を伸ばせば届くところに，心を引き付けられるものがあるとすれば，それが選択するのに十分な理由といえるのではないでしょうか。他の人はあなたのその情熱を見て，「すごいねー」と言葉では言いながらも珍獣を見るような目で見るかもしれません。もっと露骨な人は，あなたの情熱を他の技法を排除する自分勝手なわがままとして非難するかもしれません。それはその人の情熱であり，それに合わせて私の情熱を動かす必要はないでしょう。そもそもクライエントには，もっと自分らしく生きるよう求めながら，自分は自分らしく生きなくてもよいなんて考えはフェアではないと思います。

Ⅳ　私の情熱

　ここから私の子どもの心理療法への情熱に話を戻しますが，私もそれほどストレートに情熱を向けられたとは言い難いです。さっきまで偉そうに言っておきながら恥ずかしいものです。私は学部の頃にボウルビィ（1969／1982：1973：1980）のアタッチメント理論の３部作を読んで，その発想の独自性と科学的であろうとする努力に感銘を受けました。なぜボウルビィがこのような考えに至れたのかを調べていくうちに，メラニー・クラインの指導を受けていたことを知り，現代クライン派の子どもの心理療法を知りました。偶然にも大学の先輩に今もイギリスに留学している西村理晃さんがいて，タヴィストック留学から帰ってきたばかりの平井正三先生との勉強会などを開いていました。私は大学で西村さんのケースを聞いて，子どもにかける熱量とそこに生じる子どもの変化に感動しましたが，すぐに自分がその訓練を受ける決断はできませんでした。

　私は大学院の博士課程の頃，身体疾患を抱える人に心理的サポートの提供

を試みる大きな病院のプロジェクトに参加しました。そこで私が担当したのは全身に癌が転移して入院している小さな女の子でした。私はおもちゃや文房具を入れた箱（A4サイズの紙が入るぐらいの大きさ）を持って，彼女の病室を毎週同じ時間に訪問するといった形で心理療法のセッティングを提供しようとしました。初回に出会った彼女は，抗がん剤の影響で髪も眉毛も抜け，いくつもの管を刺された，痛々しい状態でした。しかし，彼女は描画と必死に絞り出すかすれた声で彼女の心の状況を私に教えてくれました。その絵は小さな女の子なのですが，隣に青い渦が生じ，その女の子は足から渦に飲み込まれていくのです。それはまるで癌が彼女を，彼女の日常を飲み込み，不自由で悲しい生活になってしまっているのだということを私に教えてくれているようでした。私は彼女の表現力と，子どもの心理療法という設定が持つポテンシャルに感動しました。描画を通して，彼女は私と遊びましたが，その中で抜けられない迷路にいるということがどのような気持ちになるのかを教えてくれているようでした。そして，彼女は私が持ってきた箱に黄緑色の渦を書いていきました。それはいかにも不気味な様子に見え，まるで箱を患者に見立てて，いかに癌が体をむしばむかを表現しているかのようでした。彼女は私を助手役にして箱と同じ色の折り紙を小さく切って，黄緑色の渦に侵された部分に貼っていくことで「治療をしているんだ」と言いました。体内の免疫はこのように異物から自身を守ろうとするのだという実感を伝えてくれているようでした。病状は悪化し，骨髄移植が必要になると，箱の色とは違う色で病巣を覆い隠そうとするようになり，それが必要になったのだということを私に教えてくれました。無理もないことですが，主治医や親は小さい彼女に現状や治療の内容を伝えることに消極的でした。私はここまで気づいている彼女に隠す方が不自然であることを病棟のカンファレンスの中で話していきました。医療の中で明確な役割がない心理療法士だからこそ，彼女は教えるといった形で自分の身に何が起こっているのかを把握し，自分が生きた心を持っていることを見つめていったようでした。

　ところがすべてがうまくいくわけではありません。彼女の身体の治療は手の施しようがなくなり，治療よりもQOL（生活の質）を重視するために退院する期間も増え，私との面接も途切れがちになりました。ちょうど年度末

に近づき，私は最初の現場が児童相談所だったのですが，そこで私を鍛えて
くれた元上司から発達障害児の療育施設の常勤として働く話をいただきまし
た。その話を受ける合理的な理由は確かにあったのですが，後から考えれば，
私は彼女が本当に死ぬ瞬間を見ることから逃げたのだと思います。私は自分
が上手くやれば彼女の身体の病気も治るという万能感をひそかに持ち，彼女
が死ぬことは私の失敗であり，そこから逃げ出したかったのかもしれません。
採用面接に向かう道の途中で病院から彼女が危篤である連絡が入り，私は自
分が逃げたのだとはっきりと感じました。私が面接を終え，慌てて彼女の元
に駆け付けると奇跡的に彼女は息を吹き返しましたが，その後，彼女は私と
の面接に乗り気ではなくなり，じっくり話す時間が取れぬまま私は3月で病
院を退職しました。

　その後，彼女が亡くなったという知らせを受け，そのしばらく後に常勤の
仕事を紹介してくれた元上司が急死しました。その頃，私は自分がやりたい
ことは心理療法だったのだということを明確に意識するようになっていまし
た。療育では十分に扱うことのできない子どもと親の心があることを痛感し
たからですが，この二人の死の匂いが残る職場から逃げ出したかったからか
もしれません。それから精神分析的心理療法の訓練を受け始めたのですが，
私は父親の自死による悲嘆のため来談した男の子の事例を担当しました。彼
はすべての物が壊れやすいものと体験しているように，恐る恐るしか用意さ
れたおもちゃに触れず，帰るときには使う前とまったく同じように強迫的に
戻しました。彼は折り紙で手裏剣や鶴を折るものの，尖った部分をなくそう
と内側に折り込もうとしました。チックや吸いだこができるぐらい唇を吸う
という主訴は彼の外に向けられない怒りや不満が彼自身に向いてしまってい
ることを示しているようでした。私はそのような彼と一緒にいると，自分が
以前にした失敗がなぜか思い出されました。一番よく浮かんだのは大学生の
頃にしていたバイトで，そこの車を運転していて側面をこすってしまったこ
とでした。私はその後すぐに卒業したこともあり，そのバイト先に足を運ば
なくなりましたが，それも嫌な失敗から逃げ出した思い出したくない苦い経
験でした。彼とのセラピーでは，その後も彼はほとんど話さず，新しいこと
をしようとしないまま，父親の命日が近づき，彼も母親も来談が辛いと話し

始めました。私はここでも逃げてしまいたいと思いました。しかし，私は自分がこれまで逃げてきた歴史に気づいていましたし，その時にはやれることがあると強く思えていました。そこで 2 カ月に 1 回の母子同席面接に切り替え，彼の動機が育ってくるのを待ちました。すると，彼は同席面接にて，他のきょうだいこそサポートされる必要があると主張し，精神科や心理療法につながるように要望し，自分にも抜毛の症状が見え始めたところで，彼の方から心理療法を再開したいと望むようになりました。彼の悲嘆からの回復は，私に自由に気持ちをぶつけても私が壊れないことに気付き，それと並行して私も恐れずに彼の気持ちに触れていけるようになることで展開していきました。

　この治療プロセスは，彼が死別の悲嘆から回復したわけですが，別の見方からすれば，大切な人の死（癌の少女と元上司）により取り残され，十分に悲しめずにいた私が，自分の悲しみに触れていくプロセスだったということもできるでしょう。この事例の最中にここまで明確に意識していたわけではもちろんありません。ここでお話しした物語をつむげたのは，自分が患者として精神分析的心理療法を受けたからです。おそらく人は自分でも気づかない大切な歴史があるのだと思いますが，人からどう思われるか心配だったり，日々の忙しい生活を乗り切ることに精いっぱいだったりして，それに気づけないのでしょう。私はこのように語ることができるようになった歴史を持っていることが情熱の構成要素だと思うし，それに気づけたのが個人分析だったからこそ，精神分析的心理療法への情熱があるのかもしれません。読者の皆様が私の話に刺激を受けたならば，すでに子どもの心理療法を始める情熱を構成する歴史が始まっているのではないでしょうか。

文　献

Bowlby, J. (1969/1982). *Attachment and Loss : Vol. 1 Attachment.* London: The Hogarth Press.

Bowlby, J. (1973). *Attachment and Loss: Vol. 2 Separation: Anxiety and Anger.* London: The Hogarth Press.

Bowlby, J. (1980). *Attachment and Loss: Vol. 3 Loss: Sadness and Depression.* London: The Hogarth Press.

Klein, M. (1935). A contribution to the psychogenesis of manic-depressive states. In

Love, Guilt, and Reparation and other works. London: The Hogarth Press. 安岡誉訳. (1983). 躁うつ状態の心因論に関する寄与. 西園昌久・牛島定信責任編訳. メラニー・クライン著作集 3. 誠信書房.

松本拓真 (2017). 自閉スペクトラム症を抱える子どもたち―受身性研究と心理療法が拓く新たな理解. 金剛出版.

大西友七・南出康世 (2001). ジーニアス英和辞典第 3 版. 大修館書店.

第4章

子どもの心との出会い

——内的な子どもとの対話を積み重ねて——

榊原みゆき

I　はじめに

　臨床の現場に立って17年が経過しましたが，子どもの精神分析的心理療法を本格的に学び始めたのは，ここ10年くらいのことです。私にとって子どもの精神分析的心理療法とは，ただ単純にこれ以外の方法で子どもの心に近づく手段をいまだ知らないことに加え，自分もしくは自分の人生との向き合いでした。それを学ぶ意義とは，振り返れば，「知る情熱こそ生きる情熱」だったからではないかと感じます。企画者の吉沢さんから抄録が届いたとき，私はわが子の入院で1カ月仕事を休んでいるところでした。仕事に満足に向き合えていない私が，子どもの精神分析的心理療法を学ぶ意義，その情熱について語ることは不適切ではないか，不適切な立場である私に何が言えるのか，苦しみながら原稿を思案した数カ月でした。

　以前は，クライエントとの向き合いが自分との向き合いを促し，自分の人生を色付け，私を生かしていました。しかし，さまざまなライフイベントを経験して40代を迎えた今，私の情熱の様相は変化している，という紛れもない現実に目を向けざるを得ませんでした。現在は，これまでの訓練や臨床経験に加え，子どもや夫，家族，親戚と向き合う中で得られた視点やヴィヴィットな情緒体験が，クライエントや親子関係の理解に生かされていくという，新たなベクトルがはっきりと生じているようです。

Ⅱ　小児科臨床の現場において

　大学院時代に「老人なんて面白くないわよ，子どもやりなさい」と指導教官から言われた一言で，私は子どもの世界に半ば無理やり足を踏み入れることになりました。縁あって，修士修了直後に東京女子医科大学の小児科へ入局しました。ここは，常勤心理士が３名という小児科にしては珍しい体制で，外来での発達検査・心理検査とアセスメント，心理療法が仕事の７割を占めるという日常で，訓練を実践へとつなげるチャンスに溢れていました。たまたま先輩心理士が精神分析をベースにケース理解をしており，私は彼女たちに育てられました。

　この17年間で，アセスメント・心理療法に携わったケースは450件ほど，心理検査も含めるとおそらく軽く1000は超えるケースと出会ってきていると思います。小児科なので，身体・知的機能もさまざまで，家庭の経済状況・文化的背景・宗教なども多様です。多種多様な子どもとその家族に会うことで，支援の方法には幅があること，臨床家にはケースに応じて柔軟な視点が必要であることも臨床から経験的に学んできました。

Ⅲ　モデルとなる臨床家が身近にいたこと

　しかし，私は，若い頃から，あれやこれやのアプローチを簡単に試すことができない堅苦しい臨床家でした。それは，私の性質に加え，おそらく，私の修士時代に原因があると思います。私は，縦のつながりの深い大学院で２年間を過ごしました。先輩が担当ケースを報告したり，後輩のケースについて臨床的理解を述べたりするその様に，単純に畏怖と尊敬の念を抱いていました。そして，素直だった私は「将来あの人みたいになりたい」という思いを強め，そのためにはとにかく臨床をやって，とにかく精神分析に関する文献を読み，これを続けていれば，何とかなるに違いないと強く信じて勉強していました。

Ⅳ　あるケースとの出会い

小児科入局5年目，私は衝撃的なケースAと出会いました。

【事例1】

　Aは9歳女児。Aの両親は，「継母を困らせる，弟への意地悪，自傷行為」
を主訴に教育相談室に出向いていましたが，次第に腹痛・拒食というAの
身体症状が悪化し，小児科紹介となりました。Aは幼稚園時代に弟と共に父
に連れられ実母と急な別れを体験し，その後両親は離婚しました。やがて，
父は再婚しましたが，Aは継母を頑なに拒否しました。宿題をやる順序や食
べる順番など自分の作ったルールにとらわれ，思い通りにいかないと「死ん
でやる」と喉に箸を刺そうとしたり，「私を殺してください」と両親に頼み
こんだりしました。継母に懐いた弟を「お前が幸せなのが憎い」と意地悪を
したことも重なり，継母は完全にAの養育から手を引きました。Aを扱い
きれない父は，暴力を含め継母に当たり散らし家庭は崩壊していきました。
しかし，継母の妊娠が明らかとなり，夫婦関係は維持されることになりまし
た。両親から見放されたAは，家庭外の支援員と共にセラピーに来院しま
した。私は，Aの放つ緊張感と不信感に圧倒され，これまでの生活史をなか
なか尋ねられませんでした。Aはプレイルームの外の風を「幽霊の声」「家
に取り付いている怨霊」と迫害的な対象を連想し，精神病水準の不安を抱え
ていました。現実生活では，食事をほとんど摂らず，死をもって両親を呪い
殺さんばかりの勢いで行動化を続けていました。おそらく当時の私は，感情
を失ったロボットのような話し方をするAに不気味ささえ抱き，'得体の知
れない子ども'の向こう側にある，真のAを知ろうという視点に欠けてい
ました。父はやがてAの存在が疎ましくなり，食欲不振・体重減少を理由
に別の医療機関入院への準備を着々と進め，私はその事実を知らされぬまま
セラピーは突然の終わりを迎えました。最終セッション，私はこれまでの生
活史をようやくAに尋ね，Aの行動化や精神病水準の不安の根底に，強い
悲嘆や虚無感が存在していることを別れの直前に知ることになりました。セ

ラピーから取り残された私は，A から強い悲しみを投げ込まれ，プレイルームで泣きました。

　私は，何も役立てなかった自分への腹立ちと，A の親に仇討したいような衝動に耐え切れなくなり，スーパーヴィジョンを渇望するようになりました。そして，6 年目から木部則雄先生のグループ・スーパーヴィジョンを受ける機会をいただきました。A のケースを精神分析学会研修症例で発表しましたが，その後縁あって別の研究会でも発表の機会をいただいた際，ある著名な精神科医に「この子はもう，死んでいるかもしれないね」と言われました。当時の私はさらに傷つくと同時に，未熟にも，見知らぬ大勢の臨床家の前で恥をかかされたことに怒り，しばらく立ち直ることができず，臨床の世界から足を洗いたい気持ちでいっぱいでした。このケースを通して，子どもの心に触れることをひどく恐れていた自分に気づき，子どもの人生の責任の一部を担うことの重さを思い知らされると同時に，子どもの被害感や精神病レベルの不安について初めて知ることになりました。そして，子どもは自分の心身を犠牲にしてまで家族の崩壊を阻止しようとしたり，自分の心が破綻しないように努力したりする健気な存在であることに改めて心打たれたのです。

V　個人スーパーヴィジョンへ

　この仕事以外にできることもなさそうだった私は，8 年目から，子どもの精神療法について，週 1 回の個人スーパーヴィジョンを受けることを決めました。一つのことに継続して取り組むことは体育会系出身の私にとってはなじみのある活動だったし，とにかく一人でケースに向き合っていくことが不安で，しばらくはすがる思いでスーパーヴァイザーの元へ通いました。当時，DV 被害家庭で育つ被虐待の子どものケースが立ち続き，正直私は疲れていました。そんな私の気持ちも知らず，スーパーヴァイザーの言葉はいつもこれでもか，これでもかと思うくらい辛辣でした。しかし，それが子どもの世界で起こっている現実でした。

【事例2】

　8歳の男児Bは，音声チックを主訴に父と来院しました。Bの母は，B
が小さいときに精神病状態に陥り，精神科病院に1カ月入院しています。
その後も家事はままならず，日中ほとんど寝て過ごす生活が長期にわたり継
続していましたが，Bの症状出現頃から家事全般ができる程度に回復しまし
た。母は，Bに必要な世話を施しBを大切に思っていましたが，Bの学校
や友人や保護者など，常に何らかの外的対象に被害的言動を向け，八つ当た
り的にBに激しい怒りを放散するなど，きわめて極端な養育態度を示して
いました。プレイセラピーにおいてBは，ミニチュア人形を用い戦争を繰
り広げましたが，当初は善悪の区別が不完全で，生々しく激しい攻撃性や不
信感が「戦争」「スパイ」「人質」といった形で繰り返し現れました。終わり
のない殺し合いに，私はたびたび放心状態となりました。一方，母は，面接
場面において担当心理士を罵り，面接がない間も毎日のように電話をかけて
きました。私も母担当の心理士も，壮絶で休まることのない攻撃を浴びせら
れ，疲れ果てていきました。しかし，母は，セラピーへの期待を持ち続けて
いたため，治療構造はなんとか維持されセラピーは継続しました。やがて，
プレイセラピーの様相は変化していきました。「B軍と核を保有する軍隊の
戦い」がプレイの中心に据えられ，善悪の区別が明確になっていきました。
そして，Bは，徐々に私を「仲間」として体験するようになり，囚われの人
質をいかに安全に救い出すか，知恵を絞り合い協力し合う関係性へと成長し
ていきました。

　当初私は，救いのない世界が永遠と続くプレイの激しさに圧倒され，思考
機能を奪われ続けました。目の前にBがいるはずなのに，ものすごく遠い
場所から景色を眺めているような感覚に襲われることもありました。スー
パーヴィジョンは朝7時45分〜8時35分まで，その後タクシー移動して9
時からBとのセッションが開始，という構造の中で，毎回なんとか目を覚
まし直してセッションに臨むことができていたように思います。このケース
とスーパーヴィジョン体験を通じ，心の痛みと心の回復を表現する場がプレ
イセラピーであること，それを意味づけられるアプローチが精神分析的心理

療法であること, それこそが子どもの生きる支えとなり得ることを実感しました。言い換えると, 子どもの心に '解釈' という現実機能・思索機能を補給することの意義を痛感しました。また, どんな親であっても子にとっては唯一無二の存在ですが, 思春期のとば口に立った子どもは親の限界も知っていきます。それを子どもと共有することを少しばかり恐れなくなったのは, 個別スーパーヴィジョンという1対1の構造の中で, セラピーそのもの, そしてセラピストが抱えられる体験をしたからだと言えるでしょう。

VI　セラピストに訪れた新たな局面

　この頃, セラピーの厳しさと自身の人生の行き詰まり感から, 私は自分が治療を受けることを切望するようになりました。治療開始までに数年を要し, 30代半ばからスタートしましたが, スタートを切ったことで私は「救われた」と思いました。おそらく子ども時代から長い間セラピーを求めていたのだろうと思います。治療を通じて心の深淵に触れることは怖かったけれども, 未知の世界があることに感激し, 心が広がっていく感覚には緩やかに興奮しました。そして, 週1回という治療構造が成し遂げる効果, 治療者の持つ抱える機能を体感し, 治療者に羨望を向けると共に, ゆらゆらと揺れ続ける私の心に一つの軸や足場が作り上げられていきました。私はようやく地に足をつけ, 自分の重力を感じながら, 徐々に自分の足で歩を進めることができるようになっていったのかもしれません。

　やがて私は, 結婚し, 30代後半に子どもを授かりました。私のお腹の子どもは, セラピーにおいてセラピストとクライエントとを分断させる '異物' として登場しました。「いなくなればいいのに」とクライエントに妬まれ, 「お前が邪魔だ！」と蹴られたこともありました。私自身も, わが子を優先することでクライエントを置き去りにしてしまう悪いセラピストになったような気持ちに苛まれました。また, わが子の誕生と引き換えに, いくつものケースを閉じ, スーパーヴィジョン, 自分の治療, 小児科以外の臨床, 仲間との勉強会などを失いました。妊娠中は, これらのモーニングワークの真っ只中でした。育児休暇が明けた1年後に職場復帰しましたが, 決められた時間の

中で何とか仕事をこなしていかなくてはならない毎日が始まり，先生方から
お叱りを受けそうですが，仕事への情熱は確実に薄まりました。一方，限ら
れた親子時間の中で，健全な体と健全な心を育むためにどうしたらいいか四
苦八苦しており，葛藤からフリーになることはありません。このような状況
下で子どもの治療を引き受けることについては，賛否両論あると思います。
しかし，母であり，臨床家である私は，これを通過しながら生きていくほか
ないのです。

　母親と赤ん坊の相互交流のあり様が心理療法の原点と考えられているよう
に，母子関係において意識的・無意識的に起きる事象や，子どもを抱える環
境としての夫婦関係のあり方など，臨床で役立つエッセンスは日常の中に散
らばっています。時に，わが子から投げ入れられる生々しくまた際限ない情
緒の嵐に気狂いし，そこへ夫への不満や嫁姑問題も重なったりすると，迫害
的不安を抱くことになったり，子どもの怒りに怒りで対処してしまったり，
PS ポジション（Klein, 1946）を浮遊することになります。そこからいかに
思考機能を取り戻し話し合い可能な D ポジションへと展開させてゆくか。
PS⇔D（Bion, 1977）を行ったり来たりしながら，真の着地点を探すこの試
みは，精神分析的心理療法のプロセスと酷似していると感じています。しば
らくは親子間での鍛錬を続け，また臨床の場に十分に戻っていくことが私の
希望です。

文　　献

Klein, M.（1946）. Notes on some schizoid mechanism. In *The Writings of Melanie Klein.*
　Vol. 3, London: Hogarth Press, pp1-24. 狩野力八郎・渡辺明子・相田信夫（訳）（1985）
　分裂的規制についての覚書．メラニークライン著作集 4．誠信書房．
Bion, W. R.（1977）. *Seven Servants.* New York: Jason Aronson, Inc. 福本修・平井正三（訳）
　（1999, 2002）精神分析の方法 I，II．法政大学出版局．

第5章

私の情熱を生みだすもの
——その輪郭——

吉沢伸一

I　はじめに

　子どもの精神分析的心理療法を実践し，訓練し，学び続けるための情熱を語ろうとすると，意外にも難しいということに直面しました。このシンポジウムを企画した立場でありながら，なかなかうまく語る言葉が見つかりませんでした。そこで，私が情熱から連想された私の体験をどうにかつなぎあわせることで，私なりの情熱を生みだすものにまつわる輪郭を何とか浮き彫りにしてみようと試みたいと思います。

II　子どもの精神分析的心理療法との出会い

　私ははじめから子どもの臨床をやりたいと思っていた訳ではありません。むしろ，自分が子どもの臨床を実践するなど考えてもいませんでした。大学院でも子どものケースを担当しませんでしたし，学ぶ機会は一切ありませんでした。ただ大学院の頃に実習していた精神科に思春期病棟とデイケアがあり，思春期の子どもたちとソフトボールをしたり，さまざまなレクリエーション活動で作業をする経験がありました。大学院卒業後2年目に，その病院の精神科医師が児童・思春期のクリニックを開業することになり，週1回の非常勤で勤務しないかと誘いがあったことが，私が子どもの臨床に携わるようになったきっかけでした。私が勤務することになったクリニックの院長

は，思春期で大きく顕在化する心の諸問題は，乳幼児期・児童期においてすでに問題化しているものが単に見過ごされているだけだと考え，早期における治療の必要性を理念としてクリニックを開設しました。私の勤務が開始されると，すぐに5人の小学生低学年の男児のプレイセラピーを担当することになりました。当時の私が若い男性ということもあったのか，衝動性の激しい，各学校で問題となっている子どもたちばかり私が担当することになりました。当時のプレイルームは，ボードゲーム，野球盤，トランプ，プラスチック製のバットとボール，チャンバラの刀，ボクシンググローブなど，いかにも行動で発散する道具が多くそろっていました。当時のその5人は，当然ながらそれらを好んで使用することになりました。

　その関わりの中で，衝動性のコントロールの悪い子どもたちですから，思い通りいかないとすぐに怒りを爆発させ，物にあたったり，私に身体的攻撃を加えようとしました。当時の私はそれに耐えつつも，楽しく遊ぼうとすることしかできませんでした。そして，彼らの遊びはだんだんと激しくなり，力一杯チャンバラをしたり，大きいボールを思いっきり蹴りまくったり，大声を出して私と取っ組み合いをしたりと，とにかく汗だくで対応していました。私は，このままでいいのだろうかと内心では不安に思いながらも，「それでいんだよ」と言われる院長の言葉を信じて続けていました。確かに1年・2年と経過する中で，次第に激しい攻撃性を，生き生きとした活力に変換して，落ち着きを取り戻し，素直になっていった子どももいました。今から思えば，それは神経症圏の子に生じていたように思います。当然虐待や発達障害に関連する子どもたちはそうはならず，その後私が何らかの専門的アプローチを学ばざるを得ない状況に追い込まれていったのでした。

　私が子どもの精神分析的心理療法を学ぼうと決意した背景には，偶然にも大学院で精神分析を学ばれていた先生がいたことや，大学院で担当した成人のイニシャルケースを精神分析的なアプローチの先生からスーパーヴィジョンを受けたこと，卒後も成人ケースはその先生にスーパーヴィジョンを受けていた，ということ等があります。おそらく私にとって何か魅了されるところが精神分析にはあり，自ら選択してきたことは間違いないでしょう。ただ，子どもの臨床を実践する上で何らかのアプローチを学ぼうとする時，主には

精神分析的なアプローチしか知らなかったというのが実状なのです。当時の私は，所属している東京臨床心理士会の会報に掲載されていたスーパーヴァイザー紹介の欄から，子どもの精神分析的心理療法を実践している先生を見つけてお願いすることになりました。現場に出た頃の私にとっては，子どもとの関わりでいったい何が起きているのか分からず，自分の関わる意図もなく巻きこまれ，果たしてこんなことを続けていていいのだろうかと，混乱の渦中にいました。その先生との対話は，まずは私が立ち止まり，そこから何が見えるのか，共に見ていこう，そしてあなたなら大丈夫という風土の中で非常に支えられた経験でした。その後は，精神分析的実践をしている他の3人の先生から子どものケースのスーパーヴィジョンを受けることになりました。

Ⅲ　答えの出ない問い

　さて，話しは変わりますが，ここで私はどうしても忘れることのできない小学校3年生のC君のケースをご紹介したいと思います。子どものセラピーを開始して4年目くらいで，最初の先生にスーパーヴィジョンを受け始めてまだ間もない頃でした。このケースはスーパーヴィジョンを受けているケースではありませんでした。C君の最初の印象はとても衝撃的でした。お母さんは比較的綺麗な服装をしていましたが，C君は難民かスラム街の子を連想させる出で立ちでした。C君の父は単身赴任で，母親と二人暮らしでした。非常に粗暴で学校でも多くのトラブルを起こしていました。しかし，彼は私とのセラピーの中では，とてもおとなしく，人懐っこい印象がありました。ただ素直にそれを表現することは難しかったようでした。彼はセラピーで私と会うことをとても楽しみにしていましたし，他の攻撃的な子どもたちに比べれば，私も彼と会うことを好んでいました。ただこの時はまだ私が彼が表現することから，彼の心について考えるという視点が不十分でした。彼は，いつもゲームを好みましたが，彼と私だけではなく，そこに何人かを登場させて，複数人でプレイするということをしていました。彼が一人何役もするのです。当時の私はその意味はよくわかりませんでしたが，ただ彼には疎外

感があり孤独で，関わりを求めていることを直観的には感じていました。次
第に，彼は退室渋りをしたり，もっとここに来ることができればいいのにと
言うようになりました。当初の難民だった印象は薄れ，不器用だけれどとて
もかわいらしい印象に変わっていきました。

　ある時から彼は，家出をすることが多くなりました。彼が人を求める気持
ちが高まっているのは理解でき，それに応じられない母親の気を引こうとい
う動きだと分かりました。もちろん，そこには母親を困らせるという彼の怒
りも含まれていたかもしれませんが，そのような形でしか訴える術がありま
せんでした。私は，毎週母親面接も持ち，一緒にＣ君を理解し母親がどう
対応したらいいか相談する時間を取りました。今から思えば，母親はスキゾ
イド的な人であり，人との親しみのある関わり自体を持つことが難しい人で
した。ただ，母親自身もさまざまなことを抱える中でどうにか生きてきた人
であり，何とか変わろうとしているけれどできないでいることも私は感じま
した。しかし，Ｃの行動はやはりあてつけだと強く感じていたようで，母親
には怒りの気持ちが常にありました。

　それから半年近くが過ぎる頃には，Ｃの家出は減少していました。しかし，
ある時警察からクリニックに連絡がありました。彼は自殺しました。ここで
は詳細をお伝えすることはできませんが，私は信じられませんでしたし，小
学校４年生にそんなことあり得るのか！という戸惑いが襲ってきました。私
は葬儀に参列しました。その時私は気丈に振る舞っていましたが，帰り道，
涙が止まりませんでした。言葉にならない感情がこみあげてきました。「なぜ，
なぜ，なぜなんだ！」，「どうして死ぬんだ！」，「本当に自ら死んだのか！」，
「俺はいったい何をしていたのか」，「何もできなかった...」，「いったいどう
なっているんだ！」。私は駅に向かう人ごみの中を静かに歩きつつも，心の
中では激しい感情が渦巻いていました。私は，駅に着く頃，ふと思い出しま
した。彼が，ずっと続けていたあの遊びを。一人何役もしてみんなで楽しく
するゲームの遊びを。私は，彼が家族を求めていたのだと思いました。何も
できなかったと打ちひしがれた無力な私は，多くの人が行きかう駅の改札の
前でたたずんでいました。すれ違うたくさんの人たちは私の気持ちなどお構
いなしで，通り過ぎていきました。この経験を私は，長い間封印していたよ

うに思います。ただ，無力な自分だとしても，何としてもこのままではいられないと感じていましたが，悔しい想いと，「どうしてなんだ！」という分からなさの気持ちに私は圧倒されていました。

Ⅳ　セラピストとしての自立性

　他にもここでは語り尽くせないさまざまな体験がありますが，自分の力量のなさを痛感したことが基盤となり，私は子どもの精神分析的心理療法を本気で実践する覚悟を持つようになったのだと思います。まずは，スーパーヴィジョンの中で検討し，これまで子どもと一緒に動いて遊んでいたことから，定点観察の位置に身を置き，子どもがプレイで何を表現しているのかを考えることをより意識的にはじめました。関連する書物をむさぼるように読みました。子どもの精神分析的心理療法が学べるセミナーなどにはほとんど参加しました。また，自ら研究会を複数立ち上げ，ケースと理論についてディスカッションできる場を作りました。もちろんスーパーヴァイザーから学んだことも多いですが，これまでになかった考える視点をできるだけ多く吸収するようにしました。これには努力したという感覚はありません。私が生き残るために絶対的に必要だったのです。そして，一緒に遊ぶことからはじまったセラピーを途中で方向転換させることに非常に難しさを感じ，はじめから設定自体を変える必要性を考えました。

　私は，院長にかけあい，新しいケースはもうプレイルームでは行いたくないこと，面接室で，限られた道具で，遊ぶのではなく子どもの心を考えるセラピーをしたいと訴えました。院長からは，「わかった」と，「やりたいようにやっていい」こと，「学んでいることを生かせるといいね」，というようなことを言ってもらいました。私は，それまで院長が選んだケースに，院長と親が決めた設定で，子どもとだけ会うという受身的な状態でしたが，初回からアセスメントの間に，母親，そして父親も含めた家族と会ってアセスメントすること，基本的には5回のアセスメントをしてから話し合い，セラピーの導入が必要かどうか，目的は何か，話し合いで共有してからセラピーを始めることにしました。また，最低でも学期に一度は振り返りの親面接を行う

ことも構造化しました。これは精神分析的設定を構造化するということではありますが，私自身が院長のコマではなく，一人の自立した専門家になろうとする動きであったのだと思います。そして，院長がそれを歓迎してくれたことが，私がより一層訓練し臨床の力を身につけようとすることを下支えしてくれているに違いありません。

V　考えることのできない体験

　さて，そのような自立的な姿勢が私に育まれてきたのですが，これまでは遊ぶことで考えないですんでいたこと，あるいは感じないですんでいたことに，私は直面することになりました。分析的設定の中で，子どもたちは絵や粘土などの作品，人形やフィギアのプレイで，以前よりもはるかに内的な世界を展開させているように感じました。しかし，それをどのように理解するのかは簡単なことではありませんでした。また，共に動いて遊ぶという行為を失った私は，子どもたちとの交流でさまざまな情緒が私自身の中でうごめいているのを経験しました。しかし，何を感じさせられているのか，それが何だか分からない，それらの経験の蓄積が私の心の中で飽和状態となり，何も感じない，考えない，考えられないという，私自身の問題が顕在化することになりました。

　また，当時の私は，私自身の心に投げ込まれた情緒を何らかの形で返そうと奮闘していました。子どもが表現するものを何とか形にすること，つまり言葉にして返そうと奮闘していました。C君の亡霊がとりついていたのかもしれません。そして，私は解釈を重視する傾向が強くあったように思います。そのことが今度は逆に，関係性を膠着させることになりました。ごく当たり前のことですが，子どもたちには受け取って欲しい気持ちもありますが，どうしても見たくない感じたくない気持ちもあります。また，私の理解が正しいとしても，受け取れる心の準備も必要です。私の探究心は，そのまま子どもに反映され，そして子どもたちは，さまざまな形で私に NO と突きつけました。セラピーを中断した子，怒りをぶつけた子，行動化が激しくなった子，私に従順になった子，反応はさまざまでした。今から思えば，私が持ちこた

えることのできない苦痛な情緒を解釈という形で，子どもたちに押し戻していたように思います。私は，頭で考えることに偏り，私自身の心を使い感じ考えることができないでいたようでした。その時期に，私は個人セラピーを受けることになりました。それは，個人的な事情もありますが，多くの子ども，クライエントとの関わりで，投げ込まれる，あるいは刺激される，さらには私自身が投影してしまうさまざまな情緒に，私自身が翻弄され圧倒され，混乱していたからでもあります。私自身が見たくない，感じたくない，なかったことにしたい情緒や記憶に取り組まずして，これ以上先には進めないような状況でした。そのことを教えてくれたのは，子どもたちなのでしょう。そして，私は今でもその格闘の真っ只中にいます。

Ⅵ　おわりに

　最後に，C君に戻りたいと思います。私は，C君が家出をはじめたときに，母親面接を設定して何とかC君と母親の関係を修復しようと試みました。果たしてそれは正しかったのでしょうか？　私の行動化の側面が否めません。彼に動かされた側面もあるでしょう。母親のフォローももちろん大切ですが，今の私ならば彼とともに時間をかけて次のようなことを考えて話し合ってみたいと感じています。私と過ごしていても寂しさが埋まらない気持ちがあるのかもしれない，私と楽しくしていないと私との関係が壊れてしまうと感じているのかもしれない，楽しく過ごしていても本当は自分のことなんて見ていない，私が会っている多くの子どもたちの一人としか考えていないように体験していると教えてくれているのかもしれない，心の底ではそんな私に怒りを感じているのだと思う，などという考えです。しかし，私の心の声は，もうC君には届きません。

　私は単に克服できないでいる自分の罪悪感や無力感を乗り越えるために，子どものセラピーの実践と訓練を続けているのでしょうか？　そうかもしれません。まだまだ私には個人分析が必要なのでしょう。ただ，どういう訳か迷い込み，今やそれ以外では生きていけない，この子どもの臨床の世界で，常に最善を尽くそうとすることしか私にはできません。もちろん，その最

善を常には尽くしきれないのが現実です。子どもと私の関係で，子どもを取り巻く環境の中で，いったい何が起きているのか，子どもたちが何を感じ，何を訴えようとしているのか，何を大事にしまっておきたいのか，言葉になりえないどんな得体のしれない不安や恐怖を抱えているのか，彼らがさまざまなやり方で表現することから私は学び，感じ考え続けるしかありません。訓練はまだまだ続きそうです。そして，この営みが私の仕事なのです。他にはありません。今はそう思えます。

第6章

指定討論

心の揺れ動きと心を突き動かすもの

熊田知佳

Ⅰ　はじめに

　私は子どもの臨床に携わり10年が経ちましたが，なぜ私は子どもの臨床家になることを目指しこの道を選んだのか，初めから明確な答えが自分の中にあったわけではないように思います。子どもや親子関係の発達への関心という理由は有していたものの，今となってはこうした知的好奇心だけが，動機の本質ではなかったように思います。

　大学院の修士課程を終え，子どもの臨床の道にこれから入って行こうという時期に，私は乳幼児観察グループに参加しました。定期的に赤ちゃんのいるご家庭に訪問し，1時間赤ちゃんの様子を観察し，記録を起こし，グループでディスカッションするというものです。生後2週間の乳児を近くに感じたのは生まれて初めての経験だったので，頭ばかりが重く，手足がそれぞれの重みでぐんにゃりとしている赤ちゃんを前に，今にもばらばらになりそうな居た堪れない気持ちに襲われたのを鮮明に覚えています。今思えば，赤ん坊という未知の存在を前にした戸惑い，そして根拠のない自信だけを有して子どもの臨床家という未知の世界に入ろうとしている私自身の脆さやまとま

らなさが露呈した瞬間だったのかもしれません。

　私は大学付属の相談センターや小児科クリニックで子どもの心理療法を実践するようになりました。そこは，構造化された面接の枠組みがすでに作り上げられており，初めて子どもの臨床を実践する場としては非常に恵まれていたと思います。私は意気揚々と心理療法に取り組み始めましたが，いざ50分間子どもと二人きりでいると，子どもが表現するものや，ときに発散する姿を前に，自分が何をすべきなのか分からず，先輩や指導する先生に言われた通りに振る舞っていました。自分が何をしているのかさえ説明できない状況だったように思います。

　私は「分からない」ことに直面しました。自閉症の男の子，母親を亡くした女の子，身体的虐待を受けた男の子。「分からない」ために知的な理解を頼りに関わろうとしていました。要は「分かったつもり」になっていたのでした。ある時，スーパーヴァイザーの先生に私の関わりが子どもを傷つけていることを指摘され，愕然としました。さらに子どものことをまったく見ていなかったことや，傷つけていることに気づいていなかった自分に強い憤りを覚えました。私は，乳幼児観察の本質である「観察」ができない状況に陥っていました。「観察」とは，子どもの遊びや表情，声色などの様子はもちろん，子どもと一緒にいるときに私自身がこころや身体で感じる体験そのものの「観察」が含まれます。子どもを「分かったつもり」でいることは，上から子どもを見ることです。私は「分からない」ことが怖くて，子どもを上から見て，一方的な理解を伝えていたのでした。

　こうした気づきはグループ・スーパーヴィジョンや個人スーパーヴィジョンを通して，少しずつ明らかになっていきました。ではなぜ，私は「分からない」ことが怖かったのか。剥奪された経験のある子どもといるときに感じる自分が無能で，無意味に思えてくる感覚，自閉症の子どもといるときの時間が止まったか，あるいは同じ場面を延々と繰り返して見ているような不毛で，まるで自分が蝋で固められたかのように身動きがとれない感覚，自分がどこから生まれてきてどこに向かうのか分からない絶望的な感覚，こういった強く突き刺さるような，またときには鈍く重く響くような体験に私自身が耐えることが難しいためでした。私は，こうした私自身の体験にも目をつむ

ることでその場の状況を遣り過ごそうとしていたのかもしれません。自分について「知ろうとすること」に私は臆病でした。

　その数年後，私は臨床で行き詰りました。「分からない」ことが私の中で膨らんでいくのに，スーパーヴィジョンを受けても，研究会に参加しても一向に分からないし，解消されないのです。そして，私が「分かったつもり」で子どもと会っていることに，以前よりも自覚的になりました。臨床がつまらなく感じることもありました。そんなタイミングで，外的要因で，私は今まで以上に臨床家としての自分のアイデンティティを打ち出していく必要に迫られる状況になりました。さらに，病棟のある小児科に勤務するようになっていたので，重篤な状態の子どもや亡くなっていく子どもと関わる経験もして，言葉にできない思い，自分に何かができるとは到底思えない感覚，自分自身の無力感が募っていきました。身体もとても疲れていました。私は個人として治療を受けることにしました。

　私自身の治療のプロセスは一山越えたらまた一山やってくる，自己探索の連続です。時には身体感覚を通じて自分に気づき，また時には，言葉のない世界で意味が立ち上がってくるのをじっと待つような体験のように思います。私はこうしたプロセスで，私自身の弱り今にも死んでしまいそうな内的な子どもに出会い，母親と結びつきを絶たれた乳児と出会いました。私は子どもの臨床家を目指しながら，自分の中のそうした子どもや赤ん坊を見ることを怖がり，避けていたことに，自分の治療を通して少しずつ気づいていきました。子どもの臨床家を目指すことで，私自身の内的な弱った子どもを補償しようとしていたのかもしれません。私自身の内的な子どもや乳児の体験は，治療を通してあらためて見つめ直し，考えることが可能になりました。この体験こそが，死にそうな子どもと，結びつきを絶たれた乳児に寄り添い，再び温かな体温を取り戻すプロセスだったように思います。

　子どもの精神分析的心理療法を学び，その実践を通して，私は自分自身の内的な子どもや乳児と出会いました。おそらく，このことが私が子どもの臨床の道に進んだ，本当の理由だったと今は思います。自分自身と向き合っていく時間は続きます。そして，臨床の場で出会う子どもが，自分の中の弱っていたり，大切な他者との結びつきを失いかけている内的な子どもに出会っ

ていく道のりに寄り添い，その道程で言葉にならない体験を見つめ考え続けることが今の私の仕事であると感じています。そこで，子どもが持つ力や結びつきを回復する可能性の萌芽がみられたとき，とても感動させられるのです。これが，私が子どもの臨床を続けているもう一つの理由だと思います。

　3 名の先生方の発表を聞かせていただき，まず感じたことは，「情熱」とは非常に定義しづらい概念であるということでした。しかし，先生方の発表には「情熱」としか言いようのないプロセスが描写されていました。獅子の子どもにとって自分のペースで這い上がる旅をしてきたことが重要であるという松本先生のご発表がありましたが，それぞれの先生が辿ってこられたそのプロセスを語ってくださったように思います。

　ご発表を聞いて，私になりに考えたことを述べさせていただきます。

II　松本先生への討論

　先生は紆余曲折を経て，本当にやりたかった心理療法へ戻ってこられたとご発表の中にありましたが，この紆余曲折の歴史を先生の物語として紡ぐ作業には多くのエネルギーと見たくない，考えたくないことにも目を向ける自分自身に対する誠実な態度が求められたのだろうと思いながら聞かせていただきました。そして，二つのケースを聞き，混乱した子どもの前で，治療者は理解や解釈を先取りして伝えるのではなく，「待つ」姿勢がとても大きな意味があるのだと，あらためて感じました。

　小児がんの女の子のケースにおいては，箱を人形に見立てて自分の身体に起きていることを説明するシーンは非常に印象的でした。身体の中はもちろん見ることはできませんが，身体の内側から感じられる痛みや気持ち悪さ，不快感といった言葉では表現しようのない身体感覚や自分の状況を，彼女なりの理解で何とか整理しようとしていたのでしょう。「抜けられない迷路」とはがん細胞にあちこち蝕まれた彼女の身体の中を連想しました。危篤状態になった後，彼女は面接に乗り気ではなくなったとありましたが，私は彼女が身体とこころを通して，初めて自分の死をよりリアルに，そして自分のとても近くに感じた出来事だったのだろうと思いました。こうした状況で彼女

は自分の空想を表現することが怖くなったのかもしれません。先生との別れを彼女なりに予感し，会うことがしんどくなったのかもしれません。しかし，決まった時間，いつも松本先生が彼女のそばに居たという事実は，彼女が厳しい治療の期間を大きく混乱することなく過ごすために重要なことだったと思うのです。現実には彼女が自分のことを一番知らされていないわけですが，松本先生との間では「助手」に教えるという形で，彼女が感じている現実を，そして彼女の空想を表現することを保障されていたのだと思います。松本先生が周りの大人のように，彼女よりも彼女のことを「知っている人」にはならず，彼女の空想，理解の受け手となったことは，彼女が自ら表現するのを「待つ」姿勢があったからではないかと思いました。

　その後出会った，父親の自死を経験した男の子は，まるで自分が父親を殺してしまったかのような不安や恐怖の中にいるようでした。松本先生とその男の子が私には重なって感じられました。大切な人の死に伴う罪悪感から，松本先生も男の子も，お互いが触れ合うことは車をこすりつけるかのような傷つけあう摩擦として感じられているようでした。自分の体験がクライエントを通して直接的に持ち込まれるとき，治療者にとってそれは自分自身と向き合うような，非常に苦しく痛みの伴う時間になることでしょう。面接の行き詰まりは，松本先生，男の子の二人にとって，そうした苦しい時間の中で身動きがとれなくなった状況だったのではないでしょうか。ですが，ここで松本先生は面接を2カ月に1回の母子面接へと切り替えています。その後，男の子は心理療法の再開を希望しますが，松本先生と男の子は，逃げない，つまり死なずに生き残ったとも言えるでしょう。「動機が育ってくるのを待った」と述べられていたのがとても印象的でした。

　私が二つのケースを通して関心を持ったのは先生の「待つ」姿勢です。女の子が松本先生を「助手」に見立てて説明してくれる間，また，男の子と2カ月間隔の面接の間，先生にとって「待つ」とはどういう体験だったのでしょうか。「待つ」というのは何も考えずに待っているだけではもちろんなく，先生の中にさまざまな想いがめぐっていたのではないかと想像します。このプロセスが，女の子にとっては現実や空想を表現する場を構成する要素となり，男の子との間では二人が「生き残る」ことを可能にしたのだと思います。

松本先生にとって「待つ」体験はどういうものだったか，教えていただければと思います。

Ⅲ　榊原先生への討論

　17年間という長い時間のなかで，女性としてさまざまなライフイベントを経験され，個人としての生活と臨床家としての生活に葛藤を持ち続けながらも，どちらも大切にされてきた様子が伝わるご発表でした。

　提示されたケースは，急な母親の喪失を経験した女の子，一貫性のない養育環境で育てられた男の子のケースでした。こうした養育機能不全の家族や，そうした環境で困難を抱える子どもとの出会いを通して，プレイセラピーが心の痛みとその回復を表現する場であると気づいたと述べられておられました。ご発表の前半は特に先生の子どもに同一化した視点が印象に残りました。これは，多くの子どもの臨床家に共通していることかもしれません。臨床家が子どものこころを理解しようとするとき，多かれ少なかれ自分の中の子どもの部分が刺激され，追体験するように，自分を重ねるところがあるように思います。そうすると，自分の中の傷ついた子どもや虐げられている子ども，十分に生きることができずにいる子どもにスポットライトが当たっていくでしょう。子どもとの関わりを通して，そうした自分の中の子どもに気づかされる，ということかもしれません。

　先生はセラピーの厳しさとご自身の人生の行き詰まり感から，治療を受けることに決められました。そこで先生は，ご自身が子ども時代からセラピーを求めていたと述べておられましたが，この点は私自身とても共感できる点でした。臨床家自身の内的な傷ついた子どもや結びつきを失った子どもを世話することや，あるいはそれができずに蓋をしたまま胸に引っかかったものを感じていることが，私たちが子どもの臨床家となった動機となっている可能性もあるのかもしれません。

　一方で，先生は結婚と出産を経験されました。そのとき，わが子を優先する悪い治療者になった気持ちに苛まれたとご発表にありましたが，そこには先生の中の傷ついた子どもをあたかも置き去りにするかのような申し訳なさ

と，裏切るような思いもどこかにあったのではないかと連想しました。自分の人生の喜ばしいことを，喜ばしいこととして受け入れられないこともあったかもしれません。おそらく，こうした罪悪感や葛藤を持ちながらも，今の自分の人生を選択され，また臨床家としての道を歩み続けることを可能にしたのは，先生ご自身が治療を受けられた経験がとても大きいのだろうと思いました。

　そこで，結婚，妊娠，出産を経て母となるプロセスで，先生の中の空想の子どもはどういった変遷を辿ってきたのでしょうか。このことは，臨床家としての人生と，個人としての自分の人生を生きていく上で，二つのアイデンティティを併せ持つという非常に大切な視点が含まれているように思います。

Ⅳ　吉沢先生への討論

　発散型のプレイセラピーから定点観測へと心理療法の設定を変更したことで「考えない」「感じない」で済んでいたことに直面され，頭でっかちな知的な解釈を子どもに伝えたとありましたが，吉沢先生はセラピストの関わりに対する子どもの反応を細やかに捉えられており，こころで「感じ考える」ことの大切さに気付かれたというご発表でした。こうした営みが，先生がお考えになる「情熱」なのだと理解しました。

　事例のC君は難民やスラム街の子どもという記述から，私は痛みや傷つきが麻痺した，目の死んだ，こころが動いていない子どもを連想しました。内に秘めた強い攻撃性と衝動性を暴力的に発散する瞬間だけが，彼が生きていることを実感できる唯一の瞬間だったのかもしれません。C君にとって吉沢先生との出会いは，自分のことを真剣に考えてくれる大人に出会った初めての経験だったのかもしれません。守られた空間と面接構造の中で，C君にとって世界は一人きりの孤独な場所から，自分に関心を向ける他者が存在する場所へと変化したようでした。ご発表にもありましたように，C君は理想的な父親像，家族像を吉沢先生に投影していた面もあるでしょう。そんな中，人の温もりを知ったC君が情緒的な関わりが欠如した現実の状況に気づき，

家出をしたというのはとても重要な局面だったと思います。C君のこころが生き返った瞬間だったのかもしれません。そしてこの時, C君はさらに理想的な父親像を吉沢先生に向けると共に, 現実が変わらないことへの怒りも吉沢先生に向けていたのではないかと思いました。実際, C君の父親は単身赴任という形で家族から距離をとり, 逃げていたようにも見えます。C君はそうした離れた父親に向けられない怒りを, 吉沢先生に向けていた面もあったのではないでしょうか。ですが, 吉沢先生との関係が壊れることを恐れて, 面接の中に自分の怒りを持ち込むことはC君にとって困難だったのかもしれません。

　では, ここで吉沢先生がとられた週1回の母親面接の導入はどういった意味があったのでしょうか。吉沢先生は「治療者の行動化だったかもしれない」と述べられました。この行動化の背景に, 私は治療者の万能感が働いていたのではないか？ と思いました。吉沢先生はC君のこころが微かに生き生きし始めたことに気づき, 現実に何とか対処したいと感じたのかもしれません。子どもが生きる現実が過酷であればあるほど, 治療者に向けられた強い怒りを子どもとの間で扱うことが容易ではないことを私たちは経験することがありますが, その背景には, 治療者自身の不安も大きく存在しているようです。このような状況に直面したとき, 子どもから投影された理想的な親像を引き受け, 現実的に子どもを救いたい気持ちが治療者の中に沸き起こるのは, ある面では避けられない感情のようにも思います。では, 私たちが心理療法の中で, 治療者であり続けるとはどういうことだと吉沢先生はお考えになるでしょうか？ 治療者の万能感に, 私たちはどうしたら自覚的でいられるか, また心理療法の中でどのように扱うことができるのか, 今のお考えを聞かせていただければと思います。

■指定討論2

情熱の中身は何なのか？

小笠原貴史

I はじめに

　まず簡単な自己紹介も兼ねてですが，私はさいたま市にあった地域に根差した精神科・児童精神科クリニックで子どもの臨床実践を始めることになり，現在，同じさいたま市の自費の心理相談室で臨床実践を行っています。子どもの臨床実践を始めることになったクリニックで出会った自分の手に負えない子どもたちの衝撃は今でも忘れることはできません。初めての子どもの心理療法の経験は，父親が病死し，母子家庭で育った吃音の男の子との悪戦苦闘でした。その後も精神病的な母親とDVを振るう父親に育てられた被虐待児や，ビー玉をただひたすらぶつけ合うだけの自閉スペクトラム症の子どもなど重篤な心の状態および重篤な養育環境を背景に持ったコンテインされてこなかった子どもたちの心理療法を行い，まったく歯が立たなかった経験をしました。そのような中で，子どもの精神分析的心理療法の実践および訓練を続け，今年（2017年），NPO法人子どもの心理療法支援会が認定している子どもの精神分析的心理療法士の資格を取得しました。おそらくこのような背景から，訓練と実践を継続してやっている人だろうということで今回のシンポジウムの指定討論という役割を任せてもらえたのかなと思っています。ただ，最初にこのテーマのシンポジウムの指定討論をしてほしいと吉沢先生に声をかけてもらったときに，情熱をテーマにしたシンポジウムに自分なんかが適任だろうか？　と内心戸惑いを覚えました。シンポジストの先生方の情熱の「熱さ！」に対して自分なんかが何か言えるだろうか？　と自信がなかったからです。ですが，テーマとしてはとても面白そうなものだし，自分にとっても何か感じるものがあり，指定討論を引き受けることにしました。

Ⅱ　情熱について

　さて，前置きはここまでにして，指定討論に入っていきたいと思います。今回，吉沢先生は，訓練と実践を橋渡し，継続し続ける原動力の一つとして「情熱」をテーマとして取り上げました。3名のシンポジストの先生方の発表からは，まさに「情熱！」という感じの凄まじい熱量を感じました。そこには凄まじい熱量の中に「熱さ」だけではないものを感じました。何とも言えない，ぞくっとする寒気のようなものです。これは個人的な感覚なので，他に説明のしようがないのですが，ただ「熱い」だけの話ではないのだというところから考えていきたいと思います。

　今回のテーマでもあり，先生方の発表で語られ，そこから感じられたこの「情熱」とは一体何なのでしょうか？　確かにこれは臨床実践および訓練を受けていくときに不可欠なものであるように思いますが，あまり語られることのなかったテーマでもあります。では，重要そうなのに語られてこなかったのは，なぜなのでしょうか？　これは，3名の先生方の発表が「苦しみ」，「難しい」という言葉から始まったことからも，そして松本先生が「情熱／passion」には「受難を意味する言葉／苦しみ／それを受けること」という意味があると教えてくれたことからも，なるほどと腑に落ちるものがありました。

　"情熱の中には苦しみがある"だから「情熱」を語ることは難しく，どこか自身の内に秘められた想いを曝け出し告白するような感覚になるのかもしれません。

Ⅲ　情熱の元になる苦しみの経験，
それが向かわせる訓練とさらなる実践

　それぞれの先生方が曝け出し告白したものは何だったのでしょうか？　それはそれぞれの発表の中で語られた臨床場面で出会った子どもたちとの経験だったように思います。そこで語られた先生たちご自身にとっての特別な子どもとの出会いによって刻まれた衝撃がまさに「苦しみの経験」だったのでしょう。それは衝撃あるいは傷つきと言ってもいいかもしれません。

　先生方はそれぞれが出会った子どもたちとの苦しみの経験，傷つきの経験を告白されました。自分の中に残された「救えなかった子ども／手が届かず手を離してしまった子ども」への「申し訳なさ／悔しさ／罪悪感／無力感」が先生方の発表からは痛々しい程に伝わってきました。吉沢先生も「克服できないでいる自分の罪悪感を乗り越えるために，子どものセラピーの実践と訓練を続けているのかもしれない」ということを語っていました。私もその通りなのではないかと思います。これは「懺悔／贖い／償い」といった言葉でも表すことができるかもしれません。子どものセラピーの「情熱」の話をしながら，このような「救えなかった子どもへの償い／贖い」等という「暗く，辛い」話をすることを不快に思ったり，呆れたりする人もいるかもしれません。ですが，このことは決して眼を背けてはいけない一片の真実を含んでいるように私は思います。先生方は，この「苦しみ」にちゃんと向き合おうとし続けているのだと思います。目を背け逃げ出すのではなく，向き合い続けることで，「救えなかった子ども」を救うための内的な営みを続けているのだろうということを強く感じずにはいられません。それが訓練とさらなる実践に先生方を向かわせているのではないかと思います。

Ⅳ　「苦しさ」だけでやっていけるのか？

　では，苦しさを償うためだけに訓練や実践を営み続けられるのか？　という疑問も浮かんできます。情熱を持ち続け，訓練と実践を続けることを可能にするものは何なのでしょうか？

　私自身は，そこには「inspired object[注1]」あるいは「live company[注2]」といっ

注1）Meltzer, D.（1988）を参照。Meltzer. D. は Inspired teacher という言葉を用いていましたが，私はここではそれをより広い意味で Inspired object という言葉を使用しています。

注2）Alvarez, A.（1992）を参照。Alvarez, A. は自閉症児への精神分析的心理療法の技法上の問題を修正および拡張するために Trevarthen, C. の言葉を借りて「生きた仲間」との相互交流的な体験の重要性に注目しています。赤ん坊は，正常発達において，その場にいる生き生きとした情緒的な応答をしてくれる人間としての仲間（養育者）との関わりを必要とします。私は，セラピストとしての成長においても同様のことが言えるのではないかと考えています。

たものの存在が関係していると思っています。聞きなれない言葉かもしれないですが，これはある分析家の言葉を借りてきたもので，私にとってとても実感できるものです。この「inspired object」とは，「鼓舞してくれる対象／刺激を与えてくれる対象」といったニュアンスで考えると分かりやすいかもしれません。また，「live company」とは「生きた仲間」という意味であり，まさに文字通り生きた活力を与えてくれる仲間のことです。3名の先生方の発表では，ケースの衝撃の大きさから少し霞んでしまっているようにも感じられますが，その時々で出会った先輩や先生やスーパーヴァイザーなどが確かに存在していたように思います。3名の先生方，特に榊原先生の発表の中で「モデルになる臨床家」という言葉で明確に取り上げられていたように思います。私は，このような対象や仲間との出会いはとても大切なものだと考えています。自分の中で「あの人みたいになりたい」，「あの人ならきっとこう考えるんじゃないか」といった自分の中に内在化し，自分を鼓舞し，刺激を与えてくれる「内的な良い対象」となりうる存在との出会いはとても大きな意味を持つように思います。「たまたま先輩が精神分析を」，「先生が子どもの臨床を」，「最初のスーパーヴァイザーが」といった偶然性も，そこに自分にとっての何らかの刺激がなければ自分もその道に進もうとは思わないはずです。また，自分を支えてくれる「生きた仲間」の存在も同じくらい重要なものとなるはずです。

V　まとめ

　ここまで考えてきて思うことは，当たり前かもしれませんが，情熱はとてもパーソナルなものであり，それ抜きには語ることができないのだろうということです。個人的な見解ではありますが，「情熱」は，自分自身が臨床家として体験した「救えなかった子ども」への「償い／贖い」でもあり，臨床家として出会った「鼓舞する対象」への「憧れ／傾倒」でもあるのかもしれません（もしかすると，よりパーソナルなものとして，臨床場面で出会う子どもだけではなく，自分自身の子ども時代や，実際の今現在の自分の子どもたちへの「償い／贖い」もそこには含まれるのかもしれません）。いずれに

せよ，情熱のきっかけはどちらが先なのか，それは個人によって違いはあるのかもしれません。ですが，情熱を持っても打ちひしがれて徐々に情熱を萎ませてそれを消してしまう臨床家も少なからず存在していることを思うと，おそらく自分の中にどちらも持っていること，そして，どちらとも内的な対話を繰り返していることが情熱を持ちながら訓練と実践を続けていけることと関係していそうです。そして，そこに自分にとっての「生きた仲間」がいることも大きな支えとなるように思われます。

　このような内的対話を続けていくことこそが「精神分析的」であると私は思っているし，実際にこれを続けていくために個人分析／セラピーに向かっていくしかなくなるのではないかとも思います。3名の先生方はいずれも個人分析／セラピーを受けています。私自身もその必要性を感じたことをきっかけに個人セラピーを受けています。この体験はとても重要なことだと言えるように思います。このことは決して個人分析／セラピーが絶対に必要と言いたいのではなく，それを受けるしかなくなるくらいに自分と向き合う必要性を感じることができるということ，そして向き合い続けることができることが大切なのだと私は思っています。

Ⅵ　質　問

　先生方のご発表を聞き，私が感じたことをコメントさせていただきました。最後にいくつか質問です。
①先生方はそれぞれの「救えなかった子ども」とどのように対話を続けているのでしょうか？　訓練と実践を重ねる中で，その対話はどのように変わってきているのでしょうか？
②自分自身にとっての「鼓舞してくれる対象」や「生きた仲間」はどのような存在でしょうか？　また，そのような対象や仲間をどのように見つけていけばいいのでしょうか？
③個人分析／セラピーがどのような体験となっているのか？　もちろん，お話しできる範囲で構いませんが，何か少しでもお話しいただけることがあればと是非お聞きしてみたいです。

④先生方が情熱を持ち続け，この営みを続けていくことで得られているもの，
　あるいは「喜び／嬉しさ」といったものがあるとしたらそれは一体どんな
　ものなのか教えていただけると，これからこの道を志す人たちにとっての
　励みになるのではないでしょうか？

文　　献

Alvarez, A. (1992). *Live Company: Psychoanalytic Psychotherapy with Autistic, Borderline, Deprived and Abused Children.* Routledge. 千原雅代，中川純子，平井正三訳（2002）：こころの再生を求めて―ポスト・クライン派による子どもの心理療法．岩崎学術出版社.

Meltzer, D. (1988). Mratha Harris and the Tavistock Course. In Williams, M. H. (ed.) (2018)：*The Tavistock Model: Collected Papers of Martha Harris and Esther Bick.* The Harris Meltzer Trust.

第7章

ディスカッション

指定討論への応答

松本拓真

榊原みゆき

吉沢伸一

シンポジウム全体へのコメント

中島良二

三宅朝子

■指定討論への応答：松本

　吉沢先生と榊原先生の発表を聞いて，苦しんで，立ち上がって，時には逃げて，自分の身に何が起きているかを振り返って，そしてまた立ち上がってというようなプロセスを歩んでいることが自分だけではないということに深く安堵しました。また，小笠原先生と熊田先生の討論においても，私たちの普段さらけ出すことが少ない未熟さ，戸惑い，暴走，そしてそこへの恥や無力感に対して，非常に細やかな理解が示されたように感じました。小笠原先生が「Live company　生きた仲間」について言及しておられたのは，このように一緒に取り組んでくれる人がいるということのかけがえのなさを思い出させてくれるものです。思い返せば，それは精神分析的心理療法に深くコミットしようとしている仲間はもちろんのこと，そうでなくても自分と一緒に生きてくれている人たちからも受けている支えです。そのような人たちがいなかったら，自分が子どもの精神分析的心理療法に対する情熱を燃やし続けることができただろうかという問いはまったくその通りであるように思い

ます。もちろんそれに付き合ってくれたクライアントたちも不可欠でしたし，それを支えてくれる職場の他の職種の人たちの存在がなければ，そもそも成り立ちません。

　それでも私は小笠原先生の指定討論を受けて，孤独について考えずにはいられなくなります。私は吉沢先生の「情熱は模倣できない」から，「情熱は誰かと比べるものではない」と述べ，自分の中から生じることを示しました。確かに刺激してくれる先生，先輩，同僚，後輩などいろいろな人の影響はあったのですが，一方では自分の中からの声であったことを大切にしたいとも思っています。誰かが別の人の情熱を燃やさせることはできないと私は考えています。それはできそうなことなのですが，自分自身の中からほとばしるものがないことに気付いたときに，後悔することになるのではないかということがとても心配だからです。「じゃあ，なぜ心理臨床学会で自主シンポジウムなんか開催するんだ？」と言われてしまいそうです。人の情熱を燃やせないなら，シンポジウムやセミナーなどは不要と思っていそうなわけですから，私の言っていることとやっていることは矛盾しているように見えるかもしれません。これについては今後も考えていきたいと思っていますが，現時点で思っていることは，私は誰かの情熱の火を灯そうとしているわけではなく，誰かの情熱が着火しやすい温度になることを願っているようです。どれほど情熱が燃えそうであっても，極寒の吹雪の中ではなかなか燃えることはできないものです。燃えそうな情熱を抱えている人が燃えやすい環境を整えること，こっちに来ると燃えられるよと示すことの意義が本書の出版のきっかけともいえるかもしれません。

　そして，とても寂しいことを言いますが，孤独は必要なところもあるのでしょう。小笠原先生が「inspired object 鼓舞してくれる対象」について触れていましたが，平井（2014）は「inspired teacher」というメルツァーの言葉について，教師が誰かを鼓舞する（inspire）なら inspiring teacher になるところを inspired となっているのは，教師自身が inspire されている必要があることを示唆しているのではないかという考えを示しました。私たちが誰かを鼓舞すること以上に，私たち自身が鼓舞されているかがまずは大切なのでしょう。もちろん私たちが鼓舞されていると言ったときに，誰かが（ま

たは何かが）私を鼓舞したわけですから，厳密にいえばもちろん孤独ではありません。それでも誰かとの影響を少し括弧に入れてみて，誰かが私にそうするように望むからではなく，私がこれをしたいと望んでいるかという自分自身の声を聞く機会を大切にしたいのです。

　しかし，私は現職に就き臨床心理士養成をするようになった後に，大学院生から「私の情熱は燃えているのに先生はそれに気づいてくれていない」というような内容のことを言われました。とてもショックを受けました。誰かの情熱は燃やせないと慎重になりすぎて，逆の弊害を起こしかけていたようです。熊田先生は指定討論の中で自身のケースで「わからないこと」に直面し，そのわからなさがいかに怖いもので，わかったつもりで過ごしていたかについて言及しておられました。そして，私の癌の女の子のケースについて，現実には彼女が自分のことを一番知らされていないけど，私が彼女よりも彼女のことを「知っている人」にはならなかったこととご指摘いただきました。その待つ姿勢が彼女が自ら表現することを促進したのではないか，その際のセラピストの体験はどのようなものだったのかというご質問をいただいていたように思います。私はわからなかったのだと思います。「私の情熱は燃えています」と大学院生に言われるまでわからないように，大切なことは後にならないとわからないのです。この相手から学ぶしかない，経験から学ぶしかないことが精神分析的心理療法なのだというと立派な感じもするわけですが，こうしてわかったふりをした瞬間にも，わかっていないことがたくさんあるのでしょう。待つことは祈るようなものなのかもしれません。自分が間違っているのではないか，こうしたことで事態をより深刻なものにしてしまったのではないだろうかなどと感じ，とても苦しい時間だったのだと思います。

　その関連で私は小笠原先生の「救えなかった子どもへの贖罪」という話には若干の違和感を持ちました。私の発表が救えなかった子どもへの贖罪なのではないかと理解したというのはまったく違和感のないことなのですが，私自身が「救えなかった子ども」への罪悪感を持っているのだろうかということがピンとこなかったのです。逆に言えば，「救えた子ども」はいるのだろうかとも思いました。私と出会って子どもが救われたと感じたか，救われな

かったと感じたかは究極わからないのだと思います。私は自分が人としてどうありたいかについて考え続けているに過ぎないのかもしれません。とはいえ，救えた救えなかったにかかわらず，出会った子どもと別れた後も心の中で対話を続けているということは間違いないようです。

　最後に，小笠原先生からのご質問の4つ目の「喜びや嬉しさがあるとしたらどのようなものか？」というご質問は確かに考えるべきところと思い，次の年のテーマとしました。これについては第3部にて話し合ってみたいと思っています。

文　　献

平井正三（2014）．精神分析の学びと深まり―内省と観察が支える心理臨床．岩崎学術出版社．

■指定討論への応答：榊原

　私は無条件に子ども好きというわけではありませんでしたし，大学時代，不適応状態にある子どもが集まる場所でボランティアをした際，子ども達にどうかかわってよいかわからず，非常に苦労したことを覚えています。それなのに，ひょんなことから子ども臨床を学びはじめ，居つくようになったのは，おそらく熊田先生のおっしゃるように，私自身の内的な子ども像，それは幼少期から何らかの救いを求めていた子ども像ですが，それが私の中にくすぶり，言葉にならない声で私の心の中で何かをずっと叫んでいたのだと思います。その声は長い間私に反響し，ときには来院するクライエントとして，またときにはクライエントの兄弟として，そしてときには過去に傷つけられ尊重されてこなかった母親や父親に重なり合い，生々しく呼び起こされていたことは言うまでもないでしょう。

　私の中の空想の子どもは，私の人生のある時代まではおそらくポジティブなものでした。子どもは世の中の人に愛され，そして多くの人に幸福をもたらすという，特別で，輝く存在として感じられていたように思います。しかし，あるとき，輝かしい子どもの反対側にもう一つ別の性質を持った子ども

像があることを知るようになります。それがどんな子ども像なのか掴めずにいましたが，自らの治療を通じ，少しずつ浮き彫りになっていったように思います。窓の冷たさを感じる部屋の端っこでただ外を見つめることしかできない子ども，大人の事情を前に無力のおそろしさに泣き続ける子ども，泣き止んだ後にやってくる孤独や絶望の深淵を覗き見ながら泣き続けることしかできない子ども，そんなイメージが追加されました。

　Aのケースを振り返ってみると，当時の私はAとのかかわりの中でかなり抑うつ的になり，セラピストとして機能不全状態でした。Aの心の内に触れることでAが壊れてしまうのではないか，と遠慮していましたが，それは私自身が壊れてしまうかもしれない恐怖を抱えていたことに端を発していたと思うのです。子どもの弱々しさにばかり目を向け，自分の中の脆さばかりを子どもに投影し，子どもとの交流から逃げていたのはまさにセラピストでした。

　自分の治療に加え，さらにいくつかのライフイベントを経験した今，私の中の想像上の子どもは，脆く崩れかけ，無力に打ちひしがれ何もできない一面だけでなく，そこから立ち上がったり別な光を自ら探そうとしたりする生き延びる力も併せ持つと感じるようになりました。

　小笠原先生のおっしゃるように，情熱はとてもパーソナルなものであり，そして個人の中でも変化を遂げ行くものであろうと思います。徐々に情熱が高まっていく場合もあるし，それが維持されるときもあるし，それが緩やかに下降する段階もあるのではないでしょうか。情熱を失うような局面に出会ったり，以前よりも熱度が緩やかになったりすることがあったとしても，それはセラピストの怠慢やセラピストとして不適切というわけではないでしょう。

　私は現在，子どものセラピーにかかわる機会が以前よりも格段に少ない状況に置かれています。こういう状況になって改めて思うのですが，子どもにとってセラピーとは，その安定した枠組みが提示され，互いに枠組みを守りあうという人間と人間の約束の元に成り立っています。子どもの尊厳や主張，希望を，親である大人がさまざまな力をふるって簡単に壊してしまうような関係性の中で生きてこざるを得なかった子どもにとって，セラピーはまさに

命を保証されているような体験でしょう。生きることの権利を認められているような体験でしょう。私はAについてベテランの臨床家に「あなたはこの子を引き受ける覚悟があったのか？」と言われたことをまた思い出します。心を表現してよい外的枠組みを提示することはできたけれども，そこに治療者機能は不在だったと言わざるを得ません。Aの家庭は失った実母の代わりに継母が家庭に入り，経済的・文化的側面においても一見過不足なく成立しているように見えたものの，家族は互いに不信に満ち溢れ機能不全であった家庭でした。Aはセラピストとの関係においても，家庭と同じ体験をすることになってしまったのです。

　では，私は，小笠原先生のおっしゃる「救えなかった子ども」との対話をどう続けてきたのでしょう。Aのケースのように，セラピストとして十分に力を果たせなかった，役に立てなかった，そのことに罪悪感を持ち，罪悪感を乗り越えようとすることこそが次々とやってくる子どもにかかわる際の原動力になっていた時代も確実にありました。ケースが終了したり中断したりすると，カルテに掲載するための経過レポートを必ず書くのですが，書く作業を通じ，振り返りと反省と，理解のための新たな視点を見つけられるチャンスを得てきたと思います。そして多くの場合，そこで一区切りをつけることになります。

　ここで考えてみたいのですが，自分の非力さを疎ましく思い罪悪感を持ち続けることが，すなわち，子どものセラピーにかかわり続ける情熱なのでしょうか。罪悪感や贖罪の念を持ち続けられなければ子どもの治療を続けてはいけない，ということなのでしょうか。そんな自虐的な縛りをかける必要はないでしょう。臨床現場で救えなかったというよりも，情熱と同様に，もっとパーソナルな部分との対話は無視できません。つまり，私個人の中にある'救えなかった子ども'もしくは'ケアできなかった子ども'との対話は常に継続しているように感じます。私たちはそうした対話をおそらく臨床に携わる間は継続し続けることを求められるし，子どもの心を理解する機能を発揮するためにはそこから目を背けることはできないのでしょう。

　子どものセラピーの効果や手ごたえは，セッションの最中やセッション終了後すぐに現れる場合ばかりではありません。しかし，治療者が治療者たる

営みを子どもとの間で真摯に続けていくと，それは子どもの血肉となり，子どもの心の骨格を作ったり肉付けをしたりするのです。山あり谷ありの長い道のりを共に歩む覚悟と，松本先生のご発表について熊田先生がコメントをされていた子どもの成長が立ち現れることを‘待つ’姿勢を，臨床家は持たなくてはならないのでしょう。こうした機能を維持するために，「生きた仲間」との交流によって動き出す情熱が作用する場合もあるでしょう。自分の恥や攻撃性，無力な部分を共有する関係性という基盤があってはじめて子どもの心を理解する足場が作られるように思うのです。私の場合の「生きた仲間」とは，同じ職場で共に戦う同士であるし，精神分析について共に勉強を重ねる仲間であるし，私の生活を共に歩んでくれる家族の存在であろうと実感しているところです。特に子ども達と夫は私のかけがえのない仲間であり，感じたり考えたりする機会を与えてくれるという意味で治療者的一面を担ってくれている存在です。

■指定討論への応答：吉沢

　松本先生と榊原先生のご発表，さらに熊田先生と小笠原先生の指定討論をお聞きして，なぜ私が「情熱」ということをテーマでシンポジウムを企画したのか，そしてその「情熱」がいかに語り難いものであるのか，さらに私が自分の経験から「情熱」の輪郭を浮き彫りにしようとした時にどうしてC君との経験が思い起こされ語る必要があったのか，それらのことをあらためて問いなおす必要が私にはあるようです。

　私は，このシンポジウムを企画する以前に，木部則雄先生，脇谷順子先生，平井正三先生，鵜飼奈津子先生といった英国のタヴィストック・クリニックに留学し帰国されたベテランの先生方にご協力いただき，「アセスメント」，「虐待」，「発達障害」，「教育相談における精神分析的心理療法の実践」，「児童養護施設における精神分析的心理療法の実践」をテーマにした一連のシンポジウムを企画してきました。この一連の企画には，多くの方々に参加していただき大変盛況なものでした。この5年間の取り組みを終え，私はあることに気づきました。私は参加者に意味ある企画を行い，そして自分自身も事例を出して学ばせていただいた経験もありましたが，その私の立ち位置はあ

くまでもベテランの優れた先生方に教えを請う受身的なものだということです。私は，その立ち位置に居続けることは危険だと感じました。いつまでも教えを享受してもらう受身的なスタンスでは，治療者としての成長は見込めないと感じました。そして，有名な先生を招き盛況なシンポジウムを企画するという，ある意味ではナルシシスティックな企てに酔いしれている自分自身がいるのかもしれないとも感じました。このようなことが背景にあり，有名な先生を招くことなく，実践と訓練を着実に積み重ねて来ている中堅の仲間たちと，率直に対話する試みを行ってみたいと思い企画したのが今回のシンポジウムでした。このような経緯を踏まえると，上の世代にひっぱっていってもらうのではなく，自らの足で立ち，そして進んで行きたいという強い思いが私にはありました。そこで直観的に立ち現れたテーマが「情熱」でした。そして，情熱をもって子どもの臨床の実践と訓練に身を投じていると私が感じる方々を発表者や指定討論者として声をかけたのだと思います。

　しかし，この「情熱」というテーマが非常にやっかいなテーマだということに気づいたのは，準備を始めた発表の数カ月前でした。私は自分で企画しておきながら，何を表現したらいいのかまったく分からない状態にありました。今ならその理由がわかるような気がします。松本先生のご発表にもあったように，「情熱／passion」には「受難を意味する言葉／苦しみ／それを受けること」という含みがあるからです。ここで，「私たちが心理療法のなかで，治療者であり続けるとはどういうこと」なのか，「治療者の万能感に，私たちはどうしたら自覚的でいられるか，また心理療法のなかでどのように扱うことができるのか」という熊田先生のご質問について考えてみたいと思います。すでに述べたように，私自身について考えれば，このシンポジウムの企画自体が治療者としての万能感を乗り越えようとする試みでした。そして，この「情熱」という私によって無意識的に選択されたテーマは，熱い想いをもった仲間たちとのつながりを求めるだけではなく，より本質的な問題に取り組む必要性を私に与えました。それは，C君との関わりで示されている罪悪感や無力感の問題であり，それを万能的に防衛しようとする私自身の問題です。おそらく私が，精神分析的心理療法を学ぶこと，あるいは訓練に身を投じることそれ自体に万能的な防衛的含みがあり，真の学びにはなっていな

い部分があったのかもしれません。それにはある程度私は自覚的でもあり，この企画を申請した後，二人目の治療者との個人セラピーを開始しました。そして，最近の私は，治療者の「無知であるという事実を許容する能力」（吉沢，2019）の重要性をますます実感するようになりました。私は無知でいることこそ万能的なのではないかと考えています。もちろん，万能感の背後には，許容できない抑うつ感や無力感をはじめ，諸々の扱い難い原始的情動があるでしょう。自ら意識的に意識しないようにしていることには何とか自分で気づくことが可能かもしれません。しかし，まったくの無意識で無知な状態を自分で気づくことは実質的には不可能です。ただ，無知でいる可能性はないだろうかと常に自己内省機能を維持している限りにおいては，自らの気づきを得ることもあるかもしれません。しかし，そのように自力ですべてが理解できるならば，それこそ万能的でしょう。ゆえに，スーパーヴィジョンや個人セラピーなどの訓練が当然必要になってきます。

　ここで，小笠原先生の質問について考えてみたいと思います。「個人分析／セラピーがどのような体験となっているのか」については表現し難い部分もありますが，「先生方はそれぞれの「救えなかった子ども」とどのように対話を続けているの」かという質問に合わせて返答するならば，まさに個人セラピーの中で，治療者とともに私自身の「内的な傷ついた子ども」に取り組んでいると言えるでしょう。それは，実際に私が行うセラピーで手が届かなかった子どもたちの側面でもあり，私の心の中で置き去りにされてきた内的な子ども部分でもあるでしょう。あるいは外界にさまざまに投影される子どもをめぐる表象もそうでしょう。「救えなかった子ども」との対話について「訓練と実践を重ねる中で，その対話はどのように変わってきている」のかということについては，現在進行中で取り組んでいるためにうまく表現することはできませんが，事例であげたような罪悪感や無力感などを，以前よりはそのまま心に置いておけるようになったのかもしれません。あるいは，置いておけないことにより自覚的になってきたのかもしれません。「内的な傷ついた子ども」や「救えなかった子ども」が癒され消失するということはないとしても，過度に覆い隠さずにいれること，その部分を心の中で切り離さないことが可能となるのは，もちろん個人セラピーの重要性もありますが，

小笠原先生が述べられている「inspired object 鼓舞してくれる対象」あるいは「生きた仲間 live company」の存在があるからだと思います。私にとっては，率直に語り合えるこのシンポジウムのメンバーがまさにそのような存在です。「そのような対象や仲間をどのように見つけていけばいい」のかについては，事例検討会やセミナーなどさまざまな研修に参加する中で，主体的に率直な考えを発信し続けて行くことが大事だと感じています。若い頃は，「また変なことを言ってしまったんじゃないのか」と悩むことも多々ありましたが，続けて行くと思考はまとまっていくものですし，自然と対話できる仲間が集まってくるのではないかと思います。次に，「情熱を持ち続け，この営みを続けていくことで得られているもの，あるいは「喜び／嬉しさ」といったものがあるとしたらそれは一体どんなものなのか」を考えてみたいと思います。実践においては，これまで到達し得なかった理解に到達できたとき，そしてそのことを前提として子どもに大きな変化や成長がみられたときに，心身が震えるくらいの手ごたえがあります。ここでいう理解とは知的なものだけではなく，情動接触に基づく心のつながりの実感というか，共鳴というか，響き合いのようなものです。このようなことは頻繁に起こることはありませんが，多くの先達たちが臨床の中における「畏敬の念」として述べてきたことに重なるのかもしれません。また，訓練においては，仲間と出会い，切磋琢磨していけるところです。ただ，腹を割って対話できる本当の仲間は貴重な存在であり，そんなに多く出会える訳ではありません。個人セラピーの中で私の「内的な傷ついた子ども」が幾分修復されたためなのか，ようやく私も，卒直に意見をぶつけ合いながらもお互いのことを考え対話できる関係を維持できるようになってきました。

　最後に，C君の事例に戻りたいと思います。今の私であれば，はじめから親面接を同時並行で進めると思います。当時は，すでに母親は他機関での面接を継続していたこともありましたが，C君の個人セラピーだけでどうにかなるという発想自体が万能的だったのかもしれません。そして，彼が家出をはじめたことは，もちろん母子関係・家族関係の問題に大きく起因していることを前提として，私との関係におけるその意味をおそらく探索するに違いありません。探索といっても，まずは私の心の中においてです。心理的にネ

グレクトされて育った場合では，良い対象を経験すること自体が少なく，その経験は貴重なものとなってきます。ですから，理想化されていること自体が悪いということではなく，それを踏まえた上で，必要なことを話し合うということが重要でしょう。そのためには，熊田先生がご指摘しているよう，すぐに行動に移さずに不安を抱えておくことが必要です。私は何とか母子関係を修復しようとしていましたが，それこそ私の万能的な対処だったのかもしれません。修復が不可能な親子関係は存在しますし，かなりの痛みを伴うとしても，むしろその現実を見つめなければ先に進めない局面もあるでしょう。C君が求めるものは母親から得られることはないという諦めのプロセスと，それにまつわる気持ちを話し合うことが必要だったのかもしれません。このことは，私も彼に提供できるのは一週間でたった45分という限られた時間であり，それ以上彼が求めるものは私から得られないという現実ともリンクしてきます。対象関係において，本来，諦めのプロセスと，対象の修復や内在化のプロセスは連動していると考えられますが（Klein, 1957），私はこの修復のプロセスを理想化していたことは否めません。私の未熟さでもあるでしょうし，まさに私が彼自身になっていて，彼の願望を現実化しようとしていたのかもしれません。どうしてこの理想化としての行動化について私が立ち止まり考えられなかったのでしょうか。それは，まさに私自身も母親同様に彼をネグレクトしている悪い対象の側面があり，それを否認し引き受けていなかったからだと思います。この理想化された良い対象とネグレクトする悪い対象の分裂あるいは解離を，私が心の中で保持する必要があったのだと今なら思えます。

　こうして考えると，「分裂」や「解離」を乗り越えることと「情熱」は関連しているのかもしれません。まさに「情熱」という言葉には一見肯定的な響きがありますが，「苦難」や「受難」という含みもあり，非常にアンビバレントな言葉であることが分かります。行動化せずに不安にもちこたえて留まるとは，まさにこのアンビバレントな状態を心の中で感知し保持することも含まれるでしょう。勢いよく動く原動力としての「情熱」も時に必要かもしれませんが，臨床家としては，静かに留まりながらも内側で蠢く何かを保持しつつ，それから発せられる声を捉え，考え続ける原動力としての「情熱」

が大切になってくるのだと思います。

文　献

Klein, M.（1975）．*Envy and Gratitiude and Other Works, 1946-1963*. Hogarth Press, London. 小此木啓吾・岩崎徹也（監訳）(1996)．羨望と感謝　メラニー・クライン著作集5. 誠信書房．

吉沢伸一（2019）．無知であることをめぐって―倒錯と実演―．松木邦裕・福井敏（編著）．新訂増補　パーソナリティ障害の精神分析的アプローチ―病理の理解と分析的対応の実際．金剛出版．p.155-175.

シンポジウム全体へのコメント①：

私の情熱の変化と気づき
── これからの臨床の旅に向けて ──

中島良二

　私は，このシンポジウムに参加していて，松本拓真先生の言う「情熱が着火しやすい温度」に刺激されて，会場でコメントをした記憶があります。当時の私は児童養護施設で子どもの臨床を始めて5年目でしたので，吉沢伸一先生の言う「勢いよく動く原動力としての『情熱』」ばかりが先行していたように思い返されます。

　私は児童養護施設で心理士をしており，大学の学部生の頃からこの施設で学習ボランティアとして関わっていました。児童養護施設で学習ボランティアを募集していることを教えてくれたのは同じゼミに入っていた修士課程の先輩で，以前この施設でボランティアをしていた方でした。大学院を修了して数年後に，施設の常勤の心理士が1名退職することになり，私が常勤で働くことになりました。学習ボランティアは大学院修了後も続けており，子どもと関わる仕事をしたい，子どもの臨床をしたいという思いは私の中で保持されていました。職場ではスーパーヴィジョンを受けることが推奨されており，私は入職前にグループ・スーパーヴィジョンを受けていましたが，ケースを担当する以上，個人のスーパーヴィジョンも必要という思いから，個人のスーパーヴィジョンも開始することに決めました。そのときの私は，はっきりと精神分析的心理療法をオリエンテーションにするという決意と覚悟があったわけではなく，大学，大学院の授業で精神分析に興味を持っていたことと，子どもの内的世界を深く知るのであれば，精神分析であろうという軽い思いでした。しかし，当時の私には伝手もなく，スーパーヴァイザーをどう探したらいいのかも分からず，先ほど挙げたゼミの先輩であり，同じ施設で非常勤の心理士として働いている方に精神分析的心理療法をオリエンテー

ションにしている先生を紹介していただきました。これまでの流れには，タイミングと共に，出会いがとても大きかったように思います。早速アポイントメントを取り，スーパーヴィジョンを開始するにあたってのコンサルテーションを受けました。その際に，私に精神分析的心理療法をオリエンテーションにするという覚悟が定まっていないことをスーパーヴァイザーに指摘されましたが，精神分析的にケースを理解したい，学びたい思いを伝え，スーパーヴィジョンをお願いし，開始することになりました。私はまず，一つの理論，自分の中にベースとなるものを作ることに専念しました。

　実際にスーパーヴィジョンを開始して感じたことは，経験不足以上に知識不足でした。臨床場面においても，記録の作業においても，感じたこと，考えたことを言葉に繋げることが難しいこと，子どもの理解にもう一歩届かないもどかしさを感じました。理論や専門用語に頼るというわけではなく，体験していることを自分の中で整理するツールがそもそもないような感覚でした。スーパーヴァイザーから他の方が開いている研究会の声がかかった際には，積極的に参加しました。小笠原貴史先生の言う「生きた仲間」を私は欲していました。実際，同年代と言えるメンバーでの研究会は刺激的であり，お互い率直な意見や，感じたことを言い合うことで，文献や事例の理解が深まることがありました。フロイトやクラインの文献を「分からない」と話しつつ，お互いの臨床経験に結び付けながら，「こういうことかな」「そういうことかな」と一緒に悩み，結局「うーん」と悩んで終わることも多々ありました。今振り返ると，分からないことに持ち堪える，分からないことを保持し続けることにも繋がる体験であったようにも思えます。研究会のメンバーからセミナーや研修の情報も得て，生きた仲間の輪がさらに広がっていく手応えを感じていました。冒頭で述べましたが，この頃の私は勢いの情熱勝負でした。そして，当時の私にとっては，学ぶことが自分の支えとなっていたように思います。しかし，スーパーヴィジョンの捉え方が変わるきっかけがありました。開始当初は必要だから受けるという，どこか受身的なところがありましたが，それが自分にとって切実に必要であると感じる体験がありました。私は，児童養護施設に入所している，入所前に親から身体的虐待を受けてきた年少の男の子と週に1回のプレイセラピーを実施していました。セ

ラピーが1年を経過した頃に，セラピー内で彼が表現するものが，赤の絵の具のみで描かれた「死んだ人の血」であったり，描いた絵が結局は黒く塗り潰されたり，箱庭では作った世界がぐちゃぐちゃになって終わるなど，私はセッション中に何も考えられなくなり，ぐったりして終わるということが続きました。私は言葉にしがたく，考える力もなくなり，ただ打ちのめされる感覚で，無力感に満ちていました。そのときに，切実にスーパーヴィジョンの必要性を感じました。私の中でスーパーヴィジョンを能動的に受けるという方に方向転換がなされました。スーパーヴィジョンを受けることで，徐々に私の中に考えるスペースができるようになり，考える機能が回復していくように感じました。そして，無力感を抱きつつも，「臨床家として生き残る」ことについて考えさせられる体験となりました。セラピー内でも，その子が表現するものに言葉を添えることで一緒に考えられるようになっているように感じていました。

　しかし，スーパーヴィジョンやセミナー，研修，文献で知識を身に付け，頭で考えられるようになってくるにつれて，吉沢先生の言う「心を使い感じ考えること」の難しさを実感するようになってきました。それは経験を積めば積むほど，強く感じるようになっています。そこには，学べば学ぶほど，子どもの内的世界を深く知ろうとするほど，自分の中に暗い部分，見たくない部分があることに気づいたからであろうと思います。それは，榊原みゆき先生の言う「輝かしい子どもの反対側にもう一つ別の性質を持った子ども像」，熊田知佳先生の言う「私自身の内的な子ども」に非常に近いように感じます。そして，そもそも私が子どもの心理療法に関心を持ったのも，私の中にある「子どもの部分」が刺激されていたのではないかとも考えられます。今は理論，知識だけではなく，自分の体験も重要であるように考えています。それには，いずれの先生方も受けている個人分析（個人セラピー）や，熊田先生がなさった乳幼児観察など，私にとって必要と思えることがまだたくさんあるように思います。今の私はまだ臨床家としての主体性，松本先生の言う「『自分がやっている』という感覚」が持ち切れていないように感じています。自分と向き合う体験も不十分な段階です。今回コメントさせていただいたことにより，初心の勢いのある「情熱」を思い出すと共に，静かに留ま

り持続する「情熱」も持ちながら，「自分のペースで這い上がる旅」を続け，臨床家として生き残っていきたいと改めて思える機会が得られました。今回のシンポジウムを受けて，先生方の原動力となっている「情熱」を知ることで，そこにある苦しみ，受難の面があること，そのような面があることは自分だけではないという安心感と共に，それに向き合うのは自分だけであるという孤独な面もあることを知りました。先生方の率直なお話が，まだ旅を始めたばかりであろう私にとって大きな励みとなり，旅の道標のようなものになったように思います。

シンポジウム全体へのコメント②：

「セラピストとしての情熱」

三宅朝子

I　情熱は引力である

万有引力とは／引き合う孤独の力である
宇宙はひずんでいる／それ故みんなは求め合う
宇宙はどんどん膨らんでゆく／それ故みんなは不安である
二十億光年の孤独に／僕は思わずくしゃみをした
（谷川俊太郎「二十億光年の孤独」から一部抜粋）

　子どもの精神分析的心理療法に取り組もうとする情熱の原点は何だろう。このテーマをいただき最初に私の頭に浮かんだのは，この詩である。セラピーという実践へ私を駆り立てる情熱は，この引力に近いものかもしれない。
　臨床の実践は，支えてくれる師や仲間がいたとしても，突き詰めれば孤独な作業である。この詩の抜粋箇所の前段に「僕」がまだ見ぬ火星人に思いを馳せるくだりがある。遠いけれど近い。知らないけど知っている。そんな異星人とのつながりをふと気がつけば引力に引っ張られるように求めている。生きつづける上での「よすが」のようなものかもしれない。同様にセラピストは実践の中で自身の内なる他者との対話を続ける。そこに思いを馳せる内的対象があるように思う。

II　私の実践と訓練

　私は約30年前，修士課程修了後すぐに単科の精神病院に常勤心理士として就職した。数年後に小さな精神科クリニックへ移り，そこで多くの子ども

たちの心理療法を担当した。老若男女，さまざまな疾患の患者との心理療法を体験したが，特に成人の重篤な精神病患者との面接と子どもへの精神分析的心理療法が私の臨床実践の根幹を築いている。エスター・ビックは，子どもが大人の精神病患者に匹敵する原初的不安をセラピストに投げこんでくることから，子どものセラピーの困難さと醍醐味について言及している。私自身の実感としても，その両者は年齢も病態も大きく違うが，壮絶な無意識的世界が容易に展開しやすく，セラピスト側の逆転移を強烈に刺激する点で似ていると思う。現在私は，自身の開業オフィスを実践の場とし，クライエントは大人が多い。大人であっても忘却の淵に追いやられている内側の子どもの声を聞くこと，そこに立ち還りながら対話をすることを努めている。子どもの臨床と大人のそれとは連続線上に位置するものと認識している。

　私が初めて持った心理療法のケースは，院生時代に大学の心理相談室で訓練の一環として行ったものだ。その当時，初めてケースを持つ場合，子どものプレイから入ることが多かった。比較的経験のある指導的な立場にある人が親面接の担当となり，子ども担当者は助言を受けながら共に一つのケースを進めていく。私もイニシャルケースとして，子どものプレイの担当を指導教官や先輩たちから勧められていた。実際にケースを持つ前に，相談室カンファレンスでいくつかのケース報告を聞く機会があった。しかし，私はそこで語られる「プレイセラピー」に対してしっくりしない思いを抱くことが多かった。子どもと自由に楽しく遊ぶ。遊びの持つ力によって子どもが自然に癒されていく。それが今一つ呑み込めなかった。それを目指すなら心理士ではなく保育士の方がふさわしいのではないかと思った。子どものプレイを担当することに躊躇した。そんな折に，小学校低学年の男児のケースが舞い込んだ。指導の先生からその子のプレイを担当してみないかと誘われた。私はずいぶん迷った。考えた挙句私は，その子のプレイを指導的立場の先生にお願いし，その親面接を自分が担当したいと申し出た。そして，そのプレイについて治療的意味を解説してほしいと頼んだ。これはいささか勇気が要った。先生は苦笑しながら私の申し出を受け入れてくれた。この親面接が私のイニシャルケースである。

　結局院生時代に，指導者に勧められていくつかプレイを担当したが，私の

わだかまりは解消しなかった。子どもの臨床に関心がなかったわけではない。むしろ子どもの心について非常に興味があった。しかし，この「プレイセラピー」には気乗りしなかった。相談室では初めて訪れる親子に対してそれぞれ担当者がつく。ケースによっては，子どもは親から来談理由もどこに行くとも知らされず連れてこられていて，私も子どもの問題や背景，環境も分からぬまま子どもと遊ぶ。そんな初回面接で何をどう遊んだらよいのかよく分からなかった。初回以後も，症状や問題について話題にすることなく，ただただ楽しく自由に遊ぶことに価値が見いだせず当惑した。「子どもは何も知らなくていい」を前提にすることは，本当は子どもに対して失礼なこと，不誠実なことではないかと感じていた。見渡せばこの感覚は多数派ではなく，相談室でその気持ちを口にするのは憚られた。

　その後，精神病院勤務を経て精神科クリニックで働くようになり，さまざまな問題を抱える子どもの心理療法の仕事が増えた。院生時代に経験した自由に楽しく遊ぶ「プレイセラピー」をすることで，私は当座をしのごうとした。しかし，これを続けることは，自身を偽り，目の前の子どもに対して不実な治療者であると感じられ，この路線でセラピーを続けることが苦しくなっていった。スーパーヴィジョンを求めて何人かの臨床家を訪ねた。ユング派，来談者中心療法的アプローチ，力動的な立場など。しかし，いずれも私の探しているものと違っていた。そんな折，ある事例検討会で子どものプレイの報告をする機会を得た。山上千鶴子先生がコメンターだった。私が報告し終わると，山上先生は残念そうな笑みを浮かべて首を傾げた。「これは子守りセラピーよね。」それ以外には，私のプレイに対してコメントはなかった。続けて山上先生は，個人主義が根づかない日本の社会構造，子どもへの精神分析的臨床が浸透していかない日本の現状や限界への憂いを熱く語られた。さらに，タヴィストック留学時メルツァーにスーパーヴィジョンをうけたご自身のケースの断片を，メルツァーのコメントも交え提示し解説された。「なぜにかくも生きることは苦しく辛いのか」という子どもの悲痛で凄惨な叫びに対峙する様に圧倒され胸の奥から熱くこみあげるものを感じた。今まで私が見聞きしたプレイとはまったく違うものだった。大きなインパクトを受け，ようやく探し求めているものと出会った気がした。私は inspired object を

求め彷徨していたのかもしれない。

　私はこれを機にクライン派の書物をいくつか読むようになった。それから
ほどなくして，あるクライン派児童分析を専門とする先生がタヴィストック
留学から帰国され，タイミングよくスーパーヴィジョンを受ける機会に恵ま
れた。精神分析的態度，分析的設定や技法について学び，毎回目から鱗が
落ちるような体験だった。滋養に満ちた水が乾いた喉をうるおすような思い
だった。気がつけば6年ほどのときが経ち，私は子どもの精神分析的心理療
法に魅せられていった。

Ⅲ　引力の源泉

　私がひたすら求めていたものは何だったのだろうか。私はずっと後になっ
て，分析的セラピーを受けそれを考えた。開始されたばかりの頃ある夢を見
た。私は薄緑の芝生の上に寝ていた。起き上がり周りを見渡すと一面の芝生
の中に一台のピアノが置かれていた。私はそこでピアノの伴奏付きで独唱を
することになっていた。しかし，一向に伴奏者が現れず，「伴奏者がいない
と歌が歌えない」と言いながら，私はピアノの弾き手を必死に探していた。
ただただ広く続く野原に私はただ独りで誰も見当たらず立ち竦んでいた。

　そのときの分析室のカウチの布地はちょうど芝生のような薄緑色をしてお
り，独唱とは自由連想を意味し，そこに一人横たわることは一人放り出され
た不安を喚起し，その分析状況への困惑を表す夢だったように思う。その折
に私はかつて幼少期に受けていたピアノのレッスンを想起した。まだ就学前
6歳の頃だった。友人のレッスンに同行し様子を垣間見た。それは小さな町
で夫婦が営むピアノ教室だった。幼児から音大を目指す中高生までの子ども
が通い，個人レッスンがされていた。「ピアノの音は弾く人の声だ」という
先生の語りに惹かれて，どうしてもレッスンを受けたいと先生に直接懇願し
た。詳細は忘れたが，必死だったことが思い出される。先生は私の希望を丁
寧に聞いてくれた。「これを渡して家の人と相談しなさい。」と私の親へ手紙
を書いてくれた。親を説得し，私は晴れて週一回のレッスンに通い始めた。
それは10歳を迎える少し前まで，約4年間続いた。

　同じ楽譜でも弾く人によってその音楽はまったく違うものになる。ピアノを弾くことは己に対峙すること。それなくして血の通った曲を奏でることも創造もあり得ない。音楽という言葉を使うのも憚られるほど何もできない小さな子どもに対しても，それは徹底され手加減をしない。安直な手助けや一方的に正解を押しつけることもしない。それが先生の指導方針だった。私はレッスンを通して自分の脆さ，危うさ，不甲斐なさと向き合うことにもなった。一つの音を巡ってとことん話し合い，たとえ先生の考えと違うことでも，自分が感じていることを率直に表現することを励ましてくれた。先生は誤魔化しやはぐらかしをせず常に真剣勝負だった。私は個として自分が尊重されていると感じた。レッスンは楽しいどころか辛いことが多かったが，私はほぼ休みなくひたすら通い続けた。

　結局，私は音楽の才もなく，技術的にはたいして上達しなかった。今や自分の娘からは，あまりにも下手なのでピアノを習っていたと公言しない方が良いと忠告を受けるほどだ。目に見える成果につながらないことを価値がないとする人もいるだろう。しかし，高度な技術の習得に至らずとも，私はかけがえのない貴重な体験だったと感じている。もちろんこれはセラピーではない。あくまでもピアノのレッスンである。とはいえ，ここでの体験は多少なり精神分析的な営みに近い質を含んでいたように思える。子どもながらに肌で感じたことを今の私が代弁すれば，指導方針から先生の言動に至るまで徹頭徹尾がピアノへの愛に貫かれていたと思える。愛は情熱という言葉に置きかえることができるかもしれない。今の私も当時の私も，この音楽家の経歴や社会的評価も知らないが，こういう人が本物のプロなのだろうと感じた。前述の夢に戻れば，セラピストとして本物のプロになるために，良い内的対象とのつながりを回復させたいというセラピーへの私の無意識的動機があったように思う。

Ⅳ　シンポジウム全体へ

　シンポジウムの原稿からはそれぞれ違った「情熱」が熱く伝わってくる。いずれもセラピストとしての真摯な態度に頭が下がり，興味深く拝読した。指

定討論のお二人から共通して，セラピスト自身のパーソナルな経験に関係した内なる子どもとの出会いや償いについての指摘がある。私もそれについて大いに同感である。今回のシンポジウム原稿では，もっぱら臨床実践で出会った子どもとのかかわりが中心に取り上げられているが，おそらく今回は触れられていないパーソナルな所に皆さんの情熱の源泉があるようにも推察する。

　パーソナルなものといえば自ずと個人分析が俎上に上がる。個人分析／セラピーは重要な営みであるが，万能なものではない。受けさえすれば大きな成長や変容をもたらすというわけではないだろう。私の個人的な分析的セラピー体験からの些細な印象ではあるが，むしろ終了後にこそ大仕事が待っていると思う。肝心なことはセラピーが終了したところから始まる気がしている。分析的なセラピー体験はこころの土壌改良のようなものではないだろうか。耕した土地に種を播き育てることをせず放置すれば，いずれ冷たく固い土地に戻る。それでは受けたという事実が残るにすぎない。その種とは，日々のささやかな臨床実践の一つ一つであるだろうし，日常的な何気ない一コマの中にあるように思う。また，真に豊かな土壌を得るために，権威や名声の有無ではなく本物のプロと出会う必要を感じる。プロの中核を貫く情熱に触れ，慄き，魅かれた体験が，地熱のように自分のセラピストとしての情熱を支えるように思える。

　最後に蛇足かもしれないが，実践への没頭や情熱からふと我に返る瞬間が，セラピストとして生き残るために必要だと思う。冒頭の詩にある僕の「くしゃみ」のような瞬間である。それは，このようなシンポジウムや執筆などによって，自らの実践を「行い」から「語り」へと場面転換させ，客観視し振り返ることでもたらされるように思う。

文　献

谷川俊太郎（1952）．二十億光年の孤独．東京創元社．

Bick, E.（1962）. Child analysis today. *International Journal of Psycho-analysis,* 43, 328-332. In, Spillius, E. B.（Ed.）. *Melanie Klein Today : Vol.2.* The Institute of Psycho-Analysis, London. 松木邦裕（監訳）（2000）．今日の子どもの分析．メラニークライン・トゥデイ③．岩崎学術出版社．

第3部

出会いと変化，そしてやりがい

イントロダクション

松本拓真

　第3部は，2018年度の日本心理臨床学会の自主シンポジウム「子どもの精神分析的心理療法を学ぶ意義——出会いと変化，そしてやりがい」が元になっています。第2部が「訓練と実践，そして情熱」をサブテーマとして，セラピスト一人ひとりの「情熱」が訓練や実践を支えることが示され，その情熱が醸成されるプロセスを検討しました。情熱という明るそうなテーマにもかかわらず，「セラピストが以前に担当し力になれなかった子どもとの内的な対話を続けること」や，「セラピスト自身が助けを必要とする子どもであること，すなわち自身の"子ども性"に耳を傾けようとすること」などの歴史といった，暗い，そして悲痛な内容が示し合わされたように各シンポジストから語られました。それが自身がセラピストとして働こうとする情熱の構成要素なのではないかということです。

　さすがに重すぎる内容だったのではないかと反省したので，今回は「出会い，変化，そしてやりがい」といった前向きなテーマとしました。子どもの精神分析的心理療法を実践することの魅力とは何かと聞かれれば，普通には目撃されることが少ない子どもの心と出会い，子どもが感動的なほどに変化していく姿を目の当たりにすることと答えるセラピストは少なくないと思います。その出会いと変化を実感することが，"やりがい"として，セラピーで喚起される苦痛な感情を乗り越え，子どもへの関心を維持し続けることを可能にするのでしょう。また，子どもの精神分析的心理療法の訓練は時間的，情緒的な負担が大きいのですが，その"やりがい"が訓練に自分の足を向かわせることを可能にするかもしれません。

　子どもの精神分析的心理療法の開拓者であるメラニー・クラインでさえも，最初の患者である5歳のフリッツとのセラピーにて，解釈が子どもの不安を軽減し，精神分析が展開していくことから得られた確信が，彼女の精神分析の探求の全経過にわたって多大な影響を与えてくれたと後に振り返っています（Klein, 1955）。つまり，ある子どもとの出会いと変化，そこから得られた"やりがい"に，後のクラインの創造的な仕事は支えられていたということができます。

　一方で，プロフェッショナルをどんなクライエントに対しても対応できることと仮定するならば，仕事に"やりがい"を求めるべきではないと考えられます。そうなのでしょうか。さらにいえば，"やりがい"を求めるセラピストは，子どもを自己満足のために利用するナルシストかのようにも見えることもあるでしょう。そのために，学会で正面から討論されることは控えられてきたのかもしれませんが，率直なところを話し合ってみたいと思い，今回の企画をしました。

文　献

Klein, M.（1955）. The psycho-analytic play technique：its history and significance. *The collected works of Melanie Klein 3：Envy and gratitude and other works*. London：The Hogarth Press. 小此木啓吾・岩崎徹也責任編訳（1985）. 精神分析的遊戯技法－その歴史と意義. メラニー・クライン著作集4. 誠信書房, pp.157-181.

第8章

変化を知りたい貪欲さとそこに求められる繊細さ

松本拓真

I　セラピストはたくさん死んでいる？

　臨床心理士になるための大学院の相談室においては，皆さんも子どもの
ケースを1回は担当したことがあるかと思います。そして，その際に数回の
セッションで終わることなく，10回から30回ぐらいのセッションを経験し
た人も少なくないでしょう。しかし，毎年2000人以上が受験し，1500人程
度が合格している臨床心理士の中で，子どもの心理療法をやり続けたいと願
う人は非常に限られているように思います。これは精神分析的な心理療法に
限らず言えることです。何が起こっているのでしょうか。もちろん，子ども
の心理療法を行うことができる職場が少ないという就職上の問題もあるで
しょうし，もともと成人との臨床を志していたという事情もあるでしょう。
　私はその理由として，多くのセラピストが人知れず死んでいるのではない
かという仮説を持つようになりました。もちろん実際の死ではなく，セラピ
ストとしての死です。子どもとの心理療法において，子どもと"出会い"，
"変化"を目撃することができれば，"やりがい"に至るのかもしれませんが，
その"出会い"も"変化"も誰の目にも明らかというものではありません。
明確な変化を示す子どもに恵まれるか，微妙な変化をしっかりとらえること
を可能にする指導教員やスーパーヴァイザーに恵まれるか，子どものセラ
ピーで起こっていることと結びつくような現実的な変化を報告してくれる親
面接者に恵まれるといったことがあって，初めて可能になるのでしょう。な

らば，私たちが変化を実感できるということは贅沢品のようです。特に，短期間で分かりやすい変化を求めるとしたら，それは傲慢ともいえるのかもしれません。

　贅沢は敵でしょうか。私はセラピストが変化を見たいと望むのは貪欲でもなんでもなく，セラピストとして生き残るための必需品だと考えます。なぜなら，私たちは子どもや家族にとっての肯定的変化のために存在しているからであり，変化がなければ"やりがい"どころか存在意義がないからです。これは変化を引き起こすべきと言っているわけではありません。少なくとも目撃する必要があるのです。必要な食べ物を贅沢だとして控えれば，やせ細り，死に至るしかなくなります。

　子どもの心理療法へ連れてくる親は，子どもによくなってほしいと思いながらも，その背景には子育ての失敗感や親としての無力感が潜在している場合が少なくありません。私たちは親が見られなくなっている変化を見ようとしているとも言えるので，貪欲ではありますが，親と一緒に共有したいと願っているという点では強欲ではないのです。つまり，誰かの食べ物，誰かの満足を奪って，自分だけのものにしているわけではありません。私たちが"変化"を望むのは自己満足ではないのです。これを得ることを控えすぎたり，諦めたりするとき，子どもに心理療法を提供したって意味がないと正面から否定するようになったり，もっと別の支援方法の方が望ましいと心理療法を見限ることになるといった形で，セラピストは死んでいっているのでしょう。もちろん別の方法を模索することで得られた心理支援上の進歩・発展も多いことは強調しておきます。

II　私の経験

　私は訓練過程の中で，子どもの事例をたくさん持つことができました。児童相談所で判定の仕事もさせていただけたので多くの子どもと家族に出会いましたし，子どもが多く受診するクリニックで勤務することで心理療法も多く担当させていただきました。イニシャルケースも子どものケースでしたが，100セッションを超える面接を行うことができ，約4年という長期にわたっ

てその変化に立ち会うことができました。

　変化という点で思い出すのは，言葉の出ない自閉スペクトラム症と考えられる3歳の男の子Ａくんと行ったケースです。彼は私の存在をほとんど気に留めず，部屋のあちこちを歩き回り，たまに滑り台やクーゲルバーンに熱中しました。心理療法で何かできるという期待に燃えていた私は彼を追いかけ，彼のやっていることに言葉を添わせようとしました。ビー玉が落ちるときに「ポトン。キャッチ。落っこちないようにキャッチしたねー」と言うなど，今から思えば特に気の利いたことも言っていなかったように思います。その中で，Ａくんがセッションの中盤になると毛布の間に手を入れて，満足そうにすることが出てきたので，私は「あったかーい」と言葉を添わせていました。しばらくした後に，Ａくんは同じように毛布に手を突っ込み，自分から「あったかーい」と言いました。私の聞き間違いではなく，はっきりとそれが聞こえました。私はとても感動し，Ａくんと出会えたと感じましたし，もっと会いたいと思いました。「あったかい」が私との関係で喚起されたかどうかは慎重になる必要があり，遅延模倣に過ぎなかったかもしれないとも思います。しかし，その時に私には理屈ではない感動と好奇心が生じたのです。ただ，母子並行面接にこだわっていた当時の私は子どものセラピストは家族と会わないということに固執しており，家族との連携を重視していませんでした。そのため，親が子どもの面接の内容がわからないと不安になったこともあり，面接は3回で中断となりました。私はとても残念で悔しいと思いましたし，その思いを母親面接者にぶつけて，困らせていたと思います。このケースでの経験が家族協働を重視する現代クライン派のアプローチへと進ませるきっかけにはなりましたが，私は他にも多くのケースを持っていましたので，自分の"やりがい"を疑うことにはつながりませんでした。それは"やりがい"への疑念を否認していただけだったかもしれないという話をしていきたいと思います。

　その後，私は精神分析的心理療法の訓練に本格的に乗り出し，ある自閉スペクトラム症を抱える子どもが心理療法を通して変化していく感動的なプロセスを経験しました。それは「自閉スペクトラム症を抱える子どもたち」（松本，2017）に書かれた事例ですので，ここではお話しません。別のいくつか

の事例も経験し，私は「子どもの精神分析的心理療法士」という資格を取得しました。今からお話しするのは，その資格取得後に経験した事例です。

Ⅲ　やりがいを感じるために求められた繊細さ

その男の子Bくんは小学校3年生で，自分を責めて，「自分なんていらん存在だ」などとパニックになり，自分の頭などを叩くことを主訴に相談機関に来談しました。ぼーっとしている時間が多く，少しでもうまくいかないと思うと諦めてしまうため，彼の生活は主体的なものではなく，学校でも何とか大崩れせずについていっているという感じでした。父親によるDVのため支援施設に母親と姉とともに入り，苗字も縁もゆかりもないものに変更して生活をしていました。母親は原家族においても身体的・精神的な虐待を受けており，結婚後しばらくして始まった父親のDVに対しても抵抗や逃げることができず，解離的にぼんやりして記憶があいまいでした。母親が服薬中の妊娠だったこともあり，母親はBくんが障害児にならないかという不安を抱えながら育てていました。彼の乳幼児期は彼を嫌ってさげすむ父親と，心配した目で見るか，心ここにあらずの状態にいる母親とともに生きてきたのでしょう。

私は不信と憎しみに満ちた子どもを想像していましたが，実際に会うBくんはしっかりしていて，チワワのようなかわいらしさがある子どもでした。何をしたらいいのか戸惑い，道を踏み外さぬように警戒しているようでした。小さい声で「いいものがない」「風船が欲しい」などと言いますが，私がそのことについて話そうとしても，その発言そのものがなかったかのようになりました。あるセッションで彼の指摘でセロテープを準備することを忘れていたことに私は気づき，取り返しのつかないミスをしたような後悔が生じました。彼が強く怒ったわけでもなく，悲しみに暮れているわけでもなかったのに，これほどまで自分がダメなことをしたと感じたことが私自身でも不思議でした。3回のアセスメント面接の最後には「寂しい」「いやだ」などということもでき，何とか状況を良くしたいというBくんの動機も感じられたため，私は継続面接に導入しました。その奥には責める‐責められるといっ

た暴力的な対象関係が潜在し，そこから生じる不安から目を背けることで心ここにあらずになっているのだろうとこの時点では理解していました。

　その後，私は大きな苦悩に陥ることになります。それは明確な辛さではないのです。例えば，彼が私を馬鹿にしたり，見捨てようとしたり，服従させようとしたりしていたとしたら，私はそこに手ごたえを感じ，取り組むべきテーマが明確となることで"やりがい"を感じていたことでしょう。しかし，彼とのセッションは，何も残らないのです。何もしないわけでもありません。彼は「いいこと思いついた」などと言って遊びを始めますが，私にはどこがいいのかわからず質問すると，その話はどこかにいってしまいます。まったくこちらの話を受け付けないわけではなく，聞いているようなのですが，トイレに行ったり，身体をかきむしったりしているうちに，そのことはなかったかのようになるのです。私はこれまで会ってきた多くの自閉的な子どもとの経験から，関係を退けたり，引きこもったりすることには慣れていたところもありますし，それは忍耐強さを必要とするとはいえ，"やりがい"を持つことができました。しかし，彼の場合は期待を抱いては，その期待が泡のように消えているのです。いつ消えたのか，消されてしまったのか，それとも私が消してしまったのか，すべてがわかりません。辛さを感じられないことが辛いといえるのかもしれません。彼専用の箱の中の動物フィギュアで遊ぶことが出てきますが，別の回では同じものを見ても「新しいの入っている」と喜んだり，逆に変わらずにあるのに「数が足らない」とがっかりしたりしました。彼はいろいろわかっているように見えるだけに，私はひどく戸惑い，彼の心には私との体験が何も残っていないのではないかと感じていました。

　ただ，その疑念に目をつぶってしまえば，私には不安や心配すら残らない平穏を維持することができました。母親の求めでコンサルテーションをした小学校の担任も，学校でかきむしった皮膚を机に集めて眺めているＢくんが気にはなりながらも，「もっと大変な子はたくさんいるから」と深刻に考えていませんでした。他者からこのように聞くと，「この子は心配な子どもだ」と憤りも生じますが，私も振り返ればこの先生と似たように深刻に考えずにセッションを淡々と続けていたように思います。無意味さは理解できないことと区別がつきにくいため，いつか理解できると楽観的でもあったと思いま

す。しかし，"やりがい"は感じていませんでした。

　そんな中で私は転職のため多くのケースを閉じ，子どもの心理療法は彼の
ケースだけとなりました。途端に私は自身の「子どもの精神分析的心理療法
士」というアイデンティティが不確かなものになり，彼とのセッションの手
ごたえのなさは無視できなくなりました。面接を2年以上続けていながら，
彼と何もできていない，セラピストとしての力がまったくない自分を意識し
たのです。「子どもの精神分析的心理療法士」なんて資格を取っておきながら，
実は自分には何もなかったという失望は想像を絶するものでした。私は大学
教員として現場から離れ，心理療法をする人ではなく，心理療法について語
る人になることで弱さを隠してしまいたいという衝動，つまりセラピストと
しての死を迎えるところでした。

　私は自分が受けていた個人分析の中でこの話を何度もしていたと思いま
す。私は自分がこんなに弱く繊細なのだと愕然としました。しかし，私は相
手の力になれないと感じ続ける無力の底で，赤ちゃんだった彼もこのような
体験をしていたのかもしれないと思うようになります。つまり，Bくんは自
分のことを母親や父親を笑顔にできない赤ちゃんだと感じていたのではない
だろうかと考えるようになったのです。私も母親と同じように彼の障害児と
しての側面ばかり探し，それ以外の彼は目に入っていなかったのだと思いま
す。このように見方が変化してから，彼が私を楽しませたり，喜ばせたりし
ようとしている面もあることが見えてきました。

　Bくんと私が出会い，2年半ほど経ったセッションで，じゃんけんをする
ときに，Bくんが「先生，いっつもグーだすね」と言いました。私が「B く
んはいっつもパーだすね」と答えると，彼が「先生がグー出すからだよ」と言っ
て笑うといったやりとりが生じました。そして，このやりとりは，その後も
じゃんけんをするたびに繰り返されるお決まりのネタのようになってきまし
た。私はこのネタが二人が積み重ねた時間の結晶のように感じられて，とて
も愛おしく思うようになりました。「あなたがそのような人間として私の前
にいてくれたから，私はこのような人間であるのです」ということを噛みし
めていると感じられるようになったのです。彼は「あるあるだね」などと他
のことについても私との間での繰り返していることを振り返るようになりま

した。

　赤ちゃんは特別なことをするから親を笑顔にするのではなく，そもそも親との関係が特別だからこそ普通のことをしても特別な体験になるのだと思います。Ｂくんの振る舞いは一般的には感動的なものかは疑わしいものではありますが，圧倒的な無力感を二人で共有した後では，意味のある特別なものとして二人の前に現れてくるようになったと思います。私は多くのケースをして，他でやりがいを持てていたら，Ｂくんとの無力感を否認し続けることができたことでしょう。この無力感の共有を否認していては，何気ない経験の蓄積が貴重であることの発見の価値を見逃していたことでしょう。ある時に体験できたやりがいは，次の瞬間にはセラピスト側の防衛となり，大切なものをとらえ損ねることになるかもしれないのです。"やりがい"がいつも揺らぐような繊細さが子どもと経験を共有するために必要なのだと私は考えるようになりました。

Ⅳ　出会いと変化の関係的性質

　子どもの心理療法における出会いとは，その子どもとセラピストとしての私との重なり合いに出会うことかもしれないと思います。Ｂくんのケースで，私は自分の中の相手に対して力になれない失望と無力感に出会うことができました。これを十分に体験する繊細さから，Ｂくんが親を笑顔にできないという彼の乳児期の体験と出会えたのだと思います。また，私は変化は子どもだけに起こるのではなく，セラピストと子どもの関係に起こるのだと心から思うようになりました。ぼんやりして，前向きに何かに取り組むことができない子どもは，子どもと自分の関係が無意味だと感じて，そこから目を背けようとするセラピストとセットになって変わる必要があるのです。

　大阪大学の臨床訓練には，バケツ稲というものがあります。私は自身が院生の頃はほとんど意味がないと思っていたのですが，今は岐阜大学の臨床訓練に導入しています。皆さんも稲が伸びているのは見るかと思いますが，いつ穂をつけているのか疑問に思ったことはないでしょうか。それはとても微かなものなのです。稲はその変化に気付かなくても穂をつけられます。私た

図1　稲の花

ち人間は自分がどのような変化をしているのかを自分でも知りたい貪欲な生き物なのだと思います。だからこそ，微妙な変化をしっかり見るような営みが必要なのでしょう。激しく感情を揺さぶられるケースよりも，何を伝えようとしているのかわからないケースが最近は増えてきているように思います。私たちの繊細さは，変化が見えない時間を重ねることにすら何らかの意味を見出すことを可能にする，そんな"やりがい"を今の私は感じています。

文　献

松本拓真（2017）．自閉スペクトラム症を抱える子どもたち―受身性研究と心理療法が拓く新たな理解．金剛出版．

第9章

年月を重ねての変化と出会い，そしてやりがい

村田朱美

Ⅰ　はじめに

　私は現職に着く前は，母子臨床，主に乳幼児に関する臨床が主でした。保健センターでの乳幼児健診，民間・公的機関での発達の遅れに関する相談，保育園，幼稚園，学童保育などの巡回相談をしていました。精神分析的心理療法のケースに携わってからの経験は他のお二人の話題提供者と大きな違いはないかもしれません。ただ生きてきた年月は随分違います。もしかしたらここに"やりがい"の視点の違いがあるのかもしれないのでお話をさせていただきたいと思います。

Ⅱ　精神分析的心理療法に出会うまで

　私は大学時代，教育学科の心理学専攻に籍を置いていました。卒論の素材として１歳半の自閉的傾向のある女の子を観察し，週に２，３度ご自宅を訪ね毎回１時間ビデオを回し続け，観察記録を起こす日々を半年送りました。その半年間の行動変容を数量的に表し考察を行いました。当時は発達障害という言葉はありませんでしたが，卒業後の進路を指導教官に相談したところ，自閉傾向児のケースに関わらせておきながら，「まずは普通の子を見なさい。障害ということではなく普通に育っている子どもをたくさん見てきなさい」と言われ，幼稚園の教員として仕事を始めました。その後わが子を育てなが

ら，保育園の先生方との共同研究などにも携わっていました。その頃，1歳半になるわが子が，私が寝ていると私の顔を叩きました。穏やかな子が急に叩いたので驚いて「痛いでしょ。叩いちゃダメでしょ」と諭しました。それでも私が寝るとまた叩くのでした。研究会で先生に事のいきさつを話すと，「ママが泣いてごらんなさい。ママ痛いよーって。そしたらきっと分かるから」と言われ，早速，同じ状況のときにやってみました。ところが，わが子が叩くことは治まりませんでした。今思うと，その頃から私は「教育」という外側からの枠組みとは違う，それぞれの中に育つ何かがあると感じながらも，目に見えないそれには辿りつけませんでした。ただ，その何かが何なのかを知りたいという好奇心だけは持ち合わせていました。その後，3人の子育てをしながら，徐々に保健センターや療育機関で仕事をするようになり，いわゆる発達障害圏の子どもには社会適応を促し，行動調整に重きを置く中で，私はどこかで釈然としない思いで親子に関わり続けていました。その中で一緒に健診に携わる心理士が，お母さんや子どもの心の内側を扱っていることを目にし，「いったいこれは何ぞや」と思ったのでした。その頃，木部則雄先生の『こどもの精神分析』を読み，子どもの心に近づいてみたいと大学院の門戸を叩きました。

Ⅲ　最初の精神分析的心理療法のケース

　大学院で最初に担当したケースが知的遅れを伴う自閉症の幼児期の男児C君でした。今までは表面に見える行動を扱うことを主にしていたのが，今度はその行動のもととなる心を見ていくことになったわけです。見えないものを見ていくこと，情緒を感じていくこと，これが心理療法の醍醐味だと思うのですが，それはそれは難しいことでした。ましてやまったく言葉のない，正確には電車音とアナウンスだけの言葉というよりも音の世界で，それをただひたすらに逐語に起こし，そこに何か意味があるのか，私と二人でいる空間に彼が表しているものがあるとしたらそれは何なのかを，ただひたすらに追い続けていました。嫌なことがあれば，ロッカーや椅子の下に潜り込み，目を押さえて胎児のようになり，床に這いつくばって電車を動かしていまし

た。最初は何のためのセラピーなのか，前に進むことがあるのか，どういう意味があるのかも分からないままにやっていました。こちらが言葉を発しても霧散するかのようでした。C君とやりとりはないのですが，時折C君は私をじっと見るのです。そのときには私はC君と一緒にいる感覚が持てました。次第にC君が「ドーナツ　ムシャムシャ」と言うのを何度も聞いているうちに，私は折り紙を端から丸めて輪にしたものを作って「ドーナツ」と言ってC君に見せました。C君との間で共有できる何かを持ちたかったのです。するとC君は私の隣に来て自分も同じようにドーナツを作ろうとしたのです。それからC君は数え切れない程のドーナツを作り，紙のつなぎ目を「出る，入る」と言いました。それはC君の口に乳首が「出る，入る」ことを表していたのだろうと思います。おそらくC君は乳首のない乳房の表象であるドーナツから，乳首をくわえておっぱいを飲み，部分対象であれ母親を認識できるようになっていたのでしょう。休みの前には折り紙をちぎって床一面ばらばらの折り紙でいっぱいになっていました。乳首から口が離れてしまうこと，分離が怖いと思える感覚の育ちだと思われました。それは，セラピーを通して授乳されることで対象を認識してきたからこその怖さだったのでしょう。小学校2，3年生の頃からわずかに会話にもなり，「おいしい」「楽しかった」「痛い」と情緒をわずかに伝えることもありました。電車も初めはクーピーでしたが，段々四角い粘土，ブロックになり，折り紙の対角を合わせた電車，紙に描いた平らな電車，6年目には紙で作った立体の電車になり，次々路線を増やしていきました。彼と私と友達と彼が愛するキャラクーたちが住むマンションを出て，近隣の駅からおにぎり入りのお弁当をもって電車に乗り，目的の駅に行っては，また戻ってきて帰宅するプレイが繰り広げられるようになりました。これらは畳の目を数えるような変化だとしても，それでも私にはこの毎週のセラピーでC君に会えることを毎回心待ちにしていました。

　子どもに目を向けて，視線がつながって一緒に感じることができると，そこが乳首のように焦点化され，そこから栄養を取りこんでいるかのようでもありました。知的な遅れがある自閉症のC君がまったく自他の区別のない子宮の中でうごめいていたところから，電車がただ走り続けることがどんな

世界なのだろうと必死にその世界にお邪魔して，一緒に考えていくうちに，子宮外にようやく出て，少しずつ他者を認識し，安全な人と一緒に出かけていくことができるようになり，情緒的な交流を面白いと思えるようになっていきました。C君との7年間のセラピーは，まだ胎児のC君が1歳半程になるまでの精神発達段階にずっとお伴させてもらったと言えるのではないでしょうか。7年間，C君の動き，発する音，視線，扱うものを見ながら，C君のことを考え続ける精神分析的心理療法は，貴重な経験となったのでした。

　今となっては私にとって宝物のようなケースです。こう言うととても素敵に聞こえますが，"やりがいがあった"というのとは少し違うように思います。電車の音，アナウンスをただひたすらに逐語におこすのはまさに修行のようでした。このセラピーが続けられたのはスーパーヴァイザーの存在がかなり大きかったと思います。きっと一人だったら，逐語を起こすことは諦め，ただ毎週のセラピーが過ぎていっただけだったかもしれません。わけの分からない音の羅列の逐語にも根気よくつき合って，一緒に考えてくれるヴァイザーがいたからこそ，今となっては"やりがい"のあったケースだと思えます。こうした三つ巴の関係性，つまり自分がコンテインされている情緒的体験と，クライアントがコンテインされていく情緒的体験が重なり，安定した世代間連鎖が生まれているとも言えるでしょう。

IV　個人分析

　私は大学院の博士課程に進み，乳児期からの母子関係の縦断研究を論文に仕上げましたが，この先，自分が何をやりたいのか，どうするのか，どうしたいのかなどと考えずに来てしまっていたので，個人分析を受けることにしました。自分が生まれたこと，育った環境，子どもの私，親，家族との関係，人との関係など，「私がなぜ私でいるのか，私はいったい何者ぞ」といつも突きつけられ，逃げることができませんでした。それでも私のことを考えてくれる人がいる，いつも見ていてくれる人がいる，誰かのためでなく，私が私でいることを誰よりも応援してくれる人がいる，そういった感覚の中で，自ずと自分の進む道が開かれていきました。

V　小児科臨床の現場において

　現在は，総合病院の小児科の心理士として仕事をしています。仕事は多岐にわたり出産後間もないお母さんの産後うつや育児不安の相談，乳幼児の発達相談ではできるだけ早期から適切な母子関係の中で情緒的やりとりを通して子どもが育つことを促します。また　1000g 以下で生まれた超低出生体重児のマイルストーンでの発達検査を通してフォローアップに関わることもあります。超低体重で出生し NICU，GCU で長く過ごした子どもたちの心が垣間見えるようなことも多々あり，心理療法家ならではの視点で保護者の方にお話することもあります。見えないものを見る，象徴機能としての言葉をもたない子ども達の心の中がどうなっているのか，理解しようと考えることに心血を注ぐ。つながった時に変化が起こる。それは私にとって，シンプルにやりがいを感じるときです。

　一方で小児科ですから中学3年生までの子どもたちが来院します。学校で先生に学習の遅れや生活態度などの指摘を受けて来院される方もいますが，総合病院ですので，腹痛，頭痛，発熱，だるさなど身体症状を訴えて小児科を受診し，血液検査，脳波，MRI，心電図，あらゆる検査を受けても所見が見られないため，「身体表現性障害の疑い」「心因性」ということで心理相談に繋がるケースもあります。

　中学生のDさんは，体調不良を訴えて半年ほどまったく学校に行けない状態が続いていました。小児科医から自律神経の不調があるが，心理的なことが影響していないかどうかカウンセリングも並行していければと思うがどうだろうかとの提案があり，私がお会いすることになりました。一人で来院したDさんは，両親が小学生のときに離婚したこと，Dさんの幼少期から父親が不在がちであったことを話しました。Dさんの体は大きく，話し方は落ち着いていてとても丁寧です。ただ，ことあるごとに「すみません」と謝るのでした。＜何か悪いことがありましたか＞と尋ねると，「何でもいけないのは私なんです。私が悪いんです」と言うのです。学力もあり，しっかり者のように見えるDさんと話していると，大人と話しているような錯覚に

陥ります。それでも話した後に，何も残らないのです。「この1週間，特に何もありませんでした。朝，起きられないんです」と報告した後，「学校に早く行きたいんです」と言いつつもほとんど生活に変化がありませんでした。＜今までいろいろなことがあって，心が疲れていることで体も不調になっているのかもしれませんね＞と言うと，「私はメンタル強いんです。体調さえ良ければ学校に行きたいんです」と強く言うのです。セラピーの中で解釈すると，ときに怒りを表すことがありますが，翌週はおおむね体調不良でキャンセルとなるのです。こうして不快な情緒を扱おうとするとDさんは引きこもってしまいます。おそらく，乳幼児期に情緒的な交流，甘えを受け止めてもらったり，悲しいときに抱えてもらったり，一緒に楽しんでもらったりできる状況ではなかったのでしょう。それでも体と頭は育ち，それなりに適応していたものの，中学入学後に友達や先生との関係の中で，破綻してしまったのかもしれません。

　Dさんの乳幼児期には器質的には問題になるようなことがなかったにもかかわらず，基本的に信頼できる人との間で一緒にいることが面白い，見ていてもらえることの安心感があったのでしょうか。自分の気持ちを投影すると受け止められ，不快さが緩和され，喜びは豊かな情緒と共に摂取されるようなことがあったのでしょうか。中学生になり，本来信頼できる大人から「自立」する段にあるときに，気持ちは思春期でかっこつけてもがきたいのに，土台になる足場がまったくズルズルで踏ん張る土壌がないのです。こうした中学生たちは何を求めているのでしょう。そして，私はどのような精神分析的心理療法ができるのでしょう。目的も終着点もはっきりしないこの関係性に，"やりがい"を感じていけるのかどうかも今はまだ分かりません。そんなことを考えていると，とても精神分析的心理療法の"やりがい"という言葉を安易には使えないのです。

Ⅵ　終わりに

　この原稿を読み返して「釈然としない感じ」を何回か使っていることに気がつきました。私にとってこの「釈然としない感じ」と言うのはどうも自分

の中で，節目節目に起きることの様です。自分の手中にあるものではどうにも考えられない，どうにも対処できない感じ，本当にこれでよかったのだろうかというどうにも収まりどころのない感じ。もしかしたら「葛藤」と言えばいいのかもしれません。どこかで「これでよし」と思い，"やりがい"がある仕事をさせていただいていると思いつつ，「釈然としない感じ，迷い，あがき」があるときに，また次を模索できるのかもしれません。「これで本当にいいの？」と思う自分との対話が，次の"やりがい"につながっていくのだと思います。

　精神分析との出会いによって，自分自身の変化，自分がどう生きるか，なぜ生きるかに直面し続けられるようになったと感じています。そして臨床現場で子どもに出会うことは，自分の子どもの部分との出会い，そして生きてきた自分との出会い，生きられなかった自分との出会いがあると感じます。クライアントの心と，セラピストである私の心を通い合わせながら感じ考えていけることは，精神分析的心理療法ならではの"やりがい"と言えるのかもしれません。

文　献

木部則雄（2006）．こどもの精神分析―クライン派・対象関係論からのアプローチ．岩崎学術出版社．

第10章

やり残したことを考えるときに見えてくるもの

熊田知佳

I　はじめに

　「子どもの精神分析的心理療法を学ぶ意義」について考えたとき，私は自分がなぜ子どもの臨床に携わってきたのか，私自身にとってそれはどういう意味があることなのかという自分の物語を上手く言葉で説明できるまでには至っていないことに気づきました。しかし，子どものこころに関心を抱き心理学を専攻し，さらに臨床現場に出てみると，良くも悪くも座学では得られなかった体験があり子どもの臨床への好奇心は高まっていきました。

　今回のテーマについて考える中で，これまでの臨床を振り返りますと，どのようなケースでも面接が終了したときは，何か「やり残した」という感覚が付きまとうことが私の場合は多いと思い至りました。終結でも中断でも，「二人でやりきった」「思い残すことはない」と思えることはありませんでした。こう考えると，消化不良の連続のようですが，しかし，私が子どもの臨床を今日まで続けてきたことと，この「やり残した」という感覚は何か関係しているように思います。そしてそれが，私にとっての"やりがい"を考えるヒントになりそうです。

　私はまだ自分自身の物語を十分語れるほどには至っていないのですが，一つの事例の経験を通して，精神分析的心理療法場面での子どもとの「出会い，変化，やりがい」について考えてみたいと思います。

Ⅱ　事例

　Ｅは小学校低学年の女児で，「おむつが取れない」という主訴で私が勤務する相談機関を母親と共に訪れました。母親によると，これまでＥは家でも学校でもトイレで排泄したことがないとのことでした。用を足すときは必ず，自宅の誰もいない部屋の隅っこで，オムツを履いて用を足していました。排泄後は家族がＥのお尻を拭いて，オムツの処理をしていました。このことに，Ｅ自身は困っておらず，学校も嫌がらず通っていました。これまで複数の相談機関を訪れ，穴を開けたオムツを履かせるなど，試行錯誤を試みましたがどれもうまく行きませんでした。

　当初，Ｅはセラピーで自発的に話すことはほとんどなく，青白い顔に大きな目で私のことをじっと見ていました。視線が合うとニコっとしますが，常に淡々としているＥには，年齢相応の生き生きとした表情が見受けられませんでした。アセスメント面接で，Ｅは何度か箱庭の中に砂で乳房のような山を作り，山の表面にビー玉を並べ，色鮮やかな「花火」を作りました。しかし，それは毎回すぐに崩されてしまいます。こうした様子から，Ｅにとって大切なもの，安心をもたらす対象は脆く壊れやすいものであり，そのため分離不安を高め，排泄物を身体から切り離すことや，トイレに流すことを困難にしているのだろうと私は理解しました。こうしたＥの不安は，母親によって語られた乳幼児期のＥの経験とも重なるものでした。

　母親は 30 代後半で結婚し，不妊治療の末，諦めた頃にＥを自然妊娠しました。Ｅの誕生は喜ばしいものでしたが，育児は母親にとって痛みを伴うものでもありました。赤ん坊のＥを抱えながら寝たきりの祖母の介護を続けた母親は，産後うつ病を発症しました。また，母乳が出にくい体質であることや，そのために授乳時には乳首を咥えられるたびに激痛が走ったものの，産院の看護師に「ミルクにする」と言いだせなかったことが語られました。母親自身，苦しさや痛みを表出することが難しい方のようでした。また，母親にＥがどんな赤ん坊だったか尋ねてもよく覚えておらず，表面的な話しか語られないことから，母子が安心して一体感を持つことが難しかったこと

が窺えました。

　Eは幼稚園や学校では問題なく過ごしていました。一方，家では親の見ていないところで植木鉢の苗を引っこ抜く，スーパーでこっそり水煮の商品に穴を開け水を漏らしてしまうことがありました。Eは叱られても親の前ではけろっとしていましたが，誰もいない部屋でひっそりと涙を流していました。また，父親と母親には自分から学校の出来事を話すこともありませんでした。こうした母親の話を伺っていると，母親にはEが考えていることが分かりづらく，母親としてEとどのように向き合ったらよいか分からない，ということも相談に来た母親の潜在的な動機の一つと思われました。

　私は週1回，Eとの心理療法を開始しました。Eは面接室の入室，退室の際，セラピストが扉を開けるまでじっと待ち，自分では開けようとしません。まるで自動ドアが開くのを待っているかのようでした。また，終わりの時間が近づき片づけの時間になっても，遊びを終えることができませんでした。そして，遊ぶ時はいつも部屋の隅っこに移動し，私から見えないように背中を向けました。私が何をしているのか聞いても「わからない！」「内緒」と言って，まるで私から隠れているようでした。Eは絵を描いたりミニチュア家具で動物園を作って遊びましたが，それは代わり映えのしないものでした。動物園を作っても物語が展開することはありません。最初に絵を描き，次に動物園を作る，という遊びの順序もパターン化していき，空想を自由に表現することが困難でした。Eの遊びは平面的で奥行きのないもので，私は50分の間，気持ちが動かされることはありませんでした。一方，ゴム製のサメ人形の口にビー玉を執拗に詰め込む遊びをするときは，サメの腹部がぱんぱんに膨れ上がっているにもかかわらずビー玉を押し込み続けるEを見て，私は喉元が苦しくなるのを感じました。

　面接開始から8カ月が経過した頃，Eの遊びや様子が「変わらない」こと，面接では何も起きていないことに私は気付きました。この気付きは，私自身の退屈さを通してもたらされました。何も起きていないことに気付いてからしばらくは，私にとってEとの面接は不毛で苦痛な時間になりました。一方，Eは箱庭の中に今にも漏れ出しそうなほどの大量の水を放り込んだり，箱庭の砂が床に勢いよく飛び散るほど箱庭の中で激しく手を動かす遊びをするよ

うになりました。私はEへの苛立ちを覚えるようになりました。この時の私は何も感じない退屈さと苛立ちを行き来しており，50分が長く感じられて苦痛でした。一方で，記録を読み直し，スーパーヴィジョンを受けながら，Eのパターン化した遊びの意味を考えたり，退屈と強い怒りの原因を探ろうとしていました。こうしていくうちに，ビー玉をたくさん詰めても，水をたっぷり使っても，それでも満たされないことに私の注意はいつしか移っていきました。Eは自分がどのくらいの量を取り込んでいるのかさえ分かっていないように見えたのですが，一方で常に枯渇し飢えているE，求めても求めても満足しないEの体験を私は考えるようになっていきました。

　それから私は1回のセッションで使う水の量を決め，片付けの時間を早めに伝えるなど，制限をより明確にしました。一貫して強固な枠を設定すると，徐々にEも反応していきました。遊びの途中で片づけの予告を伝えると，Eは「わぁー！」と大きな声を出して動物園を壊します。私はもっと遊びたいのに遊べないことへの怒りを伝えると，Eはさらにビー玉や貝殻など硬いものを壊れた動物園の上にばら撒きました。一方で，休み後の面接では，引っ越した友達について寂しそうに話したり，部屋にあるはずのおもちゃがないと訴え，Eなりの分離の感覚とそれに伴う怒りや寂しい思いを表出するようになっていきました。ゴム製の蛇人形を「ぷにぷにして気持ち悪い」と言い，砂の中に隠したり，粘土を数色混ぜ合わせて大便と思われる形状のものを作ると，「汚い」「気持ち悪い」ものとして隠しておきました。Eの表情は以前より豊かになり，こうした遊びをニコニコと，時には悪戯っぽい表情で私の前で展開しました。私は退屈さから徐々に解放され，Eとの間で一方的ではない相互的な交流を持てるようになったと感じ始めました。実際の排泄行為はオムツではあるものの，自分でお尻を拭きオムツについた大便をトイレに流し，オムツをビニール袋に片付けてゴミ箱に捨てる，といったオムツの処理ができるようになりました。

　面接開始から1年が経った頃，母親が20代の頃に患った乳房に関連する疾患が再発し，手術のために入院することになりました。そのための数週間の休みを挟んだ後の面接で，Eは「汚い色」を粘土で作ったり，動物園の一角に獰猛な動物を忍び込ませ「怖いところ」を作りました。現実で脅かされ

たＥの不安や恐怖を心理療法を通して表現するようになったのでした。母親の状態も落ち着き元の生活に戻りつつある頃，Ｅが習い事に意欲的になる一方，腹痛を訴えることも増えたと母親は困ったように話しました。Ｅは汚いもの，不安を外に出す力をつけ始めると，現実生活ではいろいろなことに関心を持ち始めました。

　しかし，面接の開始から１年８カ月が経過した頃，父が面接にやってきて，一方的に面接の中断を申し出ました。私は戸惑いました。Ｅは変化してきているのになぜ今？　という悔しさと，一方的で乱暴とも言えるやり方に憤りを覚えました。私は両親と話し合いましたが，心理療法を受けても「Ｅは何も変わっていない」という両親の気持ちから，辞める意思は固く話し合いは平行線のままでした。結局，Ｅとの面接は翌週で終わることになりました。親面接後のＥとの面接では，私の中にさまざまな感情が一気に押し寄せ，Ｅのことをまともに見ることができない状態になりました。一方，Ｅはいつも通りに遊び始め，前回のセッションで描いた複数の道が交錯した絵の一角に家を描き「気味悪い。お化けが住んでいるみたい」とコメントしました。急に引き離されること，あるはずのものが理由もなく急に無くなること，そのことの不可解さや混乱を表すＥの絵を見て，私の中の緊張はいったんクールダウンし，悲しみ，落胆，Ｅに対する申し訳ない気持ちが湧き上がってきました。私は，父，母と話し合った内容，次回で終わりになることをＥに告げました。Ｅは何も言わず，箱庭の底が見えなくなるように砂を均等に平らにし「埋めてる」とだけ言いました。Ｅは最後のセッションで二枚の絵を描きました。一つは，公園で楽しそうに凧上げをする女の子の絵でした。そして二つ目は，公園の遊具を描きました。ケーブルに吊るされて移動する一人乗りの乗り物の遊具について，Ｅは乗る場所と，遊び終えた人が出ていく場所を説明してくれました。そして，「ぴゅーん，カン！ってなったら，こっち（スタートしたところに乗り物を）に持って行って，出口に行くの」と説明してくれました。

Ⅲ 考察

　Ｅとの心理療法は最初の半年は，出会うことが難しい時間が続きました。Ｅは私から隠れて，誰も居ない部屋の隅っこで排泄しているようでした。私は徐々にＥの排泄よりも，取り入れによって満たされないＥの混乱や不安について考えるようになりました。さらに水や時間の明確な制限によって心理療法という容器の強度，一貫性をＥが感じられるように強固なものとしていくと，Ｅは部屋の隅っこから出てきて，私たちは出会いました。そして，Ｅが自分の中の汚いものや不安を心理療法を通して表出し始めた「これから」というところで中断となりました。

　父親と母親から中断を申し出されたその日の面接で，私は一方的に，そして唐突に引き離されることで気持ちが大きく揺れました。この時の私は，Ｅが描いた「お化けが住んでいそう」な家の絵によって，自分の中の怒りで見えなくなっていた突然の別れによる悲しさ，落胆を感じることができました。Ｅの気持ちが大切にされず，こうして一方的に終了させられ，引き離される経験は，Ｅの脆弱な乳房の経験そのものであったのでしょう。最後のセッションでは，凧あげをする女の子と，遊具の絵を描きました。私はこの絵を見て，Ｅと私は離れるけれども，凧であるＥが飛んで行ってしまわないように女の子である治療者が糸を握って，下からＥの様子を見守っている，そうした対象として治療者はＥに体験されているのかもしれないと思いました。そして，入口と出口を描いた遊具の絵を通して，Ｅはしっかりと心理療法の始まりと終わり，そして「これから」を表現しているようでした。Ｅが描いた絵は，Ｅの人生は心理療法の外で続いていくこと，私とＥの繋がりが無になるのではないことを伝えていたように思います。

　Ｅとの心理療法でも「やり残したこと」や「思い残すこと」がありますが，そのことについて考えている治療者というのは凧の糸を握っている女の子なのかもしれません。Ｅとのつながりが無になる，そこにあった時間が無くなるのではなく，私の中で「考える時間」は今も続いているように思います。

　Ｅに限らず，ふとした時に，以前心理療法で出会った子どものことを思い

出すことがあります。今どうしているか？　あの時，どうしてああしなかったのか？　など，後悔，反省もあれば，それでも結局何がベストなのか分からないということもあります。心理療法で出会った子どものことを思い出し，その子が今頃どうしているか？　を考えると，不安と期待が入り混じった気持ちになります。一方で，子どもたちは治療者の心の中に自分の居場所を見つけると，現実に離れていくものなのかもしれない，とも思うのです。

　私にとって子どもの臨床の「やりがい」とは，治療者の心の中で生きる子どもの力に直面したとき，そして子どもの中の赤ん坊が飢えている状態から満たされ，再び息を吹き返し，生き始めたときに感じるものかもしれません。時にこちらが思っているよりも力強い子どもの姿を目の当たりにし，子どもの潜在的な力に感服することもあります。その心理療法が唯一の子どもの成長の場ではないこと，心理療法の外でも子どもは成長しているし，これから先も成長していくのだ，ということを子どもも治療者も受け入れられ，信じられる状態にその心理療法が到達しているならば，子どもと治療者にとって，それはやるだけの甲斐があったものと言えるのかもしれません。

　Eは飢えが少しずつ満たされ，自分の生を取り戻しつつあるところでの中断となりました。このように，すべての心理療法が到達できるわけではありませんが，それでも「やり残したこと」を考え続けるプロセスが，私に子どものこころへの好奇心をかき立てているように思います。長く痛みを伴う道のりであっても，子どもが自分自身を生き始める場面に立ち会えるのは，精神分析的心理療法を実践していく上での「やりがい」ともなりますし「励み」ともなります。

第 11 章

指定討論

格闘の果てに現れる心理療法のやりがい

若佐美奈子

　私が子どもの精神分析的心理療法に関心を持ったのは，大学院生になってすぐ担当した自閉症の男の子とのプレイセラピーでした。彼は有意味語を持たず，プレイ中も常同行動を一人で続けており，私は彼の世界に接触できず，たまに目の端にチラリと入れてもらうくらいしかできませんでした。文字通り手探りで彼の世界と格闘していたところ，偶然にも，アン・アルヴァレズ先生とスーザン・リード先生の『自閉症とパーソナリティ』という本を翻訳することになりました。初心者の私は『自閉症とパーソナリティ』の原書を片手に，タヴィストック・クリニックのワークショップで取り組まれている精神分析的心理療法のエッセンスを何とか彼とのセラピーに適用し，必死で命を吹き込もうとしました。私は，幸運にも彼とのセラピーに 8 年も取り組ませてもらえましたので，臨床体験から精神分析的心理療法をじっくりと学ぶことができました。

　また大学院生時代に，児童相談所での発達相談・療育相談を経て，児童養護施設の被虐待児の心理療法の立ち上げにも携わりました。そこでも精神分析的心理療法の枠組みを用いた理解でなければ，太刀打ちできないたいへん困難なケースに出会いました。私は，セラピストとして生き残るために，本

格的に精神分析の訓練を受けることを決意し，そうして 20 年以上が経ちました。現在は，大阪大学医学部附属病院の小児科で，発達障がいのお子さんのセラピーや保護者の方のセラピーを行う傍ら，個人オフィスで，離婚家庭のお子さんや重篤な症状を持つお子さんへのセラピーに関わっています。

　今回，このシンポジウムに呼んでいただいてたいへん光栄に思いましたが，児童養護施設でのセラピー以降，自分の妊娠・出産で 10 年ほど子どものセラピーから遠ざかり，もっぱら青年期以降の方との心理療法に従事していましたので，指定討論者が務まるかどうか，正直不安に思っておりました。しかし，企画者から提案されたのが，たいへん面白そうでしたので，好奇心の方が勝ってしまい，お引き受けしたわけです。私の期待以上に，話題提供者の方々のお話は，みなさんの関心を揺さぶるのに十分なパワーがあるように思います。この場にいられることにこころより感謝申し上げます。

　さて早速，それぞれの方のご発表に討論を投げかけたいと思います。

I　松本先生のご発表に対する討論

　多くのセラピストが人知れず死んでいるという仮説には賛成です。ただ，それは子どものセラピストだけの問題ではなさそうです。問題の本質を見通すアセスメント力，クライエントの小さな変化を見逃さない緻密な観察力と忍耐，それを親や協働者と共有する高度なコミュニケーション力。こうした困難な営みから撤退しているセラピストは，プレイセラピー以外の世界にも多くいるのではないでしょうか。おそらく，心理療法がそもそも困難なものであることを真に理解し，そこから学ぶところに到達できなかったからでしょう。

　ただ，私にとって治療による"変化"は，じっと目を凝らして待つものです。この点について，私は松本さんと意見が異なるようです。私は，子どもの成長について，注視し，心待ちにし，その訪れを喜びますが，「変化を望む」のは，少しプレッシャーを与えすぎのように感じます。子どもの成長，子どもをめぐる環境には，それ自身の流れがあり，変化するときには変化しますが，しないときにはしないものだと私は思います。松本さんは変化に対するセラピストの「貪欲さ」を肯定しておられますが, 禁欲原則やビオン（1970）

の「記憶なく，欲望なく」との関連も含めて，詳しくお聞きしたいと思いました。

　一方，3 歳の自閉スペクトラム症とされる A くんの「あったかーい」に触発されてセラピストが「理屈ではない感動と好奇心」を持ったことには，みなさん共感されたことでしょう。私は，先にご紹介した自閉症の男の子と私を絶対的に隔てていた時空のねじれが急速に巻き戻り，一瞬，彼と情緒が行き来したときの，あたたかくも研ぎ澄まされた，独特の時空間を思い出しました。A くんとのセラピーを続けられなかったのは残念でしたが，それが松本さんを精神分析的心理療法の訓練に誘ったということは，彼がセラピストに投げかけたものが本物であった証なのでしょう。こうした感動体験を若い大学院生たちにぜひ体験してもらいたいなぁと思いますね。

　次に，小 3 の B くんのセラピーについてです。チワワのような B くんが，「いいものがない」と言っている姿と，セラピストが，セッションに何も残らず，期待が泡のように消える，と感じている姿は，とても似ていると思いました。つまり私には，このように男らしくかっこいい松本さんではなく，チワワのように愛らしい松本さんが見えたというわけです。チワワは，室内で飼いならされた小型の愛玩犬ですね。松本さんは，彼のセラピーと並行して受けていた個人分析で，精神分析理論に「飼いならされる」のではなく，本当の意味で主体的にご自分のこころを使うようになられたのではないかな，と推測しました。セラピーにおいて，クライエントである子どもとセラピストの子ども部分が重なり合うことは，抗いがたく起きることで，お二人は無力感の荒波にさらされて，セラピスト－クライエントが逆転する体験もあったようです。チワワ的弱さを持つセラピストの出現とそのワークスルーが，セラピーの転機だっただろうと思いましたが，いかがでしょう。

　最後の質問です。松本さんが仰るように，"やりがい" が防衛すなわち "自己満足" に成り代わる危険性は大いにあると思います。村田さんのご発表でも，"やりがい" と "自己満足" が並列して語られました。私自身は，両者が明確に違う点は，治療者の "謙虚さ" ではないかと思います。私たち精神分析的心理療法を提供するセラピストは，セラピーを設定し，その設定の中で自分のこころを用いて仕事をしますが，その営みを可能にしている最も重

要な要素は，おそらく労働に対する報酬そのものではなく，"やりがい"や情熱，好奇心でありつつも，決定的には無力であるという"謙虚さ"を備えていることだろうと思うのです。松本さんは，やりがいと自己満足を区別するものは，一体何だとお考えでしょうか。それと"繊細さ"は，どう関連するのでしょうか。

II　村田先生のご発表に対する討論

　さて，次は村田さんのご発表についての討論です。ご自身の精神分析的心理療法との出会いをつぶさに紹介してくださいました。

　C君との7年間のセラピー経験は，たいへん豊かな学びだったようです。興味深く聞かせていただきました。私も，床にはいつくばって電車を動かし，椅子の下に潜り込み，自閉症児の音世界に浸りこみ，何が見て聞いているのか，ひたすら付いていったなぁと思い出しました。ドーナツの「出る，入る」は面白いですね。乳首の「出る，入る」もそうだと思いますが，セラピールームに「出る，入る」としても理解できそうです。彼にとって，数えきれないほど多くのセッションは，数えきれないほど多くのドーナツであり，美味しいものだったのでしょう。折り紙がばらばらにちぎられるのは，自閉症の子特有の，分離によって自己がバラバラに砕け散る感覚でしょう。落ちる感覚を表現する子も多いですが，楽しかったドーナツがバラバラになるのは本当に辛そうで，胸が痛みます。こうした感覚をどのように解釈したのか，その反応はどうであったか，お聞きしたく思いました。

　プレイで用いられる電車が徐々に立体的になったほか，先の「出る，入る」の線的な運動が，「マンションを出て，電車に入り，目的の駅に着いて，またそこを出て，家に入る」という，「おでかけ」形式に展開しています。"畳の目を数えるような変化"とは私にはとても思えません。目的は明確ではないものの，彼は，二次元世界を卒業し，三次元世界の入り口に立っているように思われます。セラピー中の退屈さと無意味さの修行を助けたのは，スーパーヴィジョンであったとのことです。具体的にどんな理解がもたらされたのか，興味を持ちましたが，いかがでしょうか。何かエピソードを教えてい

ただけるでしょうか。

　また，個人分析は，セラピスト人生とケースを大きく揺さぶり，変化させます。私は，村田さんが記述された感覚と違って，個人分析によって，見ていてくれる人がいる，という感覚よりも，見てもらえないことの事実と絶望がこんなに痛ましいものなのか，という感覚を強く持ちました。人によって違うのでしょうね。しかしセラピストが，授乳と離乳，養育者の在と不在の感覚を真に実感するために，個人分析は欠かせないでしょう。村田さんは，こうした個人分析を通して，現在の総合病院でのケースに向き合っている，ということですから，次のケースの提示はますます興味深くお聴きしました。

　体調不良で不登校の中学生 D さんのケースをご提示いただきました。D さんは落ち着いた丁寧な話し方をしており，「私はメンタルは強いんです」と言い切るので，村田さんは，大人と話しているような錯覚に陥り，また，話した後に何も残らないと感じたとのことでした。不快な情緒を扱おうとすると体調不良でキャンセルとなり，引きこもってしまう D さんに対して，セラピストはコンテインされた経験の欠落を想定しています。私は，彼女が幼少期から小学生まで，つまり両親が不仲から実際に離婚するまでの間，紛争状況にただ一人置かれていたのではないかと思いました。したがって，治療者の解釈に怒りを示したことについて，その内容つまり無意識的空想を十全に検討する必要があるように思いました。彼女にとって不快な情緒とは一体何でしょうか。それは，本当に彼女の情緒でしょうか，それとも母親の？ 父親の可能性はないでしょうか。それは何に対する誰への怒りでしょうか。それを継続して取り扱えず体調不良としてしまうのは，誰でしょうか。D さんは，中学生の身体を持ち，しっかり者で学力もありますが，精神発達的には非常に幼い，自己の欲求を持てない段階にいるかもしれず，思春期の子どもとして扱うと，問題の本筋をとらえ損ねるかもしれません。彼女の怒りの性質や，不快な情緒について，お考えになったところを改めて聞かせていただきたく思いました。

　最後に，釈然としない感じ，迷い，あがき，「これで本当にいいの？」と思う自分との対話が，次の “やりがい” につながっていく，というくだりは，確かにと膝を打ちました。学び続け，知的好奇心を持ち続けるには，自分の

こころとの継続的な対話が欠かせません。こうした姿勢は，Ｄさんのケースでは具体的に，どのように生かされたのでしょうか。もう少しお聞きしたく思いました。

Ⅲ　熊田先生のご発表に対する討論

　事例は，「おむつが取れない」という主訴で訪れた小学校低学年のＥさんでした。Ｅは，不妊治療によって授かった，待ち望まれた命にもかかわらず，母親が産後うつとなり，授乳時に激痛が走ったということで，母子共に幸せな授乳体験を持てなかったようです。Ｅは，淡々として老成した雰囲気を持った青白い顔の子どもで，Ｅ本人は排泄に困り感を持っていなかったとのことでした。

　熊田さんの見立ては「分離感の持ちづらさが自立した排泄を妨げている」でした。それに対して私は，Ｅにとっての「穴」は何だろう，という疑問を持ってお聴きしました。例えば，Ｅは，植木を引っこ抜く，スーパーの商品に穴をあける，穴の開いたオムツを履かせられる，ということをしていました。セラピー中には，サメ人形の口にビー玉を詰め込み，箱庭から水が漏れだしそうになったとのことでした。スーパーの商品や箱庭から水が出る，または出そうになることは，乳房から出る母乳を思い起こさせます。しかし，本来の穴ではなく，引き裂かれてできた穴というか，漏れ出てビシャビシャになる感じがあり，口に入ってきそうにありません。一方，植木が引っこ抜かれた後の穴，ビー玉が詰め込まれる前のサメ人形の口は，中に何か詰めるか通す目的の穴であり，母乳で満たされなかったＥの口のようだと私は思いました。Ｅにとって，授乳とは，引き裂かれて漏れ出る母乳に対して，Ｅが必死で大きく口を開けて待つものの，いつの間にかどこかへ流れてしまって，満腹になれず，乳首が引っこ抜かれた後の空いた口と共に，取り残される体験だったのではないかと想像しました。

　また，以前に乳房の病にかかり，かつ母乳の出づらい体質の母親は，どのような空想と共に母乳を与えていたのでしょう。毒を与える感覚があったかもしれません。こじ開けられ，力や栄養を搾り取られる体験だったかもしれ

ません。幼いＥは，母親の無意識的空想を受け，授乳に罪悪感や恐怖を持ったかもしれないと思います。このように，前面に現れている排泄の問題は，授乳の問題に端を発している可能性が高いと考えました。熊田さんも考察で「取り入れによって満たされないＥの混乱や不安に関心が移」っていったと仰っていました。ここで，熊田さんが「退屈さ」や「苛立ち」といった逆転移を熟考されたのはとても良かったと思いました。おそらく，母親と対応していたのでしょう。このターニングポイントをもたらした逆転移の考察について，また，これまでの私のケースの解釈について，どのようにお考えになったか，お聞きしたく思います。

　またＥには，大切なものを見えないようにしておく動きも生じていました。別の部屋でこっそり泣いたり，誰もいない部屋の隅っこで用をたしたりすることです。本当のつらさや思いを，誰かと共有できないお母さんへの同一化でしょう。誰かに想いを投影せず，無人の暗闇に葬り去るのです。熊田さんは，セラピーの中で，水と時間の制限を明確にし，Ｅの体験の理解に集中し始めます。すると，「気持ち悪い」蛇人形や大便らしき粘土が，別の，誰もいない部屋（プレイルームの外）ではなく，セラピストが「いる」プレイルームの中に出現し始め，セラピストの目の前で「隠しておく」というプレイフルな動きに展開しました。汚いもの，気持ち悪いものこそが，大切なもの，つまり，大便，小便，涙であり，現実世界では，「腹痛」となって，母親に訴えられるものになりました。この厄介なものをどうするかが，セラピーの真骨頂となるところでしたが，ここで中断となりました。

　Ｅは，"排泄に困り感がなかった"のではなく，むしろ"通常の排泄が怖かった"のかもしれません。排泄した／汚れたもの，すなわち私の困りごとを受け止めてくれる誰かが本当にいるのだろうか？　私は，Ｅのこうした不安を受け止める器は，水の量を決め，片づけの時間を早めに伝えたという，セラピストの能動的な動きであったと思いますが，どうでしょうか。

　最後に「子どもたちはセラピストのこころの中に自分の居場所を見つけると，現実に離れていくものかもしれない」と仰った意味についてもう少しお話しいただけたらと思いました。私は，凧揚げの絵はＥの叶わなかった願いであろうと思いました。なぜなら，セラピープロセスの途絶があまりに急

で，ワークが展開したとは理解できないからであり，セラピストの中に寂しさ，悲しさ，憤りが浮かんでいるからです。いつも通りのように見えたEは，自分の外側（セラピスト）に，それらの感情を投影していたのでしょう。

　確かに子どもには潜在力があり，セラピーが唯一の子どもの成長の場ではないと思います。しかし，私たちは何かをワークするために共にいるのであり，そうでなかったときには，十分でなかったという事実を共有することが，私たちにできることなのではないかと私は思いました。やり残したことと，やっていないことは，大きく違っているのではないかな，と思いました。この点について熊田さんはどのようにお考えでしょうか。

　最後に，本自主シンポジウムのタイトルすなわち「出会いと変化，そしてやりがい」と，3人の方のご発表から連想したことを，お話しさせていただければと思います。昨年は，「訓練と実践，そして情熱」というサブテーマだったとお聞きしました。私にとって，心理療法に対する"やりがい"と"情熱"は近いものです。なぜなら，それらは，心理療法を生業とするセラピストの原動力，エネルギーの中心であり，それなしでは継続できないほど，心理療法が苦行となるかもしれないからです。ただ"やりがい"のほうが"情熱"よりも，継続性や結果，見通しといった時間軸を感じさせる言葉であるように思います。"情熱"は，若い初心者の方でも持ちえますが，"やりがい"は，結果や経験に裏打ちされたもので，それはきっと負の結果や経験をも含んでいるからです。今回のご発表は，もともと情熱の迸っておられる先生方が，困難なケースに取り組みながらもご自身のセラピストとしてのアイデンティティをかけて，"やりがい"を発見していかれているプロセスであったと理解しました。

　話題提供者の方々が，優秀で誠実な，しかも十分訓練を受けたセラピストであることは，ケースから一目瞭然でしょう。にもかかわらず，セラピストは役に立てない場面が必ず出てきます。今回，拝聴したケースもそうでしたし，私たちのほとんどが，同じような経験をしているはずです。精神分析的心理療法の枠組みを堅持すれば，セラピストとクライエントが出会うと何かが起きます。良い変化ではないかもしれません。変化と呼ぶのにふさわし

くないほどの，絶望的な死が横たわっているかもしれません。

　しかし私たちセラピストは，その事実を受け止め，考え，体験し，消化しようと全力を尽くします。そのプロセス自身，生や死を実感する価値ある営みであり，本来子どもたちは，そうした体験をよりヴィヴィッドに感受する能力に長けています。私たちのこころの中にいる，小さな子どもも，きっとその不思議な力を持っているはずです。それらにアクセスする力を持っているのが，本当の子どもセラピストなのでしょう。

　1 クリックや外注で済ませられることが多い現代においても，真のやりがいとなりうるものは，このように，手間がかかり，面倒くさくて泥臭い，答えのない営みとの格闘であるかもしれない，と私は思います。少なくとも私は，このような格闘に代わる，心理療法の"やりがい"を見いだせていません。「ありがとうございました」という御礼や「毎日が苦しくなくなりました」という笑顔も嬉しいものではありますが，それよりも，クライエントとともに潜り抜け，乗り越えてきたセラピープロセスそのものが，私を次の心理療法に向かわせてくれている本質的なやりがいだと感じるのです。

文　献

Alvarez, A. & Reid, S.（1999）. *Autism and Personality: Findings from the Tavistock Autism Workshop*. London: Routledge. 倉光修（監訳）（1999）. 自閉症とパーソナリティ. 創元社.

Bion, W.（1970）. *Attention and Interpretation*. London: Tavistock Publication. 福本修・平井正三（訳）（2002）. 精神分析の方法Ⅱ－セブン・サーヴァンツ. 法政大学出版局.

第 12 章

ディスカッション

指定討論への応答

松本拓真

村田朱美

熊田知佳

シンポジウム全体へのコメント

千﨑美恵

竹山陽子

■ 指定討論への応答：松本

　若佐先生にとても鋭く，的確な指定討論をいただいたことに，心より感謝します。若佐先生は私の大学院の尊敬する先輩でもあり，チワワになったような気持ちになりました。今から指定討論に対してリプライをしていこうと思いますが，怯えた小型犬がキャンキャン吠えているというような感じになりそうです。しっかり実質のあることを言えるとよいのですが。私が個人分析により，精神分析理論に飼いならされるだけではなくなったのではないかとご指摘をいただいておりましたが，私自身も振り返ればそうだったように思いますし，長いものに巻かれろではなく自分の感じたことを大切にするようになったように思います。なので，以下に率直にリプライしたいと思います。

　変化は目を凝らして待つものであり，変化を望むのは違うのではないかという討論は，今回のテーマの本質を明らかにするチャンスをいただいたと感じております。私の述べ方が不十分だったと後悔していますが，私は「変化を望む」のではなく，「変化を見ようと望む」ことについて注意を促したかっ

たのです。変化を望むとき，私たちは変化した先の姿について具体的なイメージを持ち，そこに近づくように相手に求めるかもしれません。それは相手にとってプレッシャーなのだと思います。しかし，子どもの心理療法における変化とは，私たちが想像もしないような変化であり，私たちはいつも驚かされることになるのだと思います。どんな花が咲くかも知らないし，それを見たときに私たちはそれが花だと認識できないかもしれないのです。それでもそこに何かが生じると思って，私たちは心理療法を行うのではないでしょうか。私が言う「望む」は「このようになれ」と望むのではなく，「どういう風になっているか楽しみだな，見たいな」と望むということです。乳児観察セミナーやスーパーヴィジョンを受ける経験というのは，この目がいろいろなものを把握できるようになるといった訓練的な価値があるように思います。変化は稲の花のような微細なものである場合が多いと思いますし，じっと目を凝らして待つ必要がある点は若佐先生と同意見です。

　“やりがい”と自己満足の区別についてご質問をいただいておりました。私は生じるものがセラピストだけに資するものなのか，ペアである子ども（クライエント）にも資するものなのかによって区別できるのかもしれないと考えます。無力感の荒波でセラピスト－クライエントが逆転する体験もあったのではないかとご指摘いただいておりましたが，私はこの重なり合いこそが両者に資する経験なのではないかと考えます。私がBくんといてうれしい気持ちになるとき，Bくんは私を笑顔にすることができる価値のある存在だということを感じられるからです。これはBくんに決定的に欠けていた体験だったのではないかと思います。また，“やりがい”はペアである子どもに資するだけでなく，その他の子ども，家族，社会などの第三者にも資するようになるものであるでしょう。そのため，それができて良かったと心より思うのでしょうし，二度と同じ経験はないと知りながらも，同じような経験を再びしたいと思うのでしょう。自慰としてのセックスと，両者が満足し，さらには子どもができるセックスの違いと似たような構造がここにもあるかもしれません。当然，その境界線が難しいという点も類似しています。その点ではAくんの事例における私の“やりがい”は自己満足寄りだったといえそうです。ただ，心理療法が子どもにとって資するものだったかは自分だ

けの視点ではわからないため，いろいろな情報から判断しなければなりません。私たちがこうして学会で発表したり，書籍として公表したりすることも，心理療法がクライエントである相手にも第三者にも資するものなのかどうかを吟味するためでもあるのでしょう。私たちは「セラピーを設定する」という点で，完全なる謙虚ではないのだと思います。その"やりがい"を得ようと望むことを控えすぎることが心理療法の衰退につながっていく危険性を私は感じています。ビオンの「記憶なく，欲望なく」は精神分析が隆盛の中での警告として述べられたと推測しますし，今の日本の現状を見たら，ビオンは何を言うか聞いてみたいと思います。

　とはいっても，セラピストの謙虚さは，それが間違いなく大切であり，不可欠な資質なのだと思います。しかし，一方で私はその正しさに少し疑問を持ちたいと思っています。セラピストは本質的に無力であるということについても同様に疑問を持っておきたいと思います。セラピストが謙虚で無力であることを当然のものと考えてしまうとすれば，Ｂくんのケースは耐えやすくなってしまうし，それ以上は考えなくなってしまったのではないかと思うからです。私がわからなくて当然なのだ，何も力になれなくても当然なのだと思ってしまっていたら，Ｂくんと私の間にあった体験を特別なものだと感じられなくなってしまったかもしれません。「先生，いつもグーだすやん」が貴重になったのは，何も残らない無力感といった特別な体験を共有していたからなのだと思うのです。私が「繊細さ」という言葉で意味したかったことは，無力感をありきたりのものではなく，生々しいものとして感じられるだけの揺れ幅が必要であると示すことです。無力が子どもの心理療法のデフォルトになった瞬間に，そこの痛みは予想可能になってしまい，子どもの感じている痛みと距離ができてしまうでしょう。無力感は予想不可能だからこそ無力感なのだと思うのです。

　ところで，若佐先生がビオンの「記憶なく，欲望なく」に触れていたことで，過去と未来という視点について考えさせられます。つまり，"やりがい"というのは，過去に蓄積されているものなのか，未来に志向されるものなのかというテーマです。熊田先生は「飢えた赤ちゃんの部分が満たされ，生を取り戻したときに"やりがい"を感じる」といったことを書いておられたよ

うに思いますし，私もそのような達成した過去が“やりがい”になるということを思い描いていました。しかし，村田先生は「釈然としない感じ，十分ではなかったという感覚」が次の“やりがい”につながっていくのではないかと書かれており，それは未来を志向させるものとして“やりがい”を考えているようにも読めます。若佐先生は“やりがい”と情熱を対比する中で，“やりがい”の方が継続性や結果，見通しといった時間軸を感じさせることを指摘していました。“やりがい”が「やる価値があること，そう思える気持ちの張り」という辞書的な意味を考えれば，必ずしも上手くいった経験だけが“やりがい”につながるわけではないのでしょうし，その先を思い描けること，もっと自分がやれるようになりたいと思うことも大切な“やりがい”なのだということに気付かせていただけました。こういうことができたという体験と，この先に自分が取り組むべきことがあるという見通しが重なり合って，“やりがい”になるのかもしれません。

■指定討論への応答：村田

　毎回特段変わることのないプレイにただついていく感覚を若佐先生に共有していただき，心強く思いました。そしてケースへのご理解と温かく鋭いご指摘にC君のプレイセラピーを振り返り，またDさんの中に次なるやりがいを見つけてくださったように感じ，改めて考えさせていただきました。ありがとうございました。

　先生のご質問，ご指摘に関して4点お話しさせていただきたいと思います。

　まず1点目のドーナツがバラバラになることへの解釈と反応ですが，解釈としてはこんな感じです。「Cちゃん，もうすぐ夏休みだね。ドーナツ全部ばらばらになっちゃった。お部屋中バラバラの紙でいっぱい。夏休みでCちゃんと村田先生会えなくなるのは，ドーナツがバラバラになるのと同じなのかなー。バラバラなの怖いね。寂しいね。」こうした言葉がC君に届いていたかいないか，正直特段の反応を捉えることはできませんでした。休みが明けるとまたドーナツを作り，次に船のような電車になり，何回かの休みを経て，次第に休みの日数分の車両にセラピストや友だちを乗せて休みに耐えることができるようになりました。「言いようのない恐怖（Nameless dread）」（Bion,

1962) の中に埋没している C 君の感覚を伝え続けていくうちに，ドーナツのつなぎ目がつながらない，穴に乳首が差し込まれている一体化状態から，徐々に乳首を離し，直接接触していなくても，距離のある空間の中でつながっていく情緒的な感覚が育っていったのだと思います。

　2 つ目のスーパーヴァイズでの具体的理解やエピソードです。わけの分からない世界に一緒に漂ってもらえることはもちろんですが，その一方でクライアントの胎児期，胎内に思いを馳せるセラピーを続けていると，無意識のうちにセラピストが妊婦になって丸ごと C 君を抱え込み，実際の母よりも母であるような気持ちになってくるところがありました。しかし，それをよしとはせず戒めてもらっていたのは，とても必要なことだったと感じています。またわけの分からない音の世界，感覚の世界に分かったつもりになっているときに，「何が起きてるか，さっぱり分からない」と共有してもらえない感覚。そのときは憤りもありましたが，じっくり考えれば，密着した二者関係，スペースのない世界に一体化して浸っていることが表されていたのだと思います。こうした手厳しい指摘は今となれば大きな財産となっています。

　そして 3 点目の D さんのケースは，先生がご指摘くださったように母親や父親の代わりをしなければならない，ときに夫や妻の代わりまでしなければならないところもあると思われます。D さんはまさに祖父母や母親，父親に期待されたように生きていて D さんの欲求や感情がどこにあるのかよく見えません。どこかに必ずあるのでしょうが，それはとても脆弱で見えてこないのです。やっかいなことに D さんは周囲に気を遣って生きていることに自負があります。私がそのことと体調不良をつなげて言及すると怒りだします。少しセラピーが進み，私は D さん自身の欲求や情緒をどこにあるのかを突きたくなったり，恐竜のように厚い皮でいつまで防衛し続けるのだろうと放り出したくなる気持ちになりました。キャンセルと夏休みとで 4 回の休み後のセッションで，D さんは自ら「今まで恥ずかしくて言えなかった。」と，両親の離婚や親への思いを語り出しました。休みという分離で親に見捨てられる怖さからセラピストにしがみついたのかもしれません。母親転移で適応的に振る舞っていた D さんが，たとえ分離不安から来るものだとしても「怖かった。寂しかった」と情緒を吐露できるようになったことは，一つ

の転機のような気がしました。Dさん自身の乳児部分にアタッチすることはまだまだ先かもしれませんが，少し光明がさしたような気がしています。

そして，最後の自分との対話，やりがいとDさんのセラピーとの関連ですが，体は大きく，大人びて話すDさんが，それは本当の自分ではないかもしれないと気づき，本当の自分ではないものに寄生していること，本当の自分ではない誰かとして生きていることのつらさ，本当の自分は他にいることを少しずつ自覚していく，それが中学生の自分ではなく，もっともっと小さな子どもだとしてもそれを受け入れて，そこから感じ考えていくことができる。そういうことに一緒に寄り添うことを楽しめることなのかもしれません。私の釈然としない感じ，迷い，あがき，「これで本当にいいの？」と思う自分との対話は，そこにしがみついていなくても1回手離してもう一度最初からやってみるのはどう？　そしたらまた違ったものが見えてくるかもしれないね。それってそんなかっこ悪いことじゃないし，結構面白いことよ。という自分の中にある実感が活かされているとすればとても嬉しいことです。

文　　献

Bion, W. R.（1962）. A theory of Thinking. *International Journal Psycho-Analysis.* 43: 306-10. In, Melanie Klein Today　Vol.1. London：The Institute of Pycho-Analysis. 木部則雄監訳（2011）. 思考することについての理論. 母子臨床の精神力動. 岩崎学術出版社. pp.88-97.

■指定討論への応答：熊田

若佐先生はEと私のプレイセラピーの経験を温かく，そして時に鋭い眼差しと洞察で読み込んでくださいました。突然の中断のときに私が耐えることが困難だった「痛み」を，考える価値のあることとして取り上げてくださったように思います。

先生がおっしゃるように「やり残したこと」と「やっていないこと」は違うと私も思います。突然の中断は，私にとってEとのつながりを「根こそぎ」抜き取られるような体験でした。残念ながら，当時の私はこの「痛み」を自分の中に抱え，Eとの間で共有することができませんでした。「やっていな

いこと」はないことかのように私の中で否認されていたのかもしれません。私自身が「痛み」を否認する母親であったとも言えるでしょう。そして先生の「穴」に対する解釈はこの「痛み」の性質の理解を助けてくださったように思います。中断によってつながりを「根こそぎ抜き取られた」体験は，まさに「乳首が引っこ抜かれて空いた口」だったように思います。

　もう一つご指摘いただいた，水の量や片付けの時間をセラピストが能動的に設定したことが，Ｅの不安のコンテイナーとなったのではないかというご指摘ですが，「ランダムな穴」で「漏れ出てしまう」Ｅにとっては，一貫していて壊れにくい面接の設定はＥの穴に「底」を作る役割を果たしたのかもしれないと思いました。「底抜け」だったものに，「底」ができたことで容器となり得たのかもしれません。

　この設定への能動的な動きは，私自身の「退屈さ」「苛立ち」の逆転移がきっかけとなりました。それまでの私は，Ｅとのつながりを求めて私なりに理解したことや，Ｅの遊びから伝わってくるＥの体験を言葉にして伝えていました。しかし，この時の私の理解や言葉は，Ｅ自身の体験とはかけ離れたものだったのでしょう。Ｅからは何も返って来ない日々が続き，まるで私の言葉は「底抜け」の穴に落ちて無くなってしまっているようでした。私は，求めても得られない疎外感や虚しさを感じていました。この苦痛から逃れるために私はＥへの関心を失い「退屈」に至ったのだと思います。しかし，私の関心がＥから逸れるときに，Ｅは水や砂を床にこぼしました。ここで「苛立つ」わけですが，この時，Ｅの家庭での様子と同じことが起きていたのかもしれません。親には何も話さないけれど，見ていないところで衝動を発散する（排泄，苗を引っこ抜く，穴を開ける），そうしたことがこの時，心理療法の中で展開していたのかもしれません。振り返って考えると，この時スーパーヴァイザーに私自身の戸惑いや苛立ち，退屈さといった体験を受け止めてもらい，一緒に考えてもらうことで，「底抜け」だった穴に「底」ができ，私自身がコンテインされたように思います。そこで初めて，私はＥの「飢え」を感じることができたのかもしれません。

　私は考察で「子どもは治療者のこころの中に自分の居場所を見つけると現実に離れていくものかもしれない」と述べましたが，これは当初のＥのよ

うに飢えて力を無くしている赤ん坊が，授乳され生を取り戻した赤ん坊として生き始めることを表しています。それは治療者のこころの中の内的対象としてのクライエント像が生を取り戻した赤ん坊として治療者に感じられること，そしてクライエントの内的な赤ん坊が力を取り戻して生き始めたとクライエント自身が感じられるようになることだと思います。そこに至るまでは，若佐先生にご指摘いただいたように，ワークスルーしていく営みが前提にあると思うのですが，残念ながらそこに至らない場合でも，子どもの中に生の萌芽を見出すことがあります。Eの場合は，最後のセッションで描いた絵にその萌芽が見て取れました。奥行きのない体験世界を生きていたEに，遊び場の入り口と出口，女の子と凧のつながりを表現する力がついたことは，私には大きな発見であり，気持ちを強く揺さぶられるものでした。私は子どもの中に微かに育ちつつあるそうした生の萌芽に気持ちを動かされる体験や，心理療法でやれたこと，やり残したことについて考える時間の繰り返しによって子どもの臨床を続けてきたように思いますし，今後もEと対話していく営みは続いていくのだと思います。

シンポジム全体へのコメント①：

精神分析的枠組みの中に身を置いて考え続けること

千﨑美恵

　このたび，「子どもの精神分析的心理療法を学ぶ意義」と題したシンポジウムにおける松本先生，村田先生，熊田先生のご発表，若佐先生の指定討論，その後のディスカッションに続くコメントの依頼をいただき，私に務まるものではないと思いましたが，シンポジウムに参加されていた多くの初学者の立場を代弁するコメントを求められていると理解しましてお引き受けいたしました。第3部「出会いと変化，そしてやりがい」というタイトルから致しますと，子どもの精神分析的心理療法に出会ったばかりで子どもの変化を見出すことも，やりがいを感じることもいまだ暗中模索の状態です。やりがいについて語られている先生方の事例内容や解釈，討論を読ませていただくにつけ，いつになったらそのような境地にたどり着けるのだろうと果てしない道のりを前に途方に暮れております。

　このシンポジウムおよび書籍は，どのような対象の方を中心に展開しているのでしょうか。「子どもの精神分析的心理療法を学ぶ意義」ですので，中堅のセラピストたちを対象としており，やりがいについて討論しながら精神分析的セラピストとしてのアイデンティティを探究していく場ということでしょうか。初学者に対してはどうでしょうか。本シンポジウムシリーズ「訓練と実践，そして情熱」の回だったと思いますが，フロアの大学院生から「大学院で一通りの方法論を学び，これから精神分析でやっていこうかどうか迷っている。どうして精神分析を選んだのか教えてほしい」というような質問があったように記憶しています。そのとき，シンポジストの先生方がどのように応えていらっしゃったかは覚えていないのですが，その質問はとても難しいものだと感じました。今回若佐先生は，精神分析的心理療法の枠組みを用いた理解でなければ太刀打ちできないたいへん困難なケースに出会い，

訓練を受ける決意をしたと書かれており，精神分析的心理療法に向き合う意味と決意の重さを改めて理解しました。松本先生は，子どもの精神分析的心理療法の訓練は，時間的，情緒的な負担が大きいと書かれていましたが，常勤職に就くのが難しい心理職にとって経済的負担も大きいように思います。また，国家資格としての公認心理師は，地域援助や多職種連携などの比重が大きくなっているようであり，子どもへの支援があらゆる場面で必要な昨今，面接室に留まっている心理士に批判的な見方さえあるように感じます。そのような中，初学者が心理療法の重要性を認識し，さらに子どもの精神分析的心理療法を学ぶ意義を感じて向き合い始めるにはどのようなきっかけや経緯があるのでしょうか。先ほどの質問に対する私の答えは"縁"でした。縁あって精神分析的心理療法を志していると考えるのが最も納得がいき，それ以上の答えを見つける力もありませんでした。ただ，自分の人生の相当の時間と労力をささげる決意が必要だと感じたのも覚えています。また，自分自身に生じていた，いつになったら精神分析的心理療法を習得できるのだろうという疑問については，そんなときはやってこない，一生悩み続けるものなのだと逆に安心したように思います。

　私自身が子どもの精神分析的心理療法に関わっている縁について少し述べさせていただきます。私は人生半ばにして臨床心理士を目指して大学院に入りましたがそれまでは精神分析の何たるかも知らないでおりました。大学院で木部則雄先生に出会い，講義や実習で精神分析理論や子どもの精神分析的心理療法について学び，自然と精神分析的枠組みの中に身を置くようになりました。イニシャルケースは家庭環境に問題のある子どものケースで，約４年間にわたって面接を行い，自閉症圏の子どもとの２年間のケースについても，子どもの心の変化などについて考えを巡らせました。保健相談所の心理相談にいらした多くの親子についても，精神分析的な理解を持って関わりたいと考えて臨んでいました。精神分析的枠組みで行われる乳幼児観察を２年間行い，継続的にセミナーにも参加してきました。若佐先生が，松本先生を精神分析的心理療法の訓練に向かわせたような感動体験を大学院生たちにぜひ体験してもらいたいと書かれていらっしゃいましたが，そういったことがきっかけになるものだと感じます。それでも，私はなかなか子どもの精神分

析的心理療法と四つに組むことができていません。精神分析的心理療法では
なくとも，アセスメントの際や子どもと向き合うとき，精神分析的考察を巡
らせることが子どもの抱えている問題の本質にたどり着く手助けになってい
ることで満足している節もあります。松本先生の言葉を借りれば，私はあや
うくセラピストとして死を迎えるところでした。流されないようにもがいて
いる状態です。心理療法がそうであるように，精神分析的心理療法に取り組
んでいくことについても，外的な環境，構造を整えることも重要なのだと考
えます。

　先生方の事例からもうかがえるように，子どもにこそ精神分析的心理療法
が必要だということについて私は疑いを持っていません。子どもがもともと
持ち合わせている力と変化する力によって，治療としての効果は大きいと思
います。私の研究テーマである虐待の世代間連鎖について，イグランドら
（1988）は，実証研究によって，世代間連鎖を止める要因を，①虐待的でな
い大人からの情緒的なサポートを子ども時代に受けることができた体験　②
時期を問わず 1 年以上の期間の治療　③安定して情緒的支えになる配偶者，
と特定しました。①と②に通じる子ども時代の心理療法は，次世代にも影響
を与える重要なものであることを示しているように思います。ただ，子ども
の心理療法を行うには，本人の意思というより，親御さんの理解を含めて，
継続的な心理療法を支える環境が重要になります。松本先生，熊田先生も納
得のいかない中断について書かれていますが，外的な要因も重要であるよう
に思います。

　今回この機会をいただき，改めて感じたことがあります。私には，問題を
抱える多くの子どもたちについて，アセスメントや事例を通して共に考えを
巡らせる，同じ言葉を持つ方々が周囲にいるということです。そのことによっ
て，子どもの精神分析的心理療法の学びと実践を追求し続けていられるのだ
と感じました。初学者の方は，シンポジウムで先生方の壮絶な事例を聴いて，
あの人のようにはきっとなれないだろうと諦めの気持ちが生じたかもしれま
せん。でも，シンポジウムに参加したこと，この書籍を手にしたことはすで
に，精神分析的心理療法を学ぶ意義を感じてその方向に向かって，子どもた
ちのために何ができるのかを考え，歩んでいるのだと思います。信じて決意

することが難しくても，悩み迷いながらも歩みを止めないことも一つの方法ではないかと考えます。自分への言い訳のようですが，戒めにもなっています。変化が見えない時間を重ねることにすら意味を見出す繊細さ，「これで本当にいいの？」と思う自分との対話，やり残したことを考えること，手間がかかり，面倒くさくて泥臭い，答えのない営みとの格闘，という先生方のやりがいは，歩み続けること，考え続けること，そのプロセスこそやりがいだと思えることが大切であると伝えているようにも感じました。

文　　献

Egeland, B., Jacobvitz, D. & Sroufe, L. A. (1988). Breaking the cycle of abuse, *Child Development*, 59 (4), 1080-1088.

シンポジム全体へのコメント②：

子どもの精神分析的心理療法家になるプロセス

竹山陽子

　「子どもの精神分析的心理療法を学ぶ意義――出会いと変化，そしてやりがい」についての松本さん，村田さん，熊田さんの論考には，生き生きとした素材が描かれており，それぞれのセラピストの格闘がうかがえます。分からなさ，無意味さ，無力感，見通しのなさ，失望などセラピストが困難に陥る際の感覚は，誰しも身に覚えがあるでしょう。特に重篤な状態にある子どもとの心理療法では，その子どもの生命を失った部分に付き合い，セラピストも瀕死状態になりながら，二人で何とか生き延びようと格闘することになります。読者は3組のセラピストと子どもの格闘する姿に心を動かされたのではないでしょうか。

　松本さんとBくんの心理療法では，何も残らない無意味で動きのないセッションが続き，松本さんは何の力にもなれない失望と無力感を感じていました。村田さんとCくんは，電車音とアナウンスだけの音の世界をひたすら逐語録に起こすという修行のような期間を長く過ごしています。熊田さんは，Eさんとの面接で50分間ほぼ心が動かされることがなく，8カ月たってようやく，退屈さや不毛で苦痛な時間として感じられるようになったようです。私たちセラピストは，そのような苦しい状況におかれながらも，立ち会い続けることが重要であるように思います。松本さん，村田さん，熊田さんは，自分の目で見た子どもの姿に関心を抱き続け，子どもの心の動きに立ち会おうとされているようです。

　このように骨の折れる子どもの精神分析的心理療法という仕事のやりがいの一つは，子どもの心に生命力や成長の萌芽を発見すること，そしてそのような場に立ち会う感動ではないかと思います。私自身もこのような，時に困難で労苦を要する仕事を通して，子どもの心を発見するという衝撃に出会い，

その神秘的ともいえる場に立ち会う感動をさまざまに体験し，子どもの精神分析的心理療法に魅入られてきました。面接中には，一見すると心の動きはなく，死んでいたり，殻のように固くなっていたり，砂漠のように枯渇していたとしても，どこかに生命力や動きが隠れているのではないかと，懸命に探している自分がいます。そのように私が駆り立てられるのは，おそらく私自身の心の中の瀕死の部分，枯渇した部分を生き返らせ，生命を取り戻したいがゆえなのだろうと私は思っています。

このような子どもの心の生きた姿の発見は，セラピストが望む成長や変化をクライアントに期待することとは，似て非なるものでしょう。むしろそれは，周囲の期待や望みに応えられない子どもとセラピストの弱さや無力さなどを，セラピストが当事者として体験し，その子どもとセラピストが，オリジナルな生き方を発見していく作業を，多くの場合伴うように思います。そしてそれは，長期間変化のないセッションに立ち会い続けるという苦労を補うに余りある報酬であり，やりがいであると私は思います。私の経験では，このような一見目に見えにくい子どもの心の内的動機の発現は，外的にも内的にも根本的変化をもたらすように思います。何より，子どもの心に，セラピストと培うことでより豊かになった内的世界がもたらされているだろうと願います。心の深い部分でなされた交流により引き起こされた内的変化は，一生ものの，生涯にわたり使い続けることができる内的資源であり，かけがえのない財産であると私は思います。

さて，セラピストがこのように大変な思いをしながらも，困難をくぐり抜けていくなかで，子どもとセラピストに真の出会いが起こっていくようです。

松本さんは，セラピストとしての自らの失望と無力感を繊細に体験し向き合うことで，Ｂくんの繊細な心に出会っていきました。そしてこの，自分自身の心で体験することを通してＢくんの体験を理解していく作業が，起死回生のターニングポイントになりました。失望と無力さによる瀕死の体験の末，Ｂくんとのじゃんけんの場面に，生きた交流が生まれたようです。いくら積み重ねても泡のように消えていき，時間がただ流れていく中にいて，子どもの心に関心を持ち続け，微細な心の動きに立ち会い，見逃しませんでした。村田さんは，無意味さと分からなさの中に長くいましたが，Ｃくんが繰

り返していた「ドーナツ」という言葉に丸めた折り紙を提示したとき，二人の間に何かが生れたようでした。村田さんが注ぎ続けた関心が，C君のマインドレスな世界に，乳首のように焦点化した体験をもたらし，そこから情緒的な交流が生じ始めたようでした。熊田さんは，自身の退屈さや苦痛を探索し吟味する中で，Eさんが体験していたと思われる漏れ出てしまい安心できない器に枠組みを提示し，ようやく面接室が混乱や不安を排泄できるトイレットブレストという容器となったようでした。熊田さんが体験していた心が動かない状態は，心の動きが停止していた母親の産後うつ状態を示しているかもしれず，Eさんには，穴の開いたコンテイナーとして体験されていたのかもしれません。

　このようにセラピストが無力感や無思考状態に陥りながらも，はかなく消えてしまうような子どもやセラピスト自身の心の動きや萌芽をできる限り見逃さず，忍耐強く会い続けるためには，どのような訓練が役に立つでしょうか？

　まず，こうした微細な心の動きや交流を，自分の情緒も含めて子細に捉えていく観察力は，精神分析的心理療法の本質的部分をなしているといえます。この緻密で確かな観察力を身につけるためには，乳幼児観察（Bick, 1964）の実践が大きな役割を果たすでしょう。停滞し埋もれていた子どもの心が，セラピストにより生きたものとして発見され，息を吹き返すという体験は，本当に価値のあるものであると思われます。また，十分な経験を積むまでは，スーパーヴィジョンが大きな支えになると思います。重篤な状態にある子どもほど，やりすごされてきた体験が多く，はかなく消える心の動きを捉えることは難しくなると思われます。初めはスーパーヴァイザーの援助により，セラピストの心からもはかなく消えてしまいそうになる心の動きを捉えることが可能になるかもしれません。そして，やがてセラピスト自身の心の中で，面接中に感じた子どもの微かな心の動きを，確かなものとして感じられるようになることを願います。また，セラピストがこうした幾多の苦難をくぐり抜ける力を身に着けるには，やはり個人分析の体験が大きな助けになるだろうと思います。セラピストの助けを得ながら，苦難をくぐり抜けて，自分自身を発見されていく体験は，面接室で子どもに忍耐強く立ち会いつづける姿

勢を維持する原動力になるでしょう。私自身も個人セラピー体験で，自分の心に懸命に生命を吹き込もうとするセラピストの熱量と忍耐強さに感銘を受けると共に，セラピストと生きた交流をした体験が，子どもや大人の患者との関係を築いていく力へと確実につながっているように感じます。

　一般的に，一人の子どもの心が育つためには，養育者の大変な労力，関心，熱量を必要とします。しかし，子どもは一人一人がオリジナルな存在であり，セラピストの関心や母乳が子どもに届くには，それぞれ一筋縄ではいかないようです。松本さんとBくん，村田さんとCくん，熊田さんとEさんのように，それぞれのカップルが，試行錯誤の連続です。そして，忍耐強く居続ける中で，運が良ければ，時々嬉しい発見があり，ますます濃密な交流がなされていくでしょう。不思議なことですが，力強い治療的変化は，セラピストと子どもの関係を焦点にして起こり，双方が変化の影響を受けます。セラピスト側の気づき，そしてその心の動きをいかに体験するかが鍵になります。

　苦難をくぐり抜け，互いの心の生きた部分に触れるとき，互いの心にその交流が確かなものとして残っていきます。互いの心にかけがえのない交流が起こるときには，もちろん心理療法家としてのやりがいや生きがいを感じるのだと思いますが，子どもと苦難の最中にあり，さまざまな困難や苦痛を体験しているとき，私たちは子どもの精神分析的心理療法家として生きているのだと思います。

文　　献

Bick, E. (1964). Notes on infant observation in psychoanalytic training. *International Journal of Psychoanalysis*. 45, pp.558-566.

第4部

自分を生きることと
セラピストになるということ

イントロダクション

小笠原貴史

　この第4部では，2019年に行われた第3回目のシンポジウムを取り上げています。本シンポジウムは，子どもの精神分析的心理療法を学び，実践している臨床家が中心となり，2017年「訓練と実践，そして情熱」，2018年「出会い，変化，そしてやりがい」をサブテーマとして，発表者たちの個人的な経験と事例を交えながら討論し，参加者と共に子どもの精神分析的心理療法を学ぶことの意義について考え続けてきました。

　これまでのサブテーマを通して，子どもの精神分析的心理療法の訓練と実践を続けるための「情熱」，子どもとの出会いからその微細な変化が生じるまでのプロセスに辛抱強く誠実に向き合い続ける中で感じられる「やりがい」について討論され，そこで実際に体験しているセラピストの個人的な経験や想いがさまざまな情動経験と共に子どもとの心理療法プロセスの中で重要な要素となっていることが明らかとなりました。また，臨床の苦しさのみならず，個人的なライフイベントや環境の変化によるある種の断念などを乗り越え，折り合いをつけながらセラピストとして成長していく経験や，個人分析あるいは個人セラピーによって自分の人生そのものと向き合う体験の意義についても検討されました。

　自分たちにとっての情熱とやりがいがなぜ子どもの精神分析的心理療法だったのか？　それを語る上で，やはりそれぞれの「自分」を考えること，そしてそれを語ることは避けては通れないテーマであると感じ，2019年は「自分を生きることとセラピストになるということ」をテーマとし，セラピストがいかに自分自身を生きながらセラピストになっていくのか，そもそも

セラピストになるということはどのようなことなのかということに焦点を当てて考えていきたいと思います。

　「自分を生きること」，および「セラピストになること」というテーマは，ある意味で臨床実践を行っていれば誰もが程度の差はあれ経験する葛藤でありながら，このようなテーマをシンポジウムという形式で取り上げ，議論するという機会はこれまであまりなかったように思われます。このシンポジウムに当日参加してくれた方はもちろん，本書を通してこのシンポジウムの記録を読んでくれた方にとっても，「自分を生きること」，そして，「セラピストになること」をめぐる私たちの語らいが，個人分析あるいは個人セラピーを受けたいけど迷っている，構造化された精神分析的心理療法を実践したいけどできていない，家族を支えながら子どもを育てながら臨床実践を行っている中で十分な訓練を受けることができていないなど，それぞれの「自分」を考えるきっかけや，それぞれの置かれている状況での自分なりの「臨床」への関わり方や「訓練」の受け方を考えるきっかけとなってくれたらと思っています。

　まず，小笠原と若佐がシンポジストとして本テーマにおいてそれぞれの経験を語り，吉沢が指定討論を行い，両シンポジストが指定討論への応答をしていきます。次に，シンポジウムでのディスカッションに対して，臨床および訓練経験の異なる4名の臨床家にコメントしてもらい，最後に小笠原がそれらのコメントに対する応答というかたちで，シンポジウム全体を振り返ります。

第13章

自分事としての経験から学び考え続けること

小笠原貴史

I　はじめに：初めての子どもの精神分析的心理療法の経験

　まず，私にとっての初めての子どもの心理療法の経験を紹介します。それは，父親が病死し母子家庭で育った吃音の男の子A君を相手にしたものでした。A君との約9年間に及ぶ心理療法は悪戦苦闘でしたが，私はA君との間で子どもの心理療法の難しさと面白さ，そして言葉にならない強烈な情動経験をしました。この子がとても愛おしく感じたり，腹立たしく憎らしく感じたり，本当に涙が出そうな程に悲しくなったり，とにかく自分のこころが動かされました。子どもの心理療法とはこんなにもこころを揺さぶられ，こころを使うものなのかと驚愕しました。

　A君の吃音は重度ではないものの，本当に言いたいことを彼自身の言いたいタイミングで言いたい言葉で語ることを阻み，諦めさせる，とても苦しいものでした。A君は時々じっと私を見つめることがありました。それは言葉にならない何かを私に伝えようとしているかのようでした。私は苦しさのあまり，気づかないうちにA君が言おうとしている言葉を先取りして語ってしまうなど，彼の言葉や主体性を奪ってしまうことがたびたびありました。それはA君の母親が幼少期より彼に対して取ってきた関わり方でした。A君は私に失ってしまった理想的な親を重ね，強烈な陽性感情を向けることがある一方で，弱く脆い頼りにならない死んだ親や，彼の主体性を奪う親を重ね，激しい怒りや諦めといった陰性感情をぶつけることもありました。私は

激しく揺れ動くA君のこころに振り回され続けました。毎回の心理療法後にはへとへとに疲れ果てていました。私は自分の無力さを感じながらも，さまざまな著作を読み漁り，先輩心理士のスーパーヴィジョンを受けながら，眼の前のA君に向き合い続けようと必死でした。

Ⅱ　臨床実践と訓練，そして自分史

　私が子どもの精神分析的心理療法を学び始めることのきっかけになったのは，大学院時代の実習で，さいたま市にあった地域に根差した精神科・児童精神科クリニックでの体験でした。実習ではさまざまなことを体験させてもらいました。それは，知的障害や自閉症などの障害者施設，保育園，児童相談所への院長の巡回相談への付き添い兼陪席，産婦人科と提携して行っていた赤ちゃん健診，クリニック内で行われていた母子グループへの参加など，さまざまな場面での子どもとその保護者および関係者との間で何が起こっているのかということについての観察と，そこで感じたり考えたことの記録を取り，毎回それを報告するというものでした。私がこの実習で学んだことは，今でも私の臨床実践の大事な土台となっていると思います。その後，大学院修了後に運よくその実習先で働かせてもらえることになり，臨床実践を始めることになりました。先程，紹介したA君との心理療法はここで経験したものです。

　私はA君との心理療法が数年経過し，自分なりにA君との心理療法に手応えを感じていたこともあり，途中経過をまとめたものを精神分析学会の研修症例で発表しました。助言者は平井正三先生でした。平井先生からの助言は今でも決して忘れられない衝撃的なものでした。私は実際に目の前にいる子どものことを必死に理解しようとし過ぎるあまり表面的な知識に頼った理論武装的な理解をすることで分かったつもりになっていたことに気づき，猛烈に反省することになりました。痛々しくも，セラピストとしての一つの転換点となった体験でした。

　その後，大声で同じ遊びをひたすら繰り返すだけの自閉スペクトラム症の男の子B君の心理療法を行う機会があり，私はまったく分からない自閉の

世界をできるだけ理論武装なしで格闘していくことを決意しました。彼との心理療法は本当に苦しいものでした。また，この頃，私は結婚し，妻の妊娠などもあり，自分自身の生活が大きく変化し，経済的にも時間的にも，そして精神的にもこれまでのようにはいかなくなっていました。多くの勉強会やセミナーに出ることを止め，本当に自分にとって必要だと思える最小限のものに絞っていきました。絞らざるを得ませんでした。結婚も妊娠も本当に嬉しいことでしたが，精神分析の勉強が思ったようにできなくなったことに当時は大きな焦りを感じていました。そのような中で，せめて年 1 回の精神分析学会での発表は続けようと思い，この時，最も苦しかった B 君との心理療法をまとめたものを精神分析学会の一般演題として発表しました。そこで会場にいた平井先生が的確なコメントをくれました。それは悪戦苦闘しながら，ようやく私がほんの少しだけ B 君のこころに触れることができつつあった理解をさらに豊かにするような内容でした。私は研修症例での助言で受けた衝撃を想起すると共に，平井先生のようにもっと子どものこころに目を向けられるようになりたいと強く感じました。そのときの学会の懇親会で平井先生に直接，お願いをし，個人スーパーヴィジョンを引き受けてもらえることになり，B 君の心理療法の途中から個人スーパーヴィジョンを開始しました。平井先生とのスーパーヴィジョンはとても実り多いものでした。もちろん，スーパーヴィジョンを通して自分の無能さや考えられなさといった嫌な気持ちを体験することもありましたが，心理療法の中で私と B 君の間で生じていることをちゃんと見ることや感じること，そして分かったつもりにならずにゆっくりと考え続けることの大切さを学びました。こうして個人スーパーヴィジョンが始まってから間もなくして，妻が出産しました。里帰り出産ということもあり，私は休日のすべてを新幹線を使って妻の実家と自宅の往復生活を送りながら，平日夜間に自殺の電話相談のアルバイトなどをしながら新幹線代と訓練のためのお金を稼ぐと共に，これまでに減らしていた勉強会をさらに減らし，スーパーヴィジョンのために限られたお金と時間を使うことを決めました。この当時の私はかなり疲弊していたと思います。しかし，その間も臨床の場で会う子どもたちとの心理療法は続いており，私は目の前のことだけに全力を尽くしていました。そして，スーパーヴィジョンを

受けながら，さまざまな感情に振り回されながら続けていたB君の心理療法が終結となりました。それは決して自閉が治ったとか，劇的な変化が生じたというものではありませんでした。しかし，私にとってはとても大きな達成とそれでも手が届かなかったという苦悩をもたらす終結でした。私はB君との経験を自分の中に収めるために原著論文を書くという経験もしました。

　自分の家族との生活も，いよいよ妻が子どもを連れて里帰り先の実家から自宅に戻り，自分も毎日の育児に参加する生活が始まる中で，幸せを感じることはもちろんありましたが，当然それだけではなく，妻との衝突や育児での上手くいかなさ，自分の中での仕事と育児のバランスの取れなさを感じるようになっていきました。夫として，父親として，自分は何がしたいのだろう？　どうなりたいのだろう？　と悩むことが増えていきました。同時に，徐々に私は臨床実践の中でスーパーヴィジョンだけではどうにも乗り越えられない自分の個人的な問題について見て見ぬふりができなくなっていきました。家族との間で抱えている自分の問題と臨床で毎回直面する自分の問題が同じものだということへの自覚が少しずつ生まれていきました。私はそこで週1回の個人セラピーを受けることを決意しました。しかし，そのためにはさらにお金を稼ぐ必要がありました。私は実習時代からお世話になっていたクリニックの他にもいくつかの場所で臨床を行っていましたが，そのクリニック以外の仕事を辞めてスクールカウンセラーをすることにしました。最初はお金のためでした。心理療法の仕事を減らして，他の仕事をすることは当時の私には苦しい選択でしたが，それでも家族の生活と自分の訓練を両立するためには仕方のない選択でした。スクールカウンセラーを始めたことは結果的には，自分がこれまでに未体験の経験として大きな学びとなったと言えますが，そう思えるまでには数年かかりました。スクールカウンセラーとしての経験は，自分にできることとできないこと，また組織として考える視点や，自分が子どもについて見たり聞いたりして考えたことを教員や家族と話し合うことでさらに新たな考えにつながるという循環と協力関係を築くことが子どものこころの安定にとってとても大きな支えとなることを身を持って学ぶことにつながったように思います。

　私にとって色んなことがようやく上手く回り始めたように感じられるよう

になってきた頃，Ａ君との９年間の心理療法が終わりを迎え，Ｂ君のときとはまた違う一つの大きな達成とそれでもやはり手の届かなかったことへの苦悩を経験しました。関わる時間も長く思い入れも強かったこともあってか，心理療法が終わった後にもＡ君は私の夢の中に現われ，黙って私を見つめてくるということがありました。私はＡ君の何を分かってあげて，何を分かってあげられなかったのか？　Ａ君は私に何が言いたかったのか？　などと込み上げてくる想いについてじっくりと向き合いたいと思っていた矢先，私にとってとても大きな出来事が起こりました。Ａ君の心理療法が終結した数カ月後に，私の臨床の中心だったクリニックが院長の病気と共に閉院しました。私は心理療法を実践する場を失い，家族の生活を支えるための重要な仕事の一つを失いました。積み上げてきたものがガラガラと崩れ落ちていくような体験でした。当然，週１回受けていた個人セラピーは私の経済的な理由から中断となりました。

　クリニック閉院から間もなく，クリニック時代の先輩を中心に自費の心理相談室を立ち上げるという話になり，相談室の立ち上げ作業をし，数カ月後に開業設定での臨床を始めることができ，今に至ります。数カ月間の中断を経て，再び分析家の元に戻り，個人セラピーを再開しました。

Ⅲ　育児からの学び

　ここで一旦，臨床と訓練の話から離れ，私が育児に関わる中で経験し学んだことを紹介します。

1．２歳９カ月の頃の息子たちの観察

　３歳を目前にしての発達の速度は，乳幼児期の感覚機能や身体発達の速さを思い起こさせるものでした。ただし，３歳の発達は，もっと心理的，情緒的な発達であるように感じられます。子どもたちは，ごっこ遊びやストーリー遊びをし始めるし，いつどこで誰と何をしたのかを話し始め，私が朝仕事に行って夜帰宅することを理解した上で「バイバイ」と「オカエリ」をすることができるようになりました。母親との分離も以前のように泣き叫ぶこ

とは減りました。永遠の別れではなく，後でまた会えると分かっているからです。また，他者からの注意や関心を引きたいし，それを自分たちに集めたいと思っているようで，「見て，見て」，「聞いて，聞いて」と言い，関心を向けると喜んだり，それが得られないと怒ったりします。さらに，トイレットトレーニングもほぼ完成し，おしっこを我慢し，膀胱に溜めることができ，尿意を感じたら，トイレでしっかりと放尿することができます。彼らの中でしっかりと心身共に内部空間を発達させ，さらにそこには時間性も伴っているようです。当たり前ですが，驚くべき発達だと思います。クライン（1935，1961）の内的対象の発達[注1]や，メルツァー（1975）の心的次元論など，精神分析理論と実際の観察がつながることに私は感心しました。

2. 1 歳 6 カ月の頃の娘の観察

　夜間断乳に挑戦した際の体験です。何日も前から妻と私で「夜のおっぱいはバイバイ」と伝えると，無邪気にバイバイしたり，わざとバイバイするのではなくおっぱいにかぶりついたりします。実際に，夜の断乳を行うときが訪れます。娘はとても大泣きし，これでもかという怒りと不安と絶望のようなものを全身を使って必死に表現しぶつけてきます。全身がバラバラになってしまうかのような暴れ方です。妻と私も真剣に向き合いますが，途中でこころが折れそうになります。自分たちはひどいことをしている，おっぱいをこの子から取り上げようとしている，なんてかわいそうなことをやってしまっているんだと，不安な気持ちが重々しくのしかかってきます。それでも優しく心穏やかに語りかけながら，背中をゆっくりとしたリズムでたたき続けます。30分が何時間のようにも感じられました。ようやく泣き止み眠りにつきます。朝起きると，いつものようにご機嫌な娘がお腹を空かせてご飯を欲しがり，おいしそうにご飯を食べる姿を見て安堵します。妻にもいっぱい甘えています。私にも何やら得意気にしている姿を見せます。離乳の体験の重要性は皆さんが知っている通りです。離乳はおっぱいから離れるという

注 1) 特に，Klein, M. (1961) では，リチャードという少年が Klein, M. とのセッションを通して，自身のこころの中に内的対象を育んでいくプロセスがとてもユニークかつ生き生きと描かれています。

ことですが，それはおっぱいに代わる食事がちゃんと食べられるということの証となり，おっぱいからは卒業するけれどそれが母親との別れではないこと，母親や父親との関係性をしっかりと感じられるという信頼や安心と関連していることなのかもしれないと娘の姿を見ながら実感しました。

　ここに示した一夜の体験の後，本当の離乳に至るまでにはさらなる時間と苦労が待っており，妻と娘の悪戦苦闘に夫／父親である私が踏み込めない体験領域があることを痛感したということも一言付け加えておきます。

Ⅳ　個人セラピーの経験と自分の現在地

　個人セラピーがまだ継続中の私にとって，この体験を語ることには当然限界があるでしょう。しかし，その渦中にいるからこそ伝えられることもあるかもしれません。だからあまり無理せずに，語れることだけを語ろうと思います。私にとって個人セラピーの始まりは，まさに衝撃の体験でした。自分なりによく考えた上での大きな決意と共に分析家のところに行ったつもりだったのですが，自分の問題の核心に近いところを解釈され，こころがえぐられたような痛みと怖さを感じ，「まだ何の準備もできていない。あなたの中でまだ何も始まっていない」という分析家の言葉と共に，自分の中で本当に個人セラピーを始めても大丈夫だろうかという自問自答をし，本当にその覚悟を持つまでに2年程かかりました。その後，2年ぶりに再会した分析家のもとで週1回の個人セラピーを開始し，途中から週2回に頻度を増やして今に至っています。

　まず，個人セラピーを経験して私が感じているのは，精神分析／精神分析的心理療法はすごい！ということと，これは身を持って体験して初めて感じられた感覚ということでした。私は「自分が見るべきものを見るために」個人セラピーを始めたのだなと実感することがあります。週2回の個人セラピーを受け，自分の分析家との間で自分自身について考えていく中で，今まで知っているようで知らない，見たいけど見たくない自分の一部（盲点となっている自己部分あるいは影と言ってもよいかもしれない）と直面する局面が幾度となくあり，自己矛盾に陥ることがよくあります。この自己矛盾は，と

ても大きな衝撃を孕むものであり，自分自身の不気味さや歪さを鮮明にし，とても自分を不安にさせ，苦しくさせるものでした。ただ，自分一人だったら決して見たくはないもの，見ようとしないものだったと言えるでしょう。この感覚は，自分がいかに自分自身の色を抑圧し，無難な味気ない色を上塗りしてきたか嫌という程よく分かり，自分の色を取り戻したいといった感覚，自分は自分らしく自分の色を大切にしていってもいいんだという安心感のような，自分の確固とした土台が形成されていくような不思議な感覚として，今の私は体験しています。そのような中で，私はある夢をきっかけに自分の記憶の奥深くに埋もれていた小学校の頃の担任教師の存在を想起しました。この教師は，当時引っ込み思案で自己主張がまったくできずに集団の中に埋もれていた私にちゃんと眼差しを向けてくれた存在でした。私はこの担任教師の眼差しに対して体験した感覚がまさに自分が探し求めていたものだと思えました。

　自分の中で真に感じたこの感覚は，自分が心理療法で出会う子どもがその子らしく，自分の色を見つけ育てていけることがセラピストである自分にとって最も大切にしたいことだとこころの底から思わせるものとなり，そのような子どもへの眼差しを持つセラピストとしての自分への信念のようなものになりつつあります。

　私自身，自分は親にとっての良い子であること，先生にとっての良い生徒であること，妻にとっての良い夫，子どもにとっての良い父親，患者にとっての良いセラピストであるということから離れたところで，自分は自分でいいんだという自分の色を誰かにちゃんと見てもらえることを通して自分でも自分がそうあっていいんだと思える感覚を探し求めてきたのかもしれないと今では思えます。そのような意味で，自分が自分の拠り所として精神分析，特に子どもの精神分析的心理療法に辿り着いたのは，おそらく知らないで知っていたとも言えるのかもしれないし，自分でそうなるように無意識で選択をしてきたとも言えるのかもしれないと思えます。これは言い過ぎでしょうか。でも不思議とそう思える自分がいます。

　今の自分の立ち位置が少しずつ明確になってきたことで，自分の過去を振り返ったときにそれが納得できるつながりを持ち始め，ようやく自分が始

まったとも言えそうな生き生きとした感覚を持って，自分事として育児や家族との生活にも心理療法にも向き合えるようになってきたように思います。だから皆さんにも個人分析／セラピーを受けた方がいいという単純な話ではなく，私個人はこのような経験をしながら，自分自身としても，セラピストとしても成長してきたということを皆さんの前で語ることで，少しでも皆さんにとって自分の眼の前のさまざまな経験を「自分事」として考えるための一つのきっかけとなってくれれば，そして，誰かのこころに何か届くものがあれば，とても嬉しく思います。

V　まとめと皆さんへのメッセージ

　今回のテーマについて私なりに考えたことは，セラピストになるということは，セラピストでありながらも自分自身でいられるということなのではないかと思います。訓練の中で身につけた専門性，態度，原則といったものを維持しながら，しかしそれに縛られ過ぎることなく，個として感じ，その感じたものを自分のこころを使って考え，考えたものを自分の言葉で語ることができることがセラピストとしてものすごく大切なことのように思います。偉い先生の真似をするだけの無個性な複製人形になるのではなく，自らの内に取り入れたものから大いに影響を受けながら，自分の内側から自己を育てていくことがセラピストであり続けることに必要なことなのだと思います。そのためには，ちゃんと訓練を受けて個を育て磨いてきた人（Inspired teacher/object[注2]）に学ぶということがとても重要なことのように思います。また，自分を支える生きた仲間を見つけることも大切かもしれません。皆さんに伝えたいメッセージとして，決して無個性になる学びをしないでほしいということです。自分の経験を自分で考えていけるような学びをしていってください。

　私も少しでも子どもの精神分析的心理療法を学ぼうとしている後輩たちにできることはないかと思い，現在，「子どもの心理療法 Baby Step」という

注2）Meltzer, D.（1988）を参照。Meltzer. D. は Inspired teacher という言葉を用いていましたが，私はここではそれをより広い意味で Inspired object という言葉を使用しています。

勉強会を行い，若い人たちの学びの場を提供することを始めました。そこで
も何度も何度も伝えていきたいことですが，訓練は決して簡単なものではな
いし，ましてや訓練において近道なんてないのではないかと思います。もし
経済的にも時間的にも恵まれ，個人分析／セラピーを引き受けている分析家
や，スーパーヴィジョンを引き受けてくれるスーパーヴァイザーが近くにい
る環境があり，最短ルートで必要な訓練を受けることができたとしても，そ
れでは味気ないというか，それだけでは何か物足りないような，そんな気が
します。負け惜しみかもしれませんが。もちろん，多くを我慢し犠牲にしな
がらも最短ルートを死に物狂いで自分の力で作り上げ，その経験から多くを
学んだ臨床家もいると思います。ただ，そうできる人もいれば，そうできな
い人もいるということです。訓練や臨床が思うように始められなかったり，
始まったとしても続けられなくなり，回り道，遠回りをしながらであったと
しても一歩一歩ゆっくりとその時々の自分やその場の景色を眺めながら，自
分自身の多様な経験からしっかりと学んでいくということでも良いのではな
いかと思います。私はそういう道を歩んできたし，おそらくこういう道しか
歩めなかったんだと思っています。私自身もまだまだこれからもさまざまな
経験から学びながら，子どもの心理療法の訓練と実践を続けていきます。

文　献

Klein, M.（1935）. A Contribution to the Psychogenesis of Manic-Depressive States. In *Writings of Melanie Klein, Vol. I*. Hogarth Press. 安岡誉訳（1983）. 躁うつ状態の心因論に関する寄与. 西園昌久・牛島定信監訳. メラニー・クライン著作集3 愛，罪そして償い. 誠信書房.

Klein, M.（1961）. Narrative of a Child Analysis. In *Writings of Melanie Klein, Vol. IV*. Hogarth Press. 山上千鶴子訳（1987,1988）. メラニー・クライン著作集6・7 児童分析の記録Ⅰ・Ⅱ. 誠信書房.

Meltzer, D.（1988）. Mratha Harris and the Tavistock Course. In Williams, M.H.（ed.）（2018）. *The Tavistock Model : Collected Papers of Martha Harris and Esther Bick*. The Harris Meltzer Trust.

Meltzer, D., Bremner, J., Hoxter, S., Weddell, D. & Wittenberg, I.（1975）. *Explorations in Autism: A Psycho-Analytical Study*. Clunie Press. 平井正三監訳（2014）. 自閉症世界の探求―精神分析的研究より. 金剛出版.

第14章

臨床と子育ての"両立"を超えた何かを目指して
——女性心理士の分析体験——

若佐美奈子

I　はじめに：中堅セラピストからのメッセージ

　私は，精神分析的心理療法を仕事としています。大学院時代から20年以上臨床を続けてきて，若い方や同僚から臨床の相談を受けることや，スーパーヴィジョン・個人分析を請け負うこともあり，中堅と呼ばれる位置にいると思います。今後ももちろん勉強を続けますが，医療・教育・福祉・司法といった複数領域での臨床経験と，継続して精神分析的心理療法の訓練を受けてきたこともあり，自分独自の道のりを歩んで，山の中腹に立ち，周りを見渡している感覚がしています。

　私は，精神分析的心理療法が，人生を通して取り組む価値のある，意義深いアプローチ法であると感じます。それは，クライエントの無意識的空想が展開するその力強さと，こころの真実に出会ったときの衝撃，そしてそれを抱えて生きられるようになったクライエントと歩みを共にしたプロセスに，特別な敬意を感じるからだと思います。

　私はこのシンポジウムで，私が精神分析的心理療法を生業とし，その文化に生きることが自分自身を生きることと重なっていったプロセスについて，皆さんにお伝えしたいと思います。皆さんの精神分析的心理療法の今後の学びに役に立てたら，とても嬉しく思います。

Ⅱ　Cとの出会いから，無意識的交流を知る

　私の担当ケースから，Cちゃんを紹介しましょう。Cは母子家庭に生まれました。統合失調症の母は，彼女なりの愛情はあるものの日常の世話ができず，Cを児童養護施設に預けました。Cは，行動が奇異で非常に目立ち，いじめの対象になりやすく，私が初めて新米心理士として施設に赴任すると，心理療法候補者として真っ先に名前が挙がりました。Cは，初回面接前，セラピー室を偵察に来て，予約日時を確認し「ワハハハ！」と興奮した奇怪な笑い声をあげ，箱庭の砂を勝手にぐるぐるかき回して帰りました。

　Cのセラピーは初めから壮絶なものでした。プレイの中で，敵と味方はすぐさま反転し，暴力と裏切り，性の混乱に満ちた場面が勃発し，ストーリーはぶつ切れでした。おびただしい数の敵がことあるごとに侵入し，私はその暴力的な様相に圧倒されました。勤務の帰り道で涙が止まらず，車を駐車して落ち着かねばならないこともありました。当時の私は精神分析的心理療法を熱心に勉強していましたが，知的な理解にとどまっていました。学んできたあらゆる声かけを試しましたが，彼女の世界には明らかに届いていませんでした。私が相談したベテラン心理士は「Cは愛情不足だから愛情をたっぷりあげたらいい」と助言しましたし，私自身も，不遇のCを必死に愛し，想いを受け止めることで事態が好転しないかと願っていたように思います。

　そうした願いは無残にも打ち砕かれ，Cの問題は悪化するばかりでした。私は，施設職員に対して，Cに対するしつけを見直し，学校や周囲の子どもたちに協力を要請しようと訴えるなど，環境調整に奔走しましたが奏功しませんでした。私は無力感と孤独，不眠と食欲低下で体調を崩しました。セラピーの中でも私は，Cが命令するままに，Cを冷遇し見捨てる役をさせられていました。Cは「次，"お前はホントに馬鹿だな，死ね！"って言って」「もっと強く！」などと私に迫り，私はその状況を十分扱えずにいたのです。

　ある日私は恐怖の嵐の中で，こう呟きました。「野本さん（発表者旧姓）に死ねって言われてCちゃんは恐いし悲しい。そういう気持ちを考えてほしい……」。Cは棒立ちのまま，私を見つめ「なんでそんなこと言うの！言

わないで」と怒りました。私は「野本さんの仕事は，Ｃちゃんのこころを考えることだから」と泣きそうな気持ちで応えました。「ふーん」。Ｃは何もなかったかのように，敵に向かって銃を乱射するいつもの遊びを始めました。しかしそれ以来，憑依したように暴力場面を繰り返すプレイは収まっていき，大きなぬいぐるみに抱きつき，セラピストと話す様子も見られるようになりました。嵐に吹き飛ばされそうで目が開けられなかった私は，雨模様の向こうに，Ｃのこころの輪郭がぼんやり掴めそうな気がしました。

　しばらくすると驚いたことにＣは，「番長」という恐い人物が，Ｃに注入された悪性の毒を解毒するというストーリーを作り，その番長役を私に与えました。「番長」は口が悪く，危ういながらも，敵に寝返ることはありませんでした。Ｃのこころについて考え続けることで，Ｃのこころの中の「良い対象」が，Ｃ独自の形で息を吹き返し，私に投影されたことは，セラピストの意図，意識を超えるものの力であるように思われ，私は心底驚きました。

　私がここでお伝えしていなかったのは，この壮絶なセラピーを二人で生き残ろうとした私が，意識的な理解の限界を実感し，自分のこころが危機に瀕していることを認め，このプロセスの途中で個人分析を受け始めたということです。私は「クライエントの役に立つ」という万能感を手放す瀬戸際に立つどころか，まさに死にかけていました。通勤中，新車が高速道路でパンクし，這々の体で施設に到着すると，Ｃがセラピー室前で仁王立ちで私を待っていたことがありました。彼女も私も命がけだったのです。私自身が自分の無意識を見つめる場を持ったことは，今思えば，決定的な転換点でした。分からないことを考え続ける姿勢，自分にわき上がる感情を誠実に見つめること，そして初めは他者，つまり分析家にこころを見つめ考えてもらうことが，セラピーを生き残る唯一の方法だったのです。私は，無意識の深淵と大きさを，まったく知らずに，セラピーをしていたことに愕然としました。

Ⅲ　良いセラピストになることと個人分析

　精神分析は魅力的な学問ですし，分析的アプローチによる事例報告は刺激的で，学びたい方が増えるのは嬉しいことです。しかしながら，基本的な理

論の勉強やスーパーヴィジョンを受けた後さらに個人分析を受ける人がこれ
ほど少ないのはなぜでしょうか。私は，自分がオフィスを持ち，個人分析を
引き受けるようになって，次のことに気づきました。

　意識的には，分析を受ける時間がない，高い料金を払うことができない，
分析家がいない，と多くの方が言っておられますし，皆さんもそう思い悩ん
でいるのではないでしょうか。確かに，週複数回の面接を受けるには，まと
まった時間を確保する必要があり，分析料金もいわゆる習い事とは桁違いで，
院生には敷居が高く，家族を持つ人は家族の理解が必要となるでしょう。ど
のセラピストに分析を受けるか悩ましく，居住地近くに分析を引き受ける人
がいないかもしれません。私自身も，分析家には恵まれましたが，午前，午
後，夜間と移動する，パズルのような時間割を何年もこなし，お給料の半分
以上を分析とスーパーヴィジョンに費やしました。

　無意識はどうでしょうか。良いセラピストになる訓練としての分析なら受
けたいが，患者として治療を受ける緊急性は感じない，そうした問題が本質
的にあるように思えてなりません。分析は訓練ではなく紛れもなく治療です。
自己分析は盲点だらけで，十分ではありません。

　私は先にお伝えしたように，自分のこころが危機に瀕していると実感して
いましたが，それでもやはり，自分は「助ける側」の人間だと誤解していま
した。セラピーの役に立つと思って分析の時間を使っていたのです。しかし，
週3回のセラピーを続ける中で，私はだんだんと自分が自分のことを何も分
かっていない事実に気づき，混乱に陥りました。無意識の広大さは想像以上
で，分析それ自体も，どこに向かっているのかまったく見えず，不安なもの
でした。人を愛し憎むことの凄まじさを乳児並みに濃厚に体験する無意識的
交流は，社交場面に慣れた大人にとってはある種の不快さがあり，「良い」
体験とはとても言えません。しかし私は，出産で何度も分析を休止しつつ，
結果的に，人生の半分を分析と共に生きてきました。娘から妻，そして母に
なる間，私は生きるため，そして生きることはどういうことかを学ぶために
分析を求めました。セラピストとして生きることは，人としての自分を知り，
生きることの後についてきたものです。私は，偽りのない純粋な感情に到達
した感覚を忘れることはないでしょう。それは誰とも共有できない，私だけ

が人生を通して抱き続ける何かです。

　ただし，さまざまな欲求を後回しにして得た分析経験は，対外的には，何の保証にもなりません。良い論文が書ける訳でも，良い治療ができる訳でもありません。ですから分析家としての確かな地位やお免状，保証を求める人は，失望するでしょう。膨大なコミットメントの対価として得られるものは，内的なものに限られています。しかしそもそもセラピーを行う上で，これがあれば上手くいく，といった何かが存在するはずがありません。私たちは，精神分析的心理療法という無意識を用いた治療を生業とする限り，自分のこころについて考える必要があるとしか言いようがないのです。

　治療者が自分自身の弱く病んだこころを十全に用いている事例報告では，セラピーでの無意識的交流が鮮やかに展開していきます。無意識的交流を体験的に知っている治療者とそうでない治療者は，無意識に対する感度が違います。いわゆる「良い」セラピストでなくても，クライエントの転移を引き受け，考えるスペースを用意し続け，その時間を生きるという仕事ができます。認知行動療法やその他の心理療法では変化しない人々に向けて，私たちは，無意識に働きかける心理療法によって，その力を発揮することができるでしょう。

　あなたがもし，個人分析を受けることを迷っているなら，行動すべきだと私は思います。個人分析は決して贅沢な選択肢などではなく，精神分析的心理療法を行う人に必須の条件であると思うからです。

Ⅳ　精神分析文化とともに，人生を生きること
出産から開業へ

　出産と開業から学んだことについてもお話ししたいと思います。セラピストの妊娠・出産に対してクライエントが持つ無意識的空想のありようについては，拙著『心理療法における無意識的空想　セラピストの妊娠に焦点を当てて』をご参照下さい。

　私は，妊娠・出産・育児の間，「心理療法家」と「母親」という生業の両立に苦しんできました。どちらも私のアイデンティティの根幹であり，ここ

　ろを使って，全力で取り組まねばならない大事な仕事ですから，身体が一つしかないなんて，と何度も身体を恨めしく思いました。しかし，出産・育児から，分析に匹敵するくらいの学びを得たとも思っています。

　たとえば私は，「離乳」の本質を子どもから学びました。

　母乳が大好きだった私の娘は，2歳の誕生日の1カ月前から無邪気に乳房にバイバイの練習をしていました。私が誕生日の夜「お姉さんになったから，今晩からオッパイないんだよ」と伝えて横になると，彼女は「パイパイ！」と言いました。私が「うん，パイパイもうないね」と言うと，娘は血相を変え，信じられないという顔をして目を見開き，狼の遠吠えのように泣き，怒り狂い，乳房を殴りつけました。「大好きだからお別れしたくないね」と慰める私の声は「パイパイー」という絶叫と憤懣にかき消され，家の中と私のこころの中をこだまし続けました。生の源泉である乳房から引き離される不安と恐怖。私は長時間激情に揺さぶられ，くらくらし，正気を失いかけながら，抱いた娘と共に泣きました。

　どれくらい経ったでしょう。突然彼女は自ら私に背を向け，今まで聞いたことのないような高い声で本当に哀しそうに一人泣き始めたのです。それはまるで歌のようでした。彼女が乳房を諦め，悼んでいるのは明白でした。私のこころの熱情は溶解して穏やかな熱に下がり，もう自らの乳房で娘を慰めることはできないのだという哀しみを感じました。彼女と私の蜜月は終わったのでした。翌日彼女は私に向かって「おっぱい，バイバイね」と言いました。ああこれが「離乳」なのだと私はようやく理解したのでした。

　私は20年前メルツァーの『精神分析過程』を読み，分析の終盤に「離乳」があることを字面では知っていました。しかし，娘とのあの離乳がなければ，私にとってただの「重要な精神分析概念」の一つだったかもしれません。私は，絶望と憤怒の叫びを生々しく受け止めたときの感覚を，セラピー中に突然思い出すことがあり，クライエントに解釈を伝えるとき，あのときの自分の熱を参照しているように思います。不安の予感，途絶の感覚と，怒りと絶望，正気を取り戻した悼みの境地，その美しさ。私のこころには，離乳の生々しさが生きています。そしてまた，クライエントとの無意識的交流の中で，その「離乳」空想が多重に深まっていきます。生きることは，情動経験に満ち

ています。精一杯こころを開いて，あらゆる感情に向き合うことは，私たちのこころをしなやかに強く，そして豊かにします。自分のこころを媒介にして相手のこころを理解するというあり方，それが精神分析のオリジナリティだと思います。

　私が大阪市内に開業して1年と少しが経ちました。なぜ開業することになったのかと考えると，やはり無意識の流れを参照せざるを得ません。私はおそらく，この数年ずっと，開業について考え続けていたのだと思います。意識的には，週複数回のセラピーをしたい，という思いが立ち上がっていました。しかし，もっと大きい流れが背後にありました。分析家から巣立ち，自前で巣を作る時期が来たという想いは素材に出てきていましたし，私が分析家に育ててもらったように，次世代のセラピストが自分のこころを見つめる場を提供する形で，自分の分析家に恩返しをしたいという気持ちは日に日に大きくなっていました。数年前から，なぜか私が園芸に関心を持ち始めたのも，そうしたこころの動きと連関しています。花を咲かせるかどうかの保証はないけれど，土に種をまいて，水をやり，どんなときも変わらず世話をして，その生命が育っていくのを願うこと。自分の力の限界を感じながら，ときには祈るような気持ちで。思いがけなく，突然伸びるときには驚いて。きれいに花を咲かせたときには喜びを抱いて。それは，子育てから学んだことでもありましょう。親が望むように子どもが育つことはありません。意識的および無意識的交流の中で，子どもは独自のストーリーを展開し，成長していきます。

　私は，分析家にそのように育ててもらい，私本来の人生を歩めるようになりましたし，私が取り組む事例においても，私自身の意識的な努力よりも，無意識的空想の展開の方が力強いと思います。こころの真実はそこに在るもので，誰かが作り出すものではありません。解釈とは，治療者が作るものではなく，そこに在る事実を治療者が感知して伝えることだと私は思います。

　とはいえ，開業に当たって並々ならぬ試練があり，自分がこれほどまで独り立ちに不安があるのかと改めて驚くこともありました。私のこころの中には，揺るがない分析的姿勢と文化が息づいていると感じますが，もう分析家に会えないのだという哀しみに震え，処理不能な領域を何とか抱え持ってい

る私でもあります。開業はとても孤独で不安な営みです。しかし，セラピーも人生も孤独なものであり，私はこの事実とまたゆっくり向き合っていくのでしょう。これからも，自分のこころと対話しながら生き，精神分析的心理療法を仕事にし続けていこうと思います。

文　献

Meltzer, D. (2008). *The Psycho-Analytical Process.* Harris Meltzer trust. 松木邦裕（監訳）(2010)．精神分析過程．金剛出版．

若佐美奈子（2017）．心理療法における無意識的空想―セラピストの妊娠に焦点を当てて．金剛出版．

第15章

指定討論

セラピストの発達プロセスと自分自身になること

吉沢伸一

I　はじめに

　お二人の先生の発表をお聞きして，非常に重要な要素が凝縮していると感じました。また，お二人に共通の視点が多くあったように思います。まずは，初期に関わった印象深いケースの提示がありました。初心の頃，子どもとの関わりを通して，多くを悩み迷い，混乱し，そして成長させてもらった，そんなケースを会場のみなさんもいくつか経験しているのではないかと思います。あるいは現在進行中で取り組んでいる人もいるかもしれません。また，訓練について，とりわけ個人セラピーを受ける経験の重要性が示されました。さらに子育てについての情動経験も共通で，特に離乳の体験に焦点化されており，細やかな相互交流が生き生きと描写されていたと思います。妻あるいは夫になり家族をもつこと，親になること，子どもを育むことといった実生活の変化と，職業人として訓練を受ける側から提供する側へ移行していく変化がパラレルに描きだされてもいます。

　以上のように，まさに「自分を生きることとセラピストになるということ」について，多くの臨床家が葛藤しながら成長していく上で経験する要素が多分に含みこまれています。今日の私の役割として，お二人のご発表に何らか

のコメントをする必要があるのですが，正直戸惑ってしまいました。この企画を小笠原先生と立ち上げたときには，これまで地道にやり続けてきた訓練と臨床実践，そこに自分の人生をかけた覚悟，そして開けて見えてきた何か，それにまつわる自分の心の中で静かに燃え続けてきた想いを語りつつ討論しようと考えていました。しかし，お二人の先生の発表原稿を目にして，実際には言葉が出てこない状況にある自分がいました。「セラピストになること」について語ることはできそうに思えましたが，そもそも「自分を生きること」とはどういうことなのだろうか？ と迷走してしまいました。

　もちろん私も，お二人の先生が提示されていることにかなり近い想いを抱きながら，分析的な訓練を行ってきたのも事実です。大学院を卒業し，現場に放り出され，不安で不安でしかたなく，必死で本を読みあさり，複数のセミナーに出て，自主勉強会も複数立ち上げて，スーパーヴィジョンや事例検討会に参加し，学会発表を毎年して，論文を書き，個人セラピーを受ける日々が続きました。しかし，ふと立ち止まり考えることがあるのです。私は何をしているのだろうかと。仕事をしつつ，子育てを行い家庭を支えながら，あるいはその幾らかを犠牲にしながら，自らが目指すべき道を歩んでいる。しかし，本当にそれが自分が目指している道なのだろうか？ もう後戻りはできない。そして積み上げてきたものも確かにある。それでも，本当に私はこのような生き方をしたかったのだろうか？ これでいいのだろうか？ 私はどこに向かおうとしているのだろうか？ そんな迷いが私の心の中で蠢き，この葛藤を常に感じながら進んできたことに改めて気づかされました。

　私が進んできたこれまでの道のりは多くの犠牲の上になりたっています。私がこの道を選択し訓練に取り組むことは，多くのことを選択しなかったことになります。若い頃は，目の前のことに必死で死に物狂いで邁進してきました。しかし，現場にでて15年が経つ現在，同じような勢いで進むことはできないように感じています。それは私は40歳を過ぎ，人生の折り返しを意識したからであり，前に進む成長モデルのようなものではなく，残された有限な時間をいかに使うのかという別のモデルに移行しつつあり，それを模索しているからです。私は駆け出しの頃とは異なり，新たな迷いと不安の中にいます。

「自分を生きることとセラピストになるということ」とは，それぞれのライフステージで異なってくることなのでしょう。本シンポジウムを企画しているわれわれは中堅にあたり，育てられていた立場から，育てる立場に移行している段階です。しかし，精神分析的なセラピストになるということには終わりのない果てしない道のりのように私には思えています。力量がつけばより困難なケースを担当することになりセラピーは難航し，新たな課題に直面し「セラピストになること」の修練の渦中に常に居続けざるをえません。

　私の指定討論は，このようなことを背景に，私自身の経験も踏まえて，①まずは現場にでて数年くらいの駆け出しの臨床家，②次にその後に幾らか経験を積んだ臨床家，③そして中堅の臨床家を想定したコメントを行いたいと思います。ただ，私は熟練の域には未だ達していないので，その部分は会場にいらっしゃるベテランの先生にお任せしたいと思います。

II　指定討論

1．駆け出しの臨床家にむけて

　実際に，私たちが現場にでて出会う子どもたちは，虐待やトラウマ，発達障害，それらが複雑に絡み合ったケースなど，自我の基盤が脆弱な重篤なケースを担当することが多くあります。特に最近では，児童養護施設で勤務し心理療法を実践する若い方も増えてきました。彼らとのセラピーは，主体性を保証される場を利用して回復する神経症の子どもとは同様の展開になることはまずありません。小笠原先生と若佐先生が提示してくれた二つの事例を踏まえれば，両先生が非常に困難な状況で格闘し，情緒的に揺さぶられ，自分自身が保てなくなるような体験が報告されました。治療者が心理的な意味で生死をかけたところまで追い込まれる体験だったのだと思います。幼少期より適切なケアを提供されなかった子どもは，まさに「毒」と喩えられるような原始的な情動に振り回され，一方でそれを他者や外界に撒き散らすことになります。治療者はその「毒」にやられてしまうのです。このような状況で何が起きているのかを見る視点は失われますし，そもそもその「毒」と表現された情動の理解は，治療者自身の情動を介して行われるため，はじめから

扱うことができるものではないのです。若佐先生の言葉では「クライエントの役に立つ」という万能感を手放すことであり，小笠原先生の言葉では「疲れ果て」「無力さを感じ」ることでした。ゆえに，スーパーヴィジョンや個人セラピーといった，自らの情動経験を踏まえて，何が展開しているのか考え続ける訓練が必要になってくるのです。最初は，「自分を生きること」と「セラピストになること」は未分化な状態であり，まずは治療過程の中で生き残ることが切迫した事態となります。

　ここで問題となってくるのは，両先生のご発表にもあった経済的なことです。そもそもはじめから高給取りの心理士はいないでしょうから，分析的な訓練に身を投じるにはそれなりの覚悟が必要であり，多くのことを断念する必要があります。働くことは経済活動により自分の生活を維持することですが，これもまた「自分を生きること」と言えるでしょう。この経済活動を行う自分が心理療法実践の中で毒に侵され情動的な混乱を抱えることになるのですから，そもそもこの仕事を続けて行けるのか？　無理なのではないか？この仕事は自分にむいていないのではないか？　このような問いに苦しむことになります。私の経験からは，これは現場にでて３年目〜５年目に多くの方が経験するように思います。もちろん個人差はあるかと思います。では，このような局面で，転職せず，他の心理療法アプローチに乗り換えず，先に進むこと，つまり分析的な訓練に身を投じて行くことを決意した動機はどのようなものなのでしょうか？　分析的な訓練を少し始めたけれど，本格的に身を投じてみようか，でも本当にそれでいいのだろうか？　と迷われている状況にある参加者の方もいるのではないかと思います。

　私自身のことを言えば，自分の性格傾向に起因していますが，一言で言えば「悔しさ」が私を下支えしてきたように思います。私は，私なりの多くの挫折を経験してきました。また私は挫折し投げだしてしまうのか，ようやく見つけた自分の生きる場所となり得るものを自ら捨て去ってしまうのか，そのような過去の反復から抜け出したい，まだ何もはじまっていない，何も本質に辿りついていない，スタート地点にも立っていない，という気持ちで，訓練に邁進してきた記憶があります。当時は不安でいっぱいでした。例えるならば「大海原の筏の上で転覆する不安を抱え脅えているイメージ」です。

まだ独身の頃でもあり，ほとんどの収入を訓練に費やしていたと思います。果たしてこれが健全かどうかは分かりませんが，私はそうしなければ先に進めなかったのでしょう。もしかすると盲目になり突き進むことでしか自分の身を守れなかったのかもしれません。

　両先生はいかがでしょうか？　他のアプローチではなく，個人セラピーを受けることを含めた分析的訓練に進む覚悟を決めた局面について，両先生からお考えをお聞きできればと思います。すでにご発表の中に含まれている部分もあるかと思いますが，補足して若手の方に伝える大切なことがあれば教えていただきたいと思います。また，逆に発表では表現されなかった訓練を受けることへの抵抗の側面があれば，どのようなもので，どう乗り越えてきたのかについて教えていただければ，駆け出しの臨床家の方には役立つのではないかと思います。

2．幾らか経験を積んだ臨床家に向けて

　さて，再度私自身の経験を踏まえますと，少し経験を積み，訓練に身を投じ，徐々に主体的に現象を捉えようとする姿勢が芽生えてきたように思います。年齢でいえば30歳過ぎ以降でしょうか。私はこの時期に結婚し，第一子が誕生しました。小笠原先生のご発表にあった訓練や勉強を制限する焦りは私もよく分かります。先に進めないような不安，他の臨床家はどんどん力をつけて行き自分だけ取り残されるような恐怖を当時は感じていたと思います。一方で，都会での夫婦だけの子育ては，当然相当のエネルギーと時間を投入する必要がありました。とはいえ，おそらく妻からすると私はまったく不十分であったに違いありません。それはともかく，未分化だった「自分を生きること」と「セラピストになること」は，家庭を持つことで大きく変化します。「自分を生きること」に，「家族と共に『自分を生きること』」が加わります。盲目に突き進むやり方をとっていた私にとって，そのスタンスを家族の状況に合わせて行くことは非常に大変なものでした。結婚して10年以上がたち，その間に第二子も授かりましたが，「家族と共に『自分を生きること』」の課題に未だ取り組んでいる最中です。

　ただここで話題にしたいのは，家族を持ち明らかに変化した側面について

です。幼少期より落ち着きなく動くことで不安を防衛していた私は，厳密に言えば不安によって落ち着きがなかった私は，留まるということに直面したことです。この留まることは「家庭の中に」でもあり，「治療過程の中に」でもあります。両先生は共通して子育てを通した「離乳」体験を情緒的に味わったプロセスが示されています。私も，子どもの育児を通して経験的に学ばせてもらえることも多々ありましたが，インパクトの強い経験は，まだ乳児期早期における泣き叫ぶ子どもをあやす経験でした。第一子はいわゆる「感の強い赤ちゃん」でした。子どもから投影されたものなのか，私が投影したものなのか，それらが混在したものなのか，私は自分自身の存在を脅かされる不安を経験しました。愛しい乳児をあやそうとする母性的な気持ちと，それを阻み破壊するかのような不安感／恐怖感の狭間で困惑する経験を幾度もしました。子どもが敏感で欲求不満が強い傾向にあり，その不快感などを外界に放出するのに私が敏感であったこともありますが，これはとりわけ私自身の乳児経験と強い関連があったでしょうし，子どもが誕生したことで，かつて私に兄弟が誕生し自分の存在意義が脅かされた経験が再演されたものかもしれません。とにかく自分がいかに不安が強く自己の存在が脅かされやすい傾向があるのかということに直面しました。また，私は，当時臨床実践の中で，子どもから大人まで，かなり重篤なケースと多く関わっていました。精神病状態が関係性の中で露呈する局面も多々ありました。自分の子どものこと，そしてケースのこと，両方のことが関連し私は疲弊し酷く具合が悪くなってしまい，私は一人目の治療者との個人セラピーを開始しました。ここで問題になっているは，両先生方が共通して取り上げた「離乳」の問題とも関連がありますが，その根幹となるような対象にコンテインされる経験とその経験をめぐる「歪み」や「混乱」や「欠損」についてです。つまり，人間の体験主体の基盤についてです。これは原初的な母子交流で育まれ，そして育まれ損ねた痕跡は多かれ少なかれ，離乳をはじめとした人生のさまざまな分離場面においてその都度かたちを変えて私たちに影響を及ぼしてくるのでしょう。

　セラピーを受ける経験については両先生が，かなりパーソナルに語っていただきましたが，「セラピストになること」において重要な基盤となります。

若佐先生は，「良い治療ができる」保証がある訳でもなく，「娘から妻，そして母になる間，私は生きるため，そして生きることはどういうことかを学ぶために分析が必要」だった，さらに「精神分析的心理療法という無意識を用いた治療を生業とする限り，自分はこころについて考える必要があるとしか言いようがない」と表現されました。また，小笠原先生は「自分がいかに自分自身の色を抑圧し，無難な味気のない色を上塗りしてきたか嫌という程よく分かり，自分の色を取り戻したいという感覚，自分は自分らしく自分の色を大切にしていってもいいんだという安心感のような，自分の確固とした土台が形成されていくような不思議な感覚」を得たと表現しています。これらの表現を踏まえると，「セラピストになること」の過程には前提として「自分自身になること」が重要だと言えそうです。それは，自分の考えることのできないでいた情動的側面や，自分が行うセラピーで子どもたちから混乱させられる情動的側面について，考えていく作業です。私たちが提供するセラピーも子どもたちが「自分自身になること」，つまり主体性が育まれることを支援していると言えるでしょう。これはやり方は違えど，家庭の中で親として自分の子どもを育むことも関連しているように思います。微妙な表現の違いではありますが，「自分を生きること」という表現よりも「自分自身になること」と表現した方が，私にとってはしっくりくるように感じました。

　そして，「自分自身になること」が単なる願望充足ではなく，情動経験に開かれて行くことであるとするならば，受け入れがたい情動を許容していく困難なプロセスが必要となります。これは先程述べた，原初的な母子交流の経験とそれを基盤とした分離の経験と関連があり，ライフステージのさまざまな変化において多かれ少なかれ問題となってくることになります。つまり，私たちのアイデンティティが発達していく過程で取り組み続けることになる「自分自身になること」とは，これまでの自分自身の一部あるいは大部分を喪失し，新たに変化していくことに直面します。もちろん緩やかに変化する場合や，急激に変化せざるを得ない場合があるでしょう。しかし，私たちの心はそんなにうまく変化してくれません。表面的な適応は可能であったとしても本当の意味で私たちのあり方が変化するというのは簡単なプロセスでないのだと思います。これは，まさに「セラピストになること」に必要な経験

に直結するのだと思います。自分の人生を生きる中で，よりセラピストとしての力をつけその機能を発揮させていくためには，自立したセラピストとしての情動経験に開かれた主体性が育まれて行く必要があります。

　若佐先生は，現在の自分にとって，自分の治療者との分離経験が大きな意味を持っていることを述べられました。また，小笠原先生も，大学院時代から関わり臨床の基盤であった勤務先とその院長先生を喪失した経験が述べられました。また，受け入れがたくも避け難い多くの制約がある中で，限られた訓練に身を投じること自体も，現実に直面したことからの万能感の喪失と言えるかもしれません。私たちは，生きていく上で，何かしらの形で分離や喪失を経験し生きねばらない存在です。クライエントがさまざまな問題を呈する背景には，分離や喪失の問題とそれに付随する原初的な情動とその防衛に関する諸問題があるのでしょう。これらのことは，知的に学び得るものではないことは明らかです。臨床経験とそのスーパーヴィジョンを通して，そして自分自身の人生とセラピーを自分自身が受ける経験を通して捉えることが可能になるかもしれない領域です。

　ここで両先生にお聞きしたいのは，分離や喪失の問題を乗り越えていくことと，主体性が育まれること，あるいは体験主体が確かなものとなっていくこととはどのように関連しているのでしょうか？　精神分析的心理療法の訓練は既成の理論通りにセラピーを行うような類のものではありません。知的に学んだものを，自分自身の心身に馴染ませて使用するためには，自分の言葉で現象を捉えて行く必要があります。理論的学習から，情動経験を通した「経験から学ぶこと」に移行しつつある，幾らか経験を積んだ臨床家の先生も参加されていると思います。とても曖昧な質問で恐縮ですが，両先生がご自身の臨床経験やセラピーを受ける経験から学びとってきた，ご自分の理解があれば教えていただきたいと思います。

3. 中堅の臨床家にむけて

　小笠原先生は，会場の皆さんへのメッセージの中で，「偉い先生の真似をするだけの無個性な複製人形になるのではなく，自らの内に取り入れたものから大いに影響を受けながら，自分の内側から自己を育てていくことがセラ

ピストで在り続けることに必要」であることを述べられました。私たちが現場で実践し，訓練をしていく「セラピストになること」の過程で，優れたと感じられる先達に多かれ少なかれ同一化することになりますが，私たちが「自分自身になること」の過程ではまさに小笠原先生が述べられたことが重要となってくるのでしょう。

　若佐先生は，開業され次世代の治療者を育成することにエネルギーを注ぐようになりました。また，小笠原先生も開業設定で実践され，若手の勉強会を立ち上げられ，次世代の育成に取り組まれています。エリクソンのアイデンティティの発達過程でいうところのまさに「世代性 generativity」（Erikson, 1950）の課題に取り組まれています。

　現在の私自身は，若手の頃に感じていた「大海原の筏の上で転覆する不安を抱え脅えているイメージ」は変化し，「転覆しそうになっても何とか立て直して前進できる，ある程度壊れないと感じられる船を指揮する船長のイメージ」を持っています。この船は浸水したり，故障したりしますが，仲間の船員たちと修復したり，港に立ち寄り必要なものを補充できるようなイメージがあります。ただ，この船はこの先どこに向かっていくのか，自分でもはっきりとは分からないのです。もちろん次に進む目的地はいくつかあります。ただ，「自分の人生を生きること」と「セラピストになること」というまだまだ続くであろう大航海の行く末はいまだ分かりません。

　ですが，その中で考えていることが一つあります。私はこれまで自分自身という船をどうにか転覆しないようにすることに力を注いできましたが，中堅に差し掛かり，多くの治療者という船が大航海に出るための港を作る必要があることを感じるようになりました。つまり，分析的な治療者を目指す若手が，着実に力をつけて成長していけるシステムの構築に自分が役立つことができればと考えるようになりました。日本における子どもの精神分析的心理療法を実践する臨床家の育成のシステムが十分に構築されているとは言い難い現状があります。日本ではカリスマ的な優れた臨床家が存在し，彼らがリードしていく風土が続いてきたように私には思えます。今後は，そのようなカリスマだけに依存せず，次世代を担う中堅世代が切磋琢磨し，そして力を合わせ，実力のある実践家集団を形成していく必要があるのではないで

しょうか。

　もちろん中堅である私たちは，私たち自身の技術を磨き，さらなる力をつけていく必要があることは言うまでもありません。そして，私たちが次世代の育成のためにスーパーヴィジョンや個人セラピーを行う必要もあります。ここで私が取り上げたいのは，より巨視的な観点から，日本における子どもの分析的臨床家を育成する土壌を作るために，現在何が課題であり，何が必要なのかということです。中堅に至り，このように「私」だけではなく「私たち」が成長していくためにはどうするべきかを考えておられる先生方もいるのではないでしょうか？　私は長らく「私」だけを考えてきたように思いますが，最近では考えが変わりつつあり，それゆえに冒頭でお話ししたように「自分を生きること」について語ることの新たな困難さに直面しているのです。このようなことから，日本における子どもの臨床をめぐる分析的な訓練の現状とその課題，そして今後はどのようなことがさらに求められるのかなど，何か構想がおありでしたら，お考えを教えていただきたいと思います。

文　　献

Erikson, E.H. (1950). *Childhood and Society*. Norton. 仁科弥生訳 (1977). 幼児期と社会 1.
　みすず書房.

第16章

ディスカッション

指定討論への応答

小笠原貴史

若佐美奈子

シンポジウム全体へのコメント

阿久津章乃

山崎孝明

上田順一

ガヴィニオ重利子

コメントを受けて

小笠原貴史

■**指定討論への応答：小笠原**

　吉沢先生が言うように今回の話題提供者の私と若佐先生の発表の中に共通する視点もあったかもしれませんが，違いも多くあったと私は思っています。その違いがとても面白いものだし，それがそれぞれの「個／自分／色」なのだろうと感じました。すべてのことを経験できるなんていうことはあり得ませんので，自分には自分だからこそ経験してきたことや経験できることからしっかりと学んでいかなければならないことも改めて感じさせてもらえました。

　まず，一つ目の質問ですが，私は精神分析の勉強をしよう，訓練を受けよ

うと思うまでにいろいろ寄り道と言いますか，あれもこれも覗き見，味見を
しています。大学の頃はロジャーズやマズローやジェンドリンなんかを読み，
実際に体験グループやフォーカシングも体験しました。その後，ユングの著
作を読んだり，箱庭も体験しました。どれも面白かったのですが，私にとっ
てしっくりくる感じではなかったというか自分の無意識がそれを選択しな
かったというか。そんな中で近くにあった精神分析にようやく眼が向きまし
た。自分にとって精神分析はとても難解でまったく分からないものという印
象でしたが，触れてみると格別に面白く感じるものでもありました。ちゃん
と本気で学んでみたいと思えるものでした。訓練に進む覚悟を決めた局面に
ついては発表の中で触れた通りです。やはり目の前のセラピーの子どもたち
の存在が大きいですね。だから訓練は必要に迫られてというか，もう必須だ
なと本気で思えたことが大きいです。だから，経済的にもその他の条件的に
もやれることから始めました。ですが，個人セラピーとなると話は別でした。
私の中に大きな抵抗があったと思います。というのも，私はずっと自分のこ
とを「フツー」だと思っていたんです。しかし，それは「フツー」であろう
としてきた結果として無難に生きていただけのことでした。自分の色を消し
て無難な味気ない色を上塗りしていたということです。いわゆる「良い子」
や「良い生徒」をやってきたわけです。それが結婚や子育ての中で，「良い
夫」や「良い父親」でばかりはいられず，「フツー」ではない自分，厄介な
自分に出会いました。当たり前ですね。「フツー」なんてものがないことに
ようやくにして直面したのです。そうすると，じゃあ「自分って何？　どう
いう人間なんだ？　どうなりたいんだ？」となる訳で，「自分自身」に目を向
けるのが不安なのだ，だから「フツー」にこだわっていたのだと分かりまし
た。臨床においても「良いセラピスト」でいたいという問題が実はかなり大
きな課題であるとうすうす気づいていた頃でもありましたので，ようやくに
して個人セラピーを受ける覚悟が決まったわけです。先ほどの発表の中でも
触れましたが，初めて私の分析家のところに行ったときには手痛い解釈を
されてしまったわけですが。個人セラピーを受ければ解決するとどこかで思っ
ていたからかもしれません。そんなに甘くないよという話です。ですが，そ
の経験も含めて今があると思っていますので，私にとってはとても重要な経

験でした。回り道や遠回りをしてもいいし，抵抗も含めて，自分事としての経験から学んでいくしかないのだろうと思います。

　次に，二つ目の質問についてです。発表の中でも触れましたが，私にとって実習時代からお世話になっていた院長の病気やクリニックの突然の閉院はものすごく大きな喪失体験となりました。個人セラピーも断念しました。臨床も訓練も家庭も影響を受けた出来事でした。大切な対象がいなくなることがすべてがなくなることのように感じられ，一人ぼっちで放り出され迷子になる感覚でした。また，娘の離乳について語ったように，おっぱいから離れることはおっぱいに代わる食事がちゃんと食べられるということや母親やその他の人との関係性の中で生きられるという自分自身への信頼や安心の証となるものだろうと思います。つまり，分離や喪失の体験は，そこから失った対象や自己とのつながりが実は自分の中にちゃんと残っているということ（内的対象や自己との関係性や対話が可能ということ）に目を向けることができることを気づかせてくれるものなのかもしれません。自分で感じ考え，自分で歩んでいけるようになっていくために分離や喪失を乗り越えることは必要不可欠な体験なのかもしれないと思います。発表の中でも言いたかったことですが，良いことも悪いことも，子育ても臨床も，やりたいこともやりたくないこともすべての経験をちゃんと自分事として感じ考え，そこから学ぶことの大切さ，それが分離や喪失という体験にも当然当てはまります。自分事としての分離や喪失を体験し乗り越えることで，自分事としてちゃんとその体験を生かしていけるようになり，それが主体性といえるものになっていくのだと思います。

　三つ目の質問に対してです。メルツァー（1971）が提唱した「アトリエシステム」という理念のもとに参加者の自主性を大切にしながら学びの場を提供しているサポチル[注1] の活動が広まっていくことに期待しつつ，私個人のことで言えば，若手のスーパーヴィジョンを少しずつ引き受けるようになったり，若手のための勉強会を主催していることから感じていることについて

注1）「認定 NPO 法人 子どもの心理療法支援会」の略称。発達障害児および被虐待児への心理療法支援と，そのような子どもたちへの心理療法を行なう専門性の高いセラピストの育成を目的とし，2005 年に京都・大阪で活動開始。2016 年には関東でも活動開始。

少しだけ語らせてもらいます。私は自分がまだまだ教わることが多い立場ですが，少しずつ教えることもはじめています。そこで初めて気づいたのですが，一方向的な学びではない学びの経験というものがあるということです。私は「教える／与える側」なのだけれども，「教えてもらえる／与えてもらえる側」でもあるという経験です。若い人のスーパーヴィジョンや勉強会の中でのコメントを聞いていると，その人それぞれの感性の違いというか，視点の違いというか，それがとても面白いなと思えることがよくあります。だから私は基本的なことや私自身が経験してきたことを教えたり，私が感じたことや考えたことというような私の視点を提供しますが，彼らがどうしてそう感じたのか，そこが気になったのか，そういう関わり方をしたのかという彼らの視点／彼らの感覚を教えてもらっているように感じます。だからこそ，そこを育ててあげたいと思えるようなことがあります。私にはない感性や感覚をつぶさないようにしてあげたいと思えるからです。このような感覚は，それこそ子育ての中で感じる感覚，自分にはない個性や自分とは違う個性を愛おしく思う感覚に似ているかもしれません。

　私が子どもの精神分析的心理療法に情熱とやりがいを向けるに至ったのは，おそらく自分の中の「自分の個性／色を見てもらいたいけれど，それを上手く表現できない無力な子どもの自分」にもう一度ちゃんと眼差しを向けて育ててあげたかったからだと思います。思うように自分を語れなかった吃音のA君に私の子ども部分を重ねたり，自己主張ができなかった私に目差しを向けてくれた小学校時代の担任の先生に私の大人部分を重ねたりしながら，自分の子どもたちや臨床の子どもたちに目差しを向け続けたいと思って私は今こうやってここに立っているのかもしれません。A君は今も時々，私の夢の中に出てきて，じっと私を見ています。私の目に映る自分を見ているのでしょう。私も彼の目に映る自分をしっかりと見つめていこうと思っています。

文　献

Meltzer, D. (1971). Towards an atelier system. In Harn, A. (ed.) (1994). *Sincierity and other works: Collected Papers of Donald Meltzer.* Karnac Books.

■指定討論への応答：若佐

　まず，成長モデルから別のモデルに移行しつつある吉沢先生と私は，少し違うなという感覚を持っていることから，討論を返したいと思います。私は，山の中腹にいますが，まだまだ成長していく必要があり，今後危機的な状況があってもおかしくないと思っています。海で言えば，大海原で転覆しかけていたり，深海に潜って浮き上がってこられていなかったりする状態もあり得ると思います。というわけで，最後の問いは，私には難しかったです。後で述べます。

　駆け出しの臨床家に向けて。吉沢先生は「悔しさ」を原動力に勉強してきたと仰いました。私は強いて言えば「貪欲さ」が人生を支えてきました。精神分析以外にも数多くのアプローチを勉強しました。ユング派，内観，ホリスティック，各種表現療法，アセスメントもロールシャッハや発達検査など，かなり熱心に学びました。しかし，たくさん勉強しても，偉い先生のありがたい難解な話をひたすら拝聴する雰囲気や，つらい営みに耐え，ただクライエントについていくといった盲目的な指針に戸惑い，心理療法は偽善だと失望しかけていました。そんなとき，ある先生の講義を聴いて，その率直さと情熱に触れました。目から鱗が落ち，全身の細胞が活性化する思いをしました。そうしてこころの内側から問いが沸いてきた私は精神分析を学ぶことを決意し，1年後，自分の分析が有効であればこの世界でやっていこうと，その先生に分析を申し込むに至りました。私にとって個人分析は，訓練というより自分を実験台にした大きな賭けでした。

　結果的に，私自身の臨床を最も変えたのは，個人分析であり，自分の人生そのものであるというのが私の発表の骨子です。つまり，セラピストになるために生きているのではなく，生きることの中に，精神分析が入り込み，もはや分かちがたく結びついているということです。皆さんはどうですか。通常の学習は，問いを終わらせて「答えを出す」のが目的ですが，精神分析臨床は逆で，問いを生み出します。それが面白いのは人生と同じだと私は思います。

　一方，私にとって，分析の最大の抵抗は，仲間がいないという「孤独感」でした。私の分析家にスーパーヴィジョンを受けてめきめき実力をつけてい

く後輩たちを見て，自分はなぜ分析家にスーパーヴィジョンを受けなかったのかと嫉妬しました。しんどくても苦しくても，私を慰めてくれる仲間はいませんでした。私は，精神分析理論を学ぶ際も，同じグループに長く所属せず，スーパーヴィジョンも，個別に手紙を書いてお願いしてきました。タヴィストックに留学したいと思って下見に行きましたが，留学はしませんでした。吉沢先生は，分離・喪失と主体性の関連について，問うておられましたが，分析の終結や離乳に限らず，こうした孤独の問題と主体性はつながっていると私は思います。分析中，とても苦しかったですが，そもそも人生はそういうものですし，誰かと何を分かち合うかは，自分がなければ，何も分からないものです。今も私は孤独がちですが，人嫌いではありません。孤独に耐えられるようになったのは，私自身のことが多少見えるようになったからだと思います。

　経済的な負担と育児の負担・プレッシャーの大きさに関しては，男性と女性でそれぞれ異なるかもしれませんが，大枠は同じだと思います。妻子を養うことの大変さを私が真に理解していないように，自分の身に宿す形で新しい命を生み出すことの意味を男性が真に理解しているとは思えません。ただ，私に言えるのは，皆さんが，「それ」を望むかどうかが肝心ということです。「ねばならない」と思ってやれば，それは主体性の欠けた足枷になりましょうし，どんなに大変でも自分の人生に必要不可欠だと思ってやれば，研ぎ澄ますほどに輝きを増す大切な資源となるでしょう。人生一度きりで，いつ終わるか分からないのですから，躊躇うのは言い訳に過ぎないと私は思います。分析も育児も，やりたければやったらいいということです。

　セラピーで学んだことはたくさんありますが，最大のものは，先に述べた，偽りのない純粋な感情に到達した感覚であり，言い換えると自由の感覚です。踏みとどまって考え続ける体力もついたかもしれません。これ以上は上手く言葉になりませんが，無意識に触れることがもたらす情景は，私を生き生きとさせ，困難に向かわせてくれると思います。

　最後の問いです。吉沢先生は次世代の育成に関して，「港」のイメージを持っておられるとのことでした。私は，「港」ではなく「泉の番人」をイメージしました。無意識という底なしの泉をのぞき込みに来る人のそばにいて，と

もに夢を見る人でありたいと思います。奥深い森の中の泉まで歩いてくる人はそんなにたくさんいませんし，こちらからわざわざ誘うこともないと思いますが。私のオフィスも，こんな所にあるんですねとよく言われますが，利便性の良い一等地にあるのではなく，ゆっくりと時間をかけて自分について考えたいという「主体的な意思」を持つ人が通ってこれる場所をイメージして構えました。

　スーパーヴァイザーや教員の立場からは，少し違っていて，裾野を広げるというか，精神分析の面白さを紹介し伝えるという側面があってよいかと思います。これは港イメージに近いでしょうか。ただし，一方的に何かを教えるのではなく，考えを発展させ合う主体的なグループを作りたいと思います。その人自身のこころの細胞を活性化させられたら，嬉しいですね。

　私は，これまで，心理療法に対して，深海の奥に落ちていく人と共に，自分も命を懸けて深海に潜り，同じように苦しみ，同じ景色を見て，それでも，共に浮き上がってくるというイメージを持ってやってきました。船の上から浮き輪を投げるような行為を治療と呼びたくなかったからです。今の私は，分析を受けたことで，溺れないようになったとは思いません。やはり深海に潜る大変な作業をし続けるだろうと思います。

　たくさんの方に学んでいただきたいとは願うのですが，精神分析文化は，一般受けするのが難しく，簡単に広がるものでもないように思います。でも悲観的ではありません。こうした世界があるということを確かに次の世代に伝えていくことが，私の仕事だと考えています。

シンポジウム全体へのコメント①：

セラピストとしての主体性を見出す過程

阿久津章乃

　シンポジウムに参加しながら私の頭にはこれまでの自身の臨床での出会いや学び，また今後の歩みについての漠然とした不安のようなものが浮かんでは消え，また浮かんでは消えていました。そこで本稿では，シンポジウムを受けて振り返った自身の短いながらも臨床歴について考えたいと思います。

　私が大学院修了後に勤めたのは，若手の多くが最初の臨床領域とするであろう教育相談の現場でした。インテーク面接には保護者が来所し，ほとんどの場合，その後に親子別々の担当がつき親子並行面接が始まるという流れがあり，初心の私はそれを当然のものとして受け入れていたように思います。当時は，経験年数によって担当するケースが振り分けられていたため，初めの一年半は子どもとの相談を担当するばかりでした。

　多くの教育相談の現場に共通する悩みとして，プレイルームにおもちゃが溢れかえっている状況が挙げられます。私の当時の勤務先も例に漏れず，卓球台やビリヤード台，果てはトランポリンのある部屋まであり，そこに加えて所狭しとおもちゃが置かれ，すべて見て回るだけでも相当な時間を要するありさまでした。セラピストと部屋を一緒に見て回ることが，子どもの心の中に起きていることを一緒に探索していくことと重なることや，また不安緊張の強い子どもにとっては，直に問題を話し合わないことで不用意に踏み込まれないといった安心感を与えることが，初期の関係形成に一定の意味をもつことは否定しません。しかし，問題の本質に触れないまま，あるいは治療契約と呼べるようなやり取りがないまま，「定期的にプレイセラピーに通ってもらう」約束が取り交わされることも少なくなかったように思います。

　遊びに現れる表現を追求していくことができる場合もありましたが，毎回二人でトランポリンを跳び続けるばかりなのになぜか外的な適応はよくなっ

ていくケースもあれば，無為に関わり続けるだけに終わっているように感じ
られるケースもありました。おもちゃの溢れかえる部屋で，止まって考える
ことが難しいケースも少なくはありませんでした。また，子どもの気持ちが
転々と他のおもちゃに移り変わるのについていくだけで時間が過ぎていくの
で，考えることをそもそも放棄してしまうケースもあったように思います。
ほとんど感覚的に，あるいは瞬発的に自分なりの応答をしていましたが，意
図を持って関わるための指針のようなものを求める気持ちは強くなっていき
ました。手がかりを探るべく，研修を手当たり次第に受け，週一回の夜間セ
ミナーに定期的に通いましたが，当初の目的は次第に薄れ，途中から通う
ことが目的化していた時期もあったように思います。これは，まるでセラピー
も通ってさえいればよいという状態と類似していたかもしれません。そのよ
うな折りに，乳幼児観察と出会い，否が応でも母子の濃密な関係に巻き込ま
れる体験を通して，自分の見ているものに主体的に向き合う必要性を感じる
ようになったと思います。

　乳幼児観察では，観察の間は観察することに没頭し，記録は終了後に記憶
を手がかりに書き起こしていきます。記録そのものが観察の目的ではありま
せんが，自分から能動的に赤ちゃんに働きかけることをしない観察では，と
もすると観察直後であっても記憶を思い起こすのが難しいことがあります。
このため，観察時に目の前で繰り広げられる母子の相互作用を自ずと自分な
りに意味づけ，ストーリー化して見ることになります。特に，観察初期は，
赤ちゃんからの言語的な発信がない分，全身で表している雰囲気や，視線，
からだの緊張などから，観察している赤ちゃんがコミュニケートしようとし
ていることを読み取っていきます。観察者からの働きかけがないとは言え，
ときに赤ちゃんかお母さんのどちらか一方に強烈に同一化する，あるいはど
ちらのものとも判然としない情緒に圧倒され見ているのに見えなくなってし
まうなど，観察者自身が母子の情緒に巻き込まれ，意味を考える機能を失う
こともありました。このような困難な状況があっても，定期的にセミナーグ
ループでの報告の機会があるため，メンバーによる異なる観点の提示から，
心理的に立て直すことができていたように思います。また，意味づけはあく
までも恣意的なため，ときにずれていることもありますが，グループによる

検討を通して，違った見え方が浮かび上がることは多々ありました。これは心理療法の過程で仮説を修正していくことと重なるように思います。また，乳幼児観察を経験する以前は，セラピーの中で瞬発的に応答していることがほとんどでしたが，クライエントがどのような雰囲気で話して（遊んで）いるか，聞いていて（見ていて）どのような印象を受けるかを意識的に点検し，応答の手がかりにするようになりました。

　先生方のご発表をうかがい，改めて臨床の道筋には間違いのない唯一のあり方があるのではなく，自分が自分としてどう生きるかと向き合い続ける，逃げることのできない模索の過程なのだと思いました。これまで，自身の臨床に対する，これでよいのかという不安を払拭するために知識を吸収する機会を求めてきましたが，今回，僭越ながら本稿の執筆依頼を引き受けさせていただいたように，今後は拙いながらも自身の体験を言語化する段階に進む必要があると感じています。

シンポジウム全体へのコメント②：

「よさ」の語り方

──「外」へ向けて──

山崎孝明

I　これはカルトと認定されるのではないのか──

　それが私がこれらの原稿を通読して抱いた第一印象である。

　私自身，精神分析的心理療法の訓練にけっこうな時間とお金を費やしている。個人セラピーを受けているし，その恩恵にあずかっている。治療者としてだけでなく，私の人生にとってぜひとも必要であったとも思っている。だから，三者の見解に強い異議があるわけではない。

　だが，より俯瞰してみると，個人セラピーを「よい」ものとして称えるこの構造は，ある種の自己啓発やカルトと変わらない。つまり，「私はこれで人生変わりました！」だ。実際私もそう思っているところがある。個人セラピーを受けていなければ，治療者としてどうこうという前に，一社会人として，一家庭人としてまともに機能できていたとはとうてい思えない。

　だから，もし「これはカルトなのではないか」と言われたとしたら，「いや違う，精神分析的心理療法には内実がある」と反論したくなる。しかし，ではどう違うのかと問われると，説明に窮して，どうしても「受けなければほんとうのところはわからない」などと言いたくなってしまう。「精神分析的心理療法は無意識をも対象にしているのだから，それをことばで説明することは不可能なのだ」。そういった反論をしたくもなる。おそらくそれは一定程度事実なのだろう。しかし，それでは回答になっていない。

　こうした事態を，私が精神分析的心理療法についてのアカウンタビリティを果たすことばを持っていない，ということもできるだろう。「いいものはいい」以上のことを言えない。これでは，「これはカルトなのではないか」

という疑問に答えることができない。

　私たちは，個人セラピーを「よい」ものだと思っている。それは三者と私が共通して持っている感覚だろう。しかし，その「よさ」を，公共性のある形で伝えることができない。伝えようとすると，いきおい「体験しなければわからないが，とにかくすばらしいものなのだ」という形になってしまう。どうしてこうなってしまうのだろうか。

Ⅱ　内側からの視点

　もしかすると，論者たちは「私はこれで人生変わりました！」という風に見られるかもしれない危険性を自覚した上で，あえてこうした「セラピー礼賛」とでも形容できるような語り口を採用しているのかもしれない，とも思う。私はそこに，日本における訓練にまつわる歴史が影を落としているのを見る。

　精神分析（的心理療法）の訓練は，訓練分析，スーパービジョン，セミナーの三本柱から成り立っている。この中で，訓練分析の重要性が突出していることに異論がある者は皆無であろう。それは世界各国，どの国でもそうである。にもかかわらず，わが国では訓練セラピーよりもスーパービジョンが重視されてきた歴史がある。そこには深刻な「見て見ぬふり」が存在した（山崎，2017）。

　世界的に見れば，個人セラピーの「よさ」は当然のこととして受け入れられている。だから，それを声高に主張する必要などない。しかし日本にはそうした土壌はない。精神分析はスパイスとしては取り入れられているが，そのエッセンスが取り入れられていないのである（飛谷，2016）。論者たちがあえて「よさ」を強調する背景には，こうした文脈があるのだろうと想像する。

　この想像は無根拠になされたものではない。本来，個人セラピーはとてもパーソナルなもので，こうした公になる形で開陳するものではない。それにもかかわらずこうして公刊されたのは，論者たちが発表の中で後進の育成に言及していることに鑑みれば，わが国の訓練をめぐる状況を改善するために，身を切って自身の体験を提供したのであろうと推測しても穿った見方ではな

かろう。その姿勢には敬意が払われてしかるべきである。

　ここまでの私の推測が正しければ，あとはこれらの原稿を誰が読むことを想定しているかの違いなのかもしれない。日本心理臨床学会における自主シンポジウムであれば，あまり「外」を意識しなくてよいのかもしれないが，こうした形で公刊される以上，「外」を意識すべきではないか，というのが私の考えである。

　その際に焦点を当てられるべきは，個人セラピーの「中身」ではなく，その「語り口」である。私たちは「外」にも通じることばを探す必要がある。

　もちろん，本書における「外」とはどこなのかという問題がある。子どもの精神分析に興味はあるけれど，濃厚な訓練課程に入るのには二の足を踏んでいる人なのか。そんなに興味はないけれど，ちょっと精神分析とやらを覗いてみようと思う人なのか。精神分析自体には興味はないが，臨床家として患者の役に立つかもしれないのであれば学んでみようと思っている人なのか。はたまた，自分が精神分析的心理療法を受けている患者や，その家族なのか。ここでは，どこを「外」と考えるかで，語り口はまた変わってくるだろう，ということを指摘しておくにとどめる。

III 「外」からカルトに見えること

　カルトの学術的な定義はさておき，直感的に私たちがそこに見出しているのは「訂正不可能性」と「凝集性・排他性」ではないだろうか。もしある人が「訂正不可能」な「妄想」を持っていたとしても，それはカルトとは言われない。集団で共有しているからこそ，カルトと呼ばれる。そして，何か同じ信念体系を共有している集団であっても，排他的でなく，対話可能性が見出されていれば，それもカルトとは名指されないだろう。

　この視点から見ると，日本における精神分析コミュニティには，たしかにカルトに見える要素があることは否定できない。

　例えば私たちは，エディプス・コンプレックスのような，実証不可能な，すなわち誰もが理屈でもって納得できるわけではない概念を共有している。そして実証不可能だとしても，有用性を実感しているがゆえに，その概念を

放棄するつもりはない。そうした姿勢は，見方によっては「訂正不可能」に見えることだろう。そしてまた，その訂正不可能性により，実際に同業者や患者を傷つけてきた歴史もあったことだろう。

「排他性」が存在することも否めない。個人セラピーを筆頭に，精神分析的心理療法の訓練は他のオリエンテーションのそれと比べて異常といってよいほどに長い。それゆえそれを研修ではなく修行と呼ぶことが適切である，という指摘もあるほどである（藤山，2018）。たしかに，精神分析の訓練にはその人が本質的に変化してしまう可能性があり，人生を懸けるといったニュアンスがある。若佐の表現を借りれば，それは「賭け」でもある。しかし，その過程を経なければ，分析的セラピストになることはできない。ここには「それだけの覚悟がない方はお断り」といった類の「排他性」が存在している。

「精神分析的心理療法の訓練過程は対外的には私たちに何も保証しない」（若佐）。そうなると，「本当に私はこのような生き方をしたかったのだろうか？」（吉沢）という疑問が首をもたげてくることも当然である。それが「ふつう」だろう。「ふつう」に考えれば，「ほとんどの収入」や「お給料の半分以上」を，「訓練」≒「修行」につぎ込むのは，カルトと変わらないのではないだろうか。

しかし，どうやら三者ともこの疑問を乗り越え，訓練を継続しているようである。そしてそれは私もまた，そうである。私たちは，もはや「ふつう」のこととして，訓練を受け入れている。そうなると，私たちの「ふつう」と，世の中の，そして以前は私たち自身も共有していたはずの「ふつう」は，どこかですれ違ってしまっている，ということなのではないだろうか。

Ⅳ　「よさ」への確信

ここでは，カルトについて詳細に考えてみよう。日本脱カルト協会は，以下のようにカルトを定義している。

カルトは人権侵害の組織です。組織に依存させて活動させるために，個人の自由を極端に制限します。つまり，全体主義的集団です。そして，①各メ

ンバーの私生活を剥奪して，②集団活動に埋没させる。そして，③メンバーからの批判はもちろんのこと外部からの批判も封鎖し，④組織やリーダへの絶対服従を強いるといった特徴がみられます。

　私が「カルト認定されるのではないか」という印象を抱いたということは，この定義に照らせば，彼らが人権侵害をする危険性を感じたということになる。もちろん彼らはこの原稿で人権侵害など行っていない。なのになぜ，私はそうした印象を抱いたのだろうか。

　①については，彼らがどれだけの時間とお金を訓練につぎ込んでいるかを鑑みれば，精神分析が彼らの自由を制限しているとは言えないまでも，結果として自由が制限されているという印象を与えるだろう。精神分析が積極的に強いてくるわけではないが，結果として強いられることとなるという構造は，②と④も同様である。

　しかし私が何より強く懸念するのは③である。彼らの語り口からは，彼らにとって個人セラピーは「よい」「素晴らしい」ものであることは揺らぎのない事実であり，その点について（個人の水準では他人がとやかく言う問題ではないのだが）議論の余地もないように見える。

　「皆さんにも個人分析／セラピーを受けた方がいいという単純な話ではなく」（小笠原），「分析も育児も，やりたければやったらいいということ」（若佐）という記述からわかるように，彼らは個人セラピーを受けることを決して強要してはいない。個人セラピーの「よさ」を押し付けているわけではない。

　しかし，自分にとってそれは決して欠くことのできない何かだということも同時に主張しており，そこに疑問を呈しても受けつけられなさそうだという印象を受ける。この「よさ」に対する確信に満ちた語り口こそが，「批判を封鎖」するのではないか，と私を不安にさせるのである。

　私のこの感覚には，著者が実際に英国の訓練組織で訓練を受け，その体験を人類学的視座から記した書物である『心理療法家の人類学』（Davies, 2009）が影響している。私はその書評を書く機会を与えられたが，そこではこんなことを書いている（山崎，2019）。

　本書では心理療法家の訓練を通じて，心理療法自体が相対化されている。心理療法では，単純に言えば「本当の自分」を獲得することがその目標とされる。心理療法家は養成過程で訓練セラピーを受けるが，そこでも目的は同じであることになっている。本書が示しているのは，それが表向きの理想論にすぎないことである。訓練機関は巧妙に異分子を排除し，権力関係を構築維持し，凝集性を高めようとする。しかもそれが明示的でないところがミソだ。訓練する側もされる側も，それこそ無意識にその構造に参加している。訓練セラピーで見いだされた「本当の自分」は，心理療法文化によって「作られた自分」かもしれない。

　心理療法およびその訓練の相対化という視点を得た私は，個人セラピーやそれを中心とする訓練の「よさ」を強く信じることはできなくなった。その「よさ」を信じることに，迷いがあるのである。

　冒頭の「これはカルトと認定されるのではないか」という疑問は，私以外の誰かの口を借りた形のものであった。だが，「これはカルトなのではないか」と感じているのは，正直に言えば，他ならぬ私自身だったのである。

　もしかすると，こうした疑問を抱くのは単に段階的なものであって，私がまだ彼らの到達している地点に達していないというだけのことなのかもしれない。実際，私は週1回の個人セラピーを5年ほど受け，2度目の個人セラピーを週2回で受け始めたところなので，彼らの個人セラピー歴と比べると，その可能性は否定できない。いま私が不安を抱いているのは，私の未解決な葛藤が刺激されているからであって，いまの治療が終わるころには，私も彼らと同じような思いを抱いているのかもしれない。

　だが，より治療が進んでも，私はやはり彼らほどには治療の「よさ」について強い確信を持っていないように予想している。その予想は外れるかもしれない。しかし，彼らに倣って，私も現時点での思いを率直に述べることとした。

　この感覚の違いが，「よさ」を伝えようとする際にどういった語り口を採用するかの違いにつながっていく。

V　なぜこうした語り口になるのか

　彼らの語り口に対して私の抱く印象は，先ほども述べたように，「彼らにとって，個人セラピーの『よさ』は揺るぎのない事実のようだ」というものである。彼らにそのような意図はないのだろうと推測するのだが，しかしそれへの疑問を差し挟める余地はないように感じられる。以下はあくまで私の想像／解釈（あるいは投影）に過ぎないが，この語り口がどこから来るのかについて論じてみよう。

　若佐は「精神分析文化は，一般受けするのが難しく，簡単に広がるものでもないように思います」と述べている。それは事実だろう。そして，精神分析の本質はことばで伝えることができず，体験するしかないこともまた，おそらく事実だと思う。そこで彼らが取った戦略が，自らの体験した「よさ」を惜しげもなく提示することで，伝わる人に伝わることを期待する，というものだったのだろう。それは一つの正しい戦略であると思う。そうした方法で，背中を押されて個人セラピーを受ける人もいることだろう。

　「伝わる人に伝わることを期待する」ことは，間違っていない。むしろ，理解したいと思っていない人に自らの考えを押しつけることのほうが，間違っているだろう。だから，「伝わる人に伝わることを期待する」という姿勢に疑問が抱かれることはないかもしれない。

　私自身，「伝わる人に伝わることを期待する」というスタンスを取っている期間が長くあり，とくに疑問を持つことはなかった。しかし，最近は考えを改めてきている。というのも，私がそうした姿勢を採用しているのは，ほんとうはわかってほしいのに，わかってもらえなかった場合に傷つくことを回避するためなのだ，それを「押しつけないという相手を尊重した姿勢」と合理化しているのだ，と気づいたからである。

　自分がよいと思っているものを伝えたい，共有したい，と思うことは自然な気持ちだろう。だから，「押しつけない」ことを試みても，こころの中では「よい」と思っていることは漏れ出てしまう。それが，結果として「押しつけがましい」雰囲気を醸し出してしまうのだろう。

　ということで，これは私の投影かもしれない。だが，少なくとも私は，これらの原稿から「押しつけがましさ」を感じた。それが「これはカルトと認定されるのではないか」という危惧の正体だ。

VI　別の語り口

　私たちは，臨床にばかり力を注ぎ，患者をいかに理解するか，いかに解釈を伝えるか，そういうことばかりに腐心してきたのかもしれない。だから，精神分析的心理療法の「よさ」を発信することに慣れていないし，そのやり方，語り口も十分に議論されていない。本シンポジウムの中で出てきたテーマである「育成」という観点からすれば，私は，彼らのもの以外にも正しい戦略があると考えている。

　それは，私たちの内輪のロジックではなく，世の中の「ふつう」のロジックで語る，というものである。

　例えば，若佐は「（個人セラピーを受けても）良い論文が書ける訳でも，良い治療ができる訳でもありません」と述べている。だったらなんのために個人セラピーを受けるの？　と思うのが，「ふつう」ではないだろうか。その疑問への彼女の答えは「精神分析的心理療法という無意識を用いた治療を生業とする限り，自分のこころについて考える必要があるとしか言いようがない」というものである。つまり，「良い」セラピストになるためには個人セラピーは必要ないが，「精神分析的心理療法家」になるには個人セラピーが必要だ，というロジックだ。

　だが，続いて彼女は「無意識的交流を体験的に知っている治療者とそうでない治療者は，無意識に対する感度が違います。いわゆる『良い』セラピストでなくても，クライエントの転移を引き受け，考えるスペースを用意し続け，その時間を生きるという仕事ができます」と述べる。おそらく，若佐があえて「いわゆる（……）『良い』セラピスト」と記しているのには，「ふつう」に「よい」とされるセラピストと，分析的に「よい」とされるセラピストは違う，という含蓄があるのだろう。その区別を明確にしたうえで言えば，この「クライエントの転移を引き受け，考えるスペースを用意し続け，その

時間を生きるという仕事ができ」るセラピストは,「いわゆる『良い』」セラピスト」ではないにせよ,精神分析的に「よい」セラピストだと言ってよいのではないだろうか。

　私も「内」の人間であるので,こうしたレトリックを好む気持ちを持っている。そこに何か「ふつう」とは異なる「精神分析らしさ」を見出して,ちょっとした優越感を抱いている自分に気づいたりもする。だがそれは,そうしたレトリックが「内輪ネタ」だ,ということでもある。

　たしかに私も「『よい』治療者になるために,個人セラピーを受けましょう」という言説は,何か大事なものを取り落しているような気はする。セラピーを倒錯的に使用することになるのではないか,という懸念だ。だが,そういう動機で個人セラピーを受け始めた場合,その人はその「何か大事なもの」を取り落し続けるのだろうか。精神分析的心理療法とは,そんなに無力なものだろうか。

　多くの心理臨床家は「よい」セラピストになりたいと思っているだろう。それが「ふつう」の「よい」セラピストを指すのか,分析的に「よい」セラピストを指すのかは定かではない。そもそもその差を考えたことがないという人も多いかもしれない。

　しかし,漠然と「よい」セラピストを目指す人の数が,「精神分析的心理療法家」になりたい心理臨床家よりも多いだろう。そうであれば,精神分析的心理療法家になるためには個人セラピーが必要だというロジックよりも,分析的に「よい」セラピストになるためには個人セラピーが必要だ,という「ふつう」のロジックの方が,多くの人はすんなり受け入れられるのではないだろうか。

　これは,対患者においても同様である。「あなたの問題が解決するかはわかりません。しかし,精神分析(的心理療法)を行えば,副次的に解決がもたらされるかもしれません」。これは,フロイトから連綿と続く精神分析文化的には正しい言説かもしれない。だが,治療を求める多くの人は,精神分析的体験を求めているのではない。問題の解決を求めているのである。そして私たちも,アセスメントを経て患者の抱える問題の解決に役立つと思うからこそ,精神分析的心理療法を提供しようとしているはずである。「あなた

の問題はこれこれで，それには私は精神分析的心理療法がよいと思います」。臨床ではそう伝えていないだろうか。問題の解決に役立つと思うから，よいと思うから，勧める。それが「ふつう」の順番だろう。

　「内輪ネタ」で盛り上がるのもいい。もちろん私も好きだ。だが，内輪ネタは「外」には通じない。「外」には「外」に合わせた語り口がある。このギャップにセンシティブであることが，今後私たちに求められるのではないだろうか。それが私のコメントの主眼である。

文　　献

Davies, J. (2009). *The Making of Psychotherapists*. Karnac Books. 東畑開人（監訳）(2018). 心理療法家の人類学. 誠信書房.
藤山直樹 (2018). 精神分析の未来 個人的見解. 精神療法（増刊5）, 170-175.
飛谷渉 (2016).「精神分析的精神／心理療法と訓練」討論記録. 精神分析研究, 60 (3), 316-328.
山崎孝明 (2017). 日本精神分析学会における「見て見ぬふり」. 精神分析研究, 61 (4), 503-513.
山崎孝明 (2019). 書評『心理療法家の人類学』. 精神療法, 45 (1), 125-126.

シンポジウム全体へのコメント③：

slow but steady

上田順一

　これは清兵衛と云う子どもと瓢簞との話である。この出来事以来清兵衛と
瓢簞とは縁が断れて了ったが，間も無く清兵衛には瓢簞に代わる物ができた。
それは絵を描くことで，彼は嘗て瓢簞に熱中したように今はそれに熱中して
いる……

　これは志賀直哉の短編小説『清兵衛と瓢簞』の冒頭のくだりです。シンポ
ジウムの 3 人の先生がたの論考から，私は自分のお気に入り文章の一節を思
い出しました。

　3 人の先生がたの論考に誘われて，私自身が精神分析とどのように出会い，
どのように子どもの精神分析的心理療法のセラピストになってきたのか，そ
してそれらのことを人生にどのように織り込みながら生きてきたのかについ
て，さまざま想いを馳せることができました。そこで，シンポジウム全体に
対してのコメントをする立場にある私も，些少な「自分事」を素描するとし
ても，コメントのめあてからはあながち外れてはいないだろうと思えました
ので，そうしてみることにします。

　私は，学部と大学院共に実験心理学の牙城とも言われた大学の出身です。
この大学の心理学科は，「無意識を棚上げする」という実験心理学のみを標
榜していました。したがって，学部の 2 年生のときから，記憶の実験，錯視
の実験，ハトのオペラント条件付け，マッチング法による行動観察という基
礎実験を毎週のようにこなし，さらに大学図書館にしかない心理統計の絶版
本を頼りにノンパラメトリック統計を駆使してレポートを毎週書く，という
日々に明け暮れていました。さらに大学院生になると，ティーチングアシス
タントとして，実験のプロシージャを学部生にインストラクションするとい

う日々となりました。毎週のインストラクションの準備，実験器具の調整，さらにはハト数匹の毎日の餌やり，体重管理などの生活に疲弊していた頃，私は大学図書館でたまたまボウルビィの『 Attachment and Loss 』を見つけました。わからないなりに「何やらすごいぞ」と感銘を受け，ちょっと読み進めては本を返却し，また本を借りてきてはちょっと読むということを繰り返していました。今にして思えば，このことこそが精神分析に接するはじまりだったわけです。もちろんこの当時，ボウルビィが，現代精神分析，さらにはタビストック方式乳幼児観察の基礎を形作った人物の一人とは思いもしませんでした。このボウルビィとの出会いがあり，私は自分の臨床フィールドを子ども（思春期，青年期をも含む）と決め，さらに子どものトラウマこそ自分が最終的に探求するべき心理学だと確信しました。修士2年の頃，米国から帰国されたばかりの大野裕先生（当時で言うところの認知療法がご専門）の授業を他学科で聴講し，さらには大野先生の大学病院での診察をシュライバーとして見学できる僥倖を得ました。このシュライバーの体験，というか大野先生と患者さんの間で起きていたことがらは，日本語が話されている以外，私には何が起こっているのか皆目見当がつかず，ほぼその体験は未消化のまま終わってしまいました。この未消化の体験がきっかけで，カウンセリングの中で何が起きているのか知りたくなり，私は著名なロジャース派の先生に頼み込んで，カウンセリングを受けさせてもらうことになりました。そしてそのカウンセリングを終えてから数年も経たないうちに，またもや私自ら望んで精神分析的心理療法を受けることになりました。このきっかけは，たまたま手にした精神分析の事例報告に書かれていることがさっぱり分からなかったことによります。当時の私は，大野先生の認知行動療法を見よう見まねで実践し，それでもなんとか人（子ども）の役に立っている実感はありました。それなのに，その事例報告に書かれていることに対して，気持ちはかなり揺さぶられたものの，それがなんなのかもまったく分からず，文章が日本語のかたまりにしか見えなかったのです。当時の私はこの分からなさを解決したい気持ちで，転移や逆転移，投影同一化などの基礎的なタームさえ分からないまま，今度は精神分析的心理療法の治療を受けることになったのです。自分自身が精神分析的心理療法を受けてみると，自分の中の何かに触

れるような感覚があり，ときにはそのことでものすごく疲れを感じることがありました。そしてあるとき，意を決して「今日はなんだか疲れたので休みたいです」と正直に自分のセラピストに連絡しました。私は，セラピストが快く私の申し出を認めてくれると思っていたのですが，セラピストは私の意に反して，「そう思ったのは重要だから今日は遅れてでもよいからセラピーに来るように（「えー？」って思っていたので正確な文言は忘れました）」と言いました。このことから私は，やむを得ない事情でセラピーを休まなければいけないときに限って，何かすこし楽な気持ちになっていた自分に気づきました。恥ずかしながらこのことがいわゆる抵抗と呼ばれる現象であることは，さらに数年後，精神分析のセミナーに出て知りました。さて，この治療はそののちに中断という形で終わりました（と自分自身は思っています）。3人の先生がたの論考からも窺い知れるのですが，私も例外ではなく，この時期に家庭の事情があり，自分のセラピーが続けられなくなりました。そのとき，セラピストがどう思ったのかは定かではありませんが，「（セラピスト自身もそうであったと前置きがあったように思います）必要としたときに何度でもセラピーを受ければよいのだ」という旨を伝えてくれました。このセラピストの言葉に従うわけでありませんが，私は近い将来，私自身の内的要請により再び，以前とは違った形になるとは思いますが，精神分析的心理療法治療を受けることになるだろうと思っています。私の治療体験を詳述することはコメントの本題ではないので避けますが，私が精神分析的心理療法を受けたことにより，そこで動いた気持ちが人生早期の母子関係に関係しているのではないかと思うようになりました。その頃，タビストック乳幼児観察というものがあるということを知り，すぐさまグループリーダーに連絡をとりました。しかし残念ながらすぐには観察グループに入れませんでしたので，ウエイティングとなりました。そして1年半ほど待った頃，観察グループのリーダーから連絡があり，新規のタビストック乳幼児観察グループに入れてもらうことになりました。グループは約3年所属するのですが，私はその3年ではまだ何かつかみきれていない気がして，当時の私を巡るさまざまな状況もそれを許したので，次期の観察グループにも入れてもらうことになりました。ゆえに，私はありがたいことに，ベビーとママを2組観察することに

なりました。そしてタビストック乳幼児観察からの恩恵は，自分の不自由さ
を知ることによって，自分が自由になる，自分を生きることができることで
した。

　以上のように，私と精神分析との出会い方，そして（子どもの）精神分析
的心理療法のセラピストになっていくプロセスは，slow but steady なもの
であったと自認しています。

　さて，シンポジウム全体へのコメントの本題「自分を生きること」と「セ
ラピストになること」に戻りましょう。私は常々，精神分析的心理療法で
あれ認知行動療法であれ，心理療法は，それを受ける人の人生に自然と
involve（「必然的に伴う」「必要とする」，「関連する」「巻き込む」など，リーダー
ズ英和辞典より）される必要があるように思っています。そしてそれを一番
分かっているのが，セラピストなのではないかと思っています。ゆえに，セ
ラピストになるために，自ら心理療法を受け，関連する訓練を受けることが
必須であることにはなんら異存がありません。しかしながら一方で私は，「心
理療法だけが人生の困難を解決する唯一無二のものではない」と一番分かっ
ているのもセラピストだと強調したいと思っています。すなわち，セラピス
トになるプロセスの一部には，「（人生の困難な局面に際して，たとえ心理療
法を受けられないとしても）それでも人は生きて行く」という人間観に直面
していくプロセスも含んでいくのではないかと思っています。そして，「そ
れでも人は生きて行く」という人間観を育んでいくには，消極的能力（ネガ
ティブケイパビリティ）——この消極的能力という言葉は，私なりには，甘受，
寛容，許容という言葉で置き換えられるのではないかと思っています——と
いう資質を涵養していく必要があると思うのです。奇しくも 3 人の先生がた
が，「その時その場所でその」心理療法や訓練の必要性を感じながら，さま
ざま事情でそれを手にすることが許されなかった経験をお持ちであることを
言明されています。そしてその経験をその時その場所とは違う形，昇華した
形で，のちに自分のものとされています。このことこそが，「自分を生きる
こと」であり，「セラピストになるということ」なのではないでしょうか。

　コメントを閉じるにあたり，もう一度志賀直哉『清兵衛と瓢箪』の終わり
の一節を持ち出したいと思います。

　……清兵衛は今，絵を描くことに熱中している。これができた時にはもう教員を怨む心も，十あまりの愛瓢を玄能で破って了った父を怨む心もなくなって居た。

　『清兵衛と瓢箪』の物語には登場はしませんが，清兵衛という子どもの心の中の，「熱中」，そして「無念」や「怨む心」に同一化している，ストーリーテラーの志賀直哉の人生観がわかる一節です。私は，3人の先生がた全員が，精神分析に魅せられ，学ぶことに熱中し，そして時として，自分の人生との折り合いや挫折，さらには嫉妬などをも織り込みながら，「自分を生きて」「セラピストになって」いかれたのだと思いました。そしてその到達点は，アプリオリな知識やアポステリオリな知識の，さらに彼方にあるものだろうと思われました。

文　献

Bowlby, J. (1969/1982). *Attachment and loss: Vol.1. Attachment, 2nd ed.* New York : Basic Books.

Bowlby, J. (1973)．*Attachment and loss: Vol.2. Separation.* New York : Basic Books.

Bowlby, J. (1980)．*Attachment and loss: Vol.3. Loss, sadness and depression.* New York : Basic Books.

Keats, J. (1817)．「ジョージ及びトーマス・キーツ宛一八一七年十二月二十一日，二十七（？）日」，田村英之助訳（1977）．詩人の手紙．冨山房百科文庫，51-54.

志賀直哉（1968）．清兵衛と瓢箪，清兵衛と瓢箪・網走まで．新潮文庫，257-265.

シンポジウム全体へのコメント④：

問いを生きること

ガヴィニオ重利子

　幼少期から動物が大好きだった私を，中学卒業の春，母はアフリカの自然公園に連れて行ってくれました。広大な草原を駆けまわる象やキリン，地平線を黒く染めるヌーの大群に，言葉にならない感動をおぼえました。滞在中，自然公園内に居住する部族の村を訪れるツアーに参加したのですが。集落に到着し，車から降りて近づいてくと，そこには一人の赤ん坊がうずくまっていました。周囲に家族の姿はありません。目と口の周りは，水分を求めて集まった蝿で黒く霞んでおり，体は痩せ細り，ぽっこりと膨らんだお腹が地面に着いています。日本では募金を呼びかける CM などでしか見たことのなかったその姿に，私は呆然と立ち尽くしました。大人たちはまるでその子どもが目に入らないかのようにカメラを抱え，ワクワクした様子で集落へと入って行きました。

　今，自分の就く職の起源を考えるとき，私に思い出されるのがこの記憶です。これが当時の正確な状況であったのか，その後私がどのように集落に入っていったのかなど，記憶の細部は明瞭ではありません。しかしこれは，想起した当時の私が子どもをどのような存在と捉え，それに対比する大人のあり様をどのようなものと体験していたのかがよく表れている記憶だと感じています。

　今回，シンポジウムへのコメントをさせていただくにあたり，原稿を拝読した私は正直困ってしまいました。なんという重いお題を引き受けしてしまったのだろうと。コメントなのですから，先生方がすでに言葉にされたことへの感想や考えを書けば良いのですが。そこにある裸一貫とも表現できそうな身に迫るご発表や議論に，私が服を着たままでお応えすることは到底できないと感じさせられたのです。そのような経緯から，まず私自身の記憶をここに一枚「脱ぎ置く」ことから始めさせていただこうと思いました。本稿では，

今回のシンポジウムをその構成から考察し，それに沿って学ばせていただいたことや考えさせられたことを提示したあと，上述の記憶を私自身のセラピー体験を通して再考することでコメントとさせて頂きたいと思います。

シンポジウムのテーマ「自分を生きることとセラピストになるということ」の背景として，冒頭で投げかけられた「自分たちにとっての情熱とやりがいがなぜ子どもの精神分析的心理療法だったのか」という問いには，「どうして子どもだったのか」と「どうして精神分析的心理療法だったのか」という二つの要素があると考えました。この二つを念頭に，探索を進めていきたいと思います。

まず，ご発表が二つともビネットから始まることに惹かれました。臨床やその中にある考えや思いについて私たちが言葉にしようとするとき，臨床場面であるビネットを共有することが一番適しているわけですが，今回のテーマについても発表者の先生方がそのような構成を選択されたことに強く共感しました。常に現場で起こることを出発点に考え始めるというスタンスは，子ども臨床と精神分析的臨床の共通項であり，その特徴であるように思います。

精神分析的臨床では，来談者の年齢にかかわらず，今ここで起こることを通してそれぞれの方のこころの事実に触れ，共に理解を深めていくわけですが，子ども臨床ではさらに，その物理的関係（大人と子ども）や目の前に実際に創り出される世界を体験すること（プレイセラピー）で進展していくという特徴があります。臨床家は，子どもの「親」となって右往左往したり，「冷遇し見捨てる人」や「解毒をしに来る番長」となって子どもの物語を体験することになるのです。発表者は共に，この実際に生きる体験が自身の子ども臨床家としての礎石となっていることを書き表してくださいました。このような身体的な面接に魅かれるかどうかも，子どもの臨床家を目指すかどうかには影響するのかもしれないと考えさせられました。その後に続く個人史でも，お二人が共に概念的な整理よりも，非常に体験的な水準で記述を進めていかれることに印象付けられました。私たちの仕事が私たちの生き方に及ぼす影響，そしてその生き方が職業選択や仕事の仕方に及ぼす影響という相互交流を感じさせられました。

次に，指定討論では吉沢先生が読者の臨床歴に応じ，議論を分けて提示されていることに注意を魅かれました。「セラピストの発達プロセス」に応じて，

異なる例や言葉を尽くして自身の考えを解説する構成には，子ども臨床家が持つ発達的な視点と同時に，異なる立場や経験を持つ人たちにそれぞれどう伝えられるのかというコミュニケーションへの注力を感じさせられます。子ども臨床では，来談者の年齢や発達段階に合わせた言語や表現を使いますが，それは決して来談者を「子ども扱い」し，伝える内容そのものを制限したり変形させたりするものではありません。臨床家は，来談者である子どもそれぞれが知る言葉や表現を使って妥協のない対等な交流をすることを目指すものです。加えて，子ども臨床では来談者個人だけではなく，保護者ともプロセスを一緒に進めていかなくてはなりません。アセスメントにおいても，本人からだけでなく保護者からの情報も重要となり，セラピーが始まれば送迎をくださるのも多くの場合保護者です。学校や施設など子どもを監護する人や施設とも連携する機会は多く，来談者との面接を重ねながらも，多くの人々との連携を同時に行っていくという特徴があります。相手の立場や経験，そこから想像される理解に合わせた交流を通して，一つのプロジェクトを協働的に進めていく力が子ども臨床では特に重要になると言えます。そのような意味で，臨床歴や職歴の異なる，さまざまな経験知を持つ臨床家が集まり「セラピストとして生きる」という普遍的なテーマを協働的に議論していくというプロジェクトを子ども臨床家である先生方が始動されたことには，必然性さえ感じました。

　シンポジウムで，異なる立場にある人たちとの協働的な議論のチャレンジは，訓練経験の話題において特に顕著となるように感じました。臨床訓練，そして個人セラピーの経験は，その体験を共有しない人との間でどのように交流されうるのか。ご発表や指定討論からは，先生方のこの問題への真摯で情熱的な試行錯誤が伝わってきました。現実的な見方をすれば，体験の共有無しにこのテーマを議論することはやはり難しいのかもしれません。特に，それらが有用か否か，あるいはそこから何が得られるのかといった議論は空転しやすいでしょう。しかし，発表者である先生方は伝えること自体を諦めるのではなく，ご自身の訓練やセラピーに至るまでの葛藤や紆余曲折という今共有されうる体験を綴ることを通して，いまだ共有されない体験についても，参加者や読者と共に考え続けることを可能にされたように感じます。

　ここで私自身の体験を少し振り返りたいと思います。大学院時代からこれまで3名の臨床家にそれぞれ2年間ほど個人セラピーを受けてきました。現在は，その3人目でもある臨床家と個人分析（週4日）を開始しました。私にとって週1のセラピーとその後の分析はまったく異なる体験となっています。週1のセラピーでは，それまでの自分の視野が少しずつ開けていくような感覚がありました。最初に提示した記憶に沿って考えるなら，始めは赤ん坊だけしか登場しなかった視界に，そこにいたであろう大人たちの姿，立ち尽くした自分自身の姿についても見つけていくことができるような体験です。そのような過程に助けられ，満足も感じていた私は，分析へと踏み込むことには躊躇がありました。金銭的なことはもちろん，回数が増えることで話さなければならないことや見なければならないことが増え，こころがかえって脅かされるのではないかと恐れたのかもしれません。しかし，それでも迎えざるを得なかった分析の日々は，想像とは大きく異なるものでした。私は，これまで感じたことのない自由を感じることになったのです。「では，また明日」と言える環境がこんなにもこころの空間を広げてくれるとは思っていませんでした。私がまだ分析を躊躇していた頃，「あなたには遊ぶスペースが必要だ」と分析家に言われたことがあったのですが。分析を始めて数カ月，私はその意味を初めて知ったように感じていました。まるで子どもがおもちゃで遊ぶように，床に座って（実際にはカウチに横たわり）自身の考えや体験を絨毯の上に広げ，ああでもないこうでもないと遊ぶことが許されたのです。再びアフリカでの記憶に戻るなら，この場所でこそ私は，地面にうずくまった私自身について感じ考え始めることが許されるのを予感しているのかもしれません。そしてこの遊びの体験は無論，子どもの臨床家としての私にとって，大変貴重なものとなってくれています。

　私の分析体験はまだ始まったばかりですので，ここからどう体験していくことになるのかはいまだ分かりません。しかし，この体験を通して精神分析が「私にとって」持つ意味を，初めて考え始めることができたのは確かなことであるようにも感じています。ここで得ることのできたこころの空間は，私の人生そのものに深く影響をもたらしていると同時に，臨床家としての自分が何を提供しようとしているのかを考えることともつながっています。そ

れは，若佐先生も議論しておられた通り，精神分析や精神分析的アプローチへの確信を自身の人生を懸けて手に入れる体験でもあるのかもしれません。

　個人分析は，シンポジウムにご登壇された先生方同様，私にとっても大変貴重な体験となっていますが，訓練を受けることや個人分析を受けるという行為自体が何かを生むのではなく，そこに至る経緯やその体験を自身がどう生きるのかを見つめ続ける姿勢こそが何より価値あるものなのだろうとも感じています。それは今回のシンポジウムで繰り返し議論され，小笠原先生も提示された通り，自身の「経験から学んでいくこと」の大切さなのでしょう。

　最後に，これからもセラピストとして生きていこうとする私たちへ，そして訓練や個人分析について考え悩んでおられる方々へ。「自分は作家になるべきかどうか」と助言を求めた若者に，詩人ライナー・マリア・リルケ（Rilke，1934）が送った手紙の一節を記し，コメントを閉じたいと思います。

　　私はできるだけあなたにお願いしておきたいのです。あなたの心の中の未解決のもの全てに対して忍耐を持たれることを。そうしてその問いを愛してください。鍵がかけられた部屋，あるいは見知らぬ言語で書かれた書物のごとく。今すぐ答えを探さないでください。あなたはまだそれを生きる準備ができていないのだから，その答えが与えられることはないのです。肝心なことは生きるということです。今はまずその問いを生きてください。

　　　　　　　　　　　　ライナー・マリア・リルケ（Rainer Maria Rilke）
　　　　　　　　　　『若き詩人への手紙』（Letters to a Young Poet）[注2]

文　献

Buechler, S.（2004）. *Clinical Values: Emotions that guide psychoanalytic treatment.* Hillsdale NJ：The Analytic Press. 川畑直人他監訳（2009）. 精神分析臨床を生きる―対人関係学派からみた価値の問題. 創元社，大阪.

Rilke, E.M.（1934）. *Letters to a Young Poet.* New York: Norton.

注2）この詩は，ビューチャラーの著書の「第1章　好奇心」冒頭で紹介されており，そこには人生における決断の孤独さ，その決断には経験の積み重ね，そしてその"幸福な結実"が必要であること，そこに開かれ続けるための好奇心の重要性について記されています（Buechler, 2004）。

コメントを受けて

個への眼差しを向けること，そして語らうこと

小笠原貴史

I　個の体験という尊さをめぐって

　第 4 部「自分を生きることとセラピストになるということ」は，第 2 部・第 3 部に比べるとテーマがより広く，独特であり，子どもの心理療法に限定されないところもあることから，訓練背景および臨床歴の異なる 4 名の臨床家にコメントを書いてもらいました。コメントには，個の体験としてそれぞれの自分事としての精神分析（および精神分析的心理療法）との出会いと，それがどのように自身の人生と絡み合っていったのかということについての体験的な語りが記されています。個の体験についての語りに個の体験で応答することで生じる対話は，まさに精神分析的心理療法に通じるものであり，こうした個と個の情緒体験に根差した対話こそがその醍醐味でもあると言えるかもしれません。そこで，個の体験を語るということの尊さを大切に考え，一方的にコメントをもらうだけで終わらせないために，この第 4 部だけ，「コメントを受けて」というかたちでコメントに対する応答をすることでシンポジウムを締め括りたいと思います。

　まず，若手臨床家のコメントとして，阿久津先生は実際にシンポジウムに参加した際に感じた自らの中に漠然と浮かぶ不安について触れながら，自分語りとして，乳幼児観察の体験を基軸に「自分の見ているものに主体的に向き合う必要性」と「自身の体験の言語化」の大切さについて語ってくれています。これは，自らの内側にセラピストとしての資質を育んでいくために必要不可欠なものであるように思われます。乳幼児観察の経験を通じて，阿久津先生が進もうとしている道は，眼の前で繰り広げられる生きた母子の交流を自らの内側に含み込むことで自分自身の体験に根差した自分の言葉を練り上げていくというものです。子どもと一緒に遊ぶだけのそれまでのプレイセ

ラピーとは異なる道に歩みを進め始めるには相当な覚悟が必要だったのではないでしょうか。このような覚悟が自分に対して自分が信頼していく，他の誰でもない「阿久津先生」になっていくプロセスの第一歩であろうと私は思います。阿久津先生が当初抱いていた「自分の臨床に対する，これでよいのかという不安」は，さまざまな局面で何度も直面する問題と言えるものかと思われます。その試行錯誤および葛藤がさらなる成長に至る道になっていくように思いますし，決して平坦な道とはならないことが想像できます。その中で，何を信じ，何を考え，何を語っていけるかということが問われていくでしょう。「自分のやっていること，自分が選んだもの（精神分析）が本当にこれで「よい」のだろうか？」という疑問は，もしかしたら一生付き合っていく問いのようなものでもあるのかもしれません。

　山崎先生は，臨床家が陥るこのような問いに対して「よさ」について多面的な視点を提示しながら，盲点となりがちな「よさ」の危うさについて触れてくれました。ですが，正直に言うと，私が山崎先生のコメントを読んだ最初の印象は，こころがざわつくような落ち着かない感じでした。自分のやっていることを否定されたような，攻撃されたような感じがしたからです。動揺と怒りを感じながら，なぜ山崎先生はこのような強烈な言葉をぶつけてきたのだろうか，またなぜ自分がこんなにも動揺と怒りを感じたのだろうかと考えてみました。それはこれらのディスカッションが自らの体験を語っているものであるからであり，それは良し悪しではなく，それらを含めた自分の人生の一部であり，それを否定されたと感じてしまったからだと思い至りました。そして，自分事の経験についての語りであり，「よさ」の押し付けをしたつもりもないのですが，読み手にそういう印象を与えてしまうのはなぜなのだろうかという問いにつながっていきました。「内輪ネタ」というのは確かにそういう側面はあるかもしれないとも思えましたが，「カルト」と書かれてしまうと，傷つきにもなりました。しかし，そういう危うい面も含んでいることへの警鐘を鳴らされたことも確かです。個人分析／セラピーがその個人の主体性を奪うもの／殺すものとなる場合や，私が危惧するところの「偉い先生の真似をするだけの無個性な複製人形」になってしまうことへの危険が現実化してしまうような場合，それは確かに「カルト」と呼ばれる

ものになってしまうのかもしれないと思います。それぞれがそれぞれの自分自身の「個」の尊さを体験できることが何よりも大切なことであるということを改めて考えさせてくれたように思います。山崎先生が週1回の個人セラピーを5年受けた後に，2度目の個人セラピーを週2回の頻度で受け始めたことは一体何を意味するのでしょうか。山崎先生は自らの体験を通して一体何を探そうとしているのでしょうか。おそらく，それは「よさ」への確信や「これはカルトである」ということへの証明といった類のものではなく，自らの疑念に対して自らの問い続けられる「個」の存在を確かめようとしているのではないかということを私は夢想します。よいか悪いかではなく，たとえそれがそれまでに自分が信じてきたものとは異なるものであったとしても，「自分にとって意味あるもの」を見つけられるかどうかということが大切なのではないかと思います。

　「個」を問い続けられるかどうかということは，自分の人生を生きる上でも，セラピストとして生きる上でも，とても大切なことのように思われます。自分の眼の前にいる子ども（および大人）の「個」に対する眼差しを向けることができるようになるために，セラピスト自身も自分の「個」の尊さを体験することが必要なのかもしれないと私は強く感じているからです。「「心理療法だけが人生の困難を解決する唯一無二のものではない」と一番分かっているのもセラピストだ」という上田先生の言葉は，「自分を生きることとセラピストになるということ」がどういうことかを端的に言い表しているように思います。「slow but steady」と題されたご自身の臨床経験および訓練のプロセスについての自分語りの中に，『清兵衛と瓢箪』の物語を絡めることで，人生という自分事の経験から学び，自分自身になっていくプロセスをとても味わい深く表現してくれたように感じます。失敗や挫折，喪失や傷つきといった躓きは，そこから起き上がり，前を向き，歩みを進めることで，自らの「個」を彩る貴重な糧になるのだということを教えてくれているように思います。清兵衛にとっての瓢箪の大切さを理解してくれない父親や教師によって，自らの手から大切なものがこぼれ落ちてしまったけれど，再び彼は絵を描くという自らにとって大切なものを手に入れることができました。ここで気になることは，清兵衛にとっての瓢箪とは何だったのかということで

す。また，瓢箪に代わる大切なものが再び彼の手からこぼれ落ちないように彼はそれを握り締め続けられるのか，もしそれができたのだとしたらそれは何によって支えられたのか。私たちが清兵衛と共にその続きを考えていくことは実りあるものとなるのではないでしょうか。

　最後に，ガヴィニオ先生は，このシンポジウムにとって重要な問いであった「自分たちにとっての情熱とやりがいがなぜ子どもの精神分析的心理療法だったのか」という部分にしっかりと向き合い，ご自身にとっての原風景とも言えるような貴重な記憶の断片を示してくれました。アフリカのある村落でのガヴィニオ先生の記憶の断片は，自らの眼に映った地面にうずくまっていた一人の赤ん坊をめぐり，生々しく過酷な現実を背負った赤ん坊をその眼に映し呆然と立ち尽くす子どもと，その赤ん坊に気づくことさえなく，あるいは眼を背けて先に行ってしまう大人が登場します。ガヴィニオ先生は週1回の個人セラピーから週復数回の個人分析を経験するプロセスを通して，自らの記憶の断片を子ども（および親）の精神分析的心理療法という道に進んだことの一つの起源として自分自身の内側に位置づけながら，分析家と共に自らの内的体験から眼を背けずに向き合い続けていることが想像できます。さらにガヴィニオ先生は「精神分析が「私にとって」持つ意味」の大切さに触れつつも，「訓練を受けることや個人分析を受けるという行為自体が何かを生むのではなく，そこに至る経緯やその体験を自身がどう生きるのかを見つめ続ける姿勢こそが何より価値あるもの」と語っています。自分が今ここに立っている理由が自分の人生の中で自分の内側に刻まれた外的および内的な何らかの経験と密接に結びついているということに気づき，向き合い続けることができるということは自分のやっていること，これからやっていこうとすることの大きな支えとなるように思われます。そして，問いを生きるということの大切さを示す「……今すぐ答えを探さないでください……肝心なことは生きるということです。今はまずその問いを生きてください」というリルケの詩の最後の部分は，まさにこのシンポジウムにぴったりな言葉のように感じます。これは上田先生が触れていたネガティブ・ケイパビリティとも共通するものであり，精神分析，特に子どもの精神分析的心理療法を実践するセラピストにこそ求められる能力とも言えるもののように私には感じられます。

II　さらなる自分語りとして
―外との語らいと内なる語らいのあいだで―

　今回のシンポジウムでの自分の発表原稿をまとめるにあたり，私はそこで示したように自らの体験についての内なる語らいのプロセスを辿りました。そして，シンポジウムの中で若佐先生の発表，吉沢先生からの指定討論，そしてそれに対する応答，さらにこれらのディスカッションへの上記の４名の先生方からのコメントを受けるというかたちで，内なる語らいから外との語らいを経て，私は再び自らの内なる語らいへと向かう必要性を感じました。最後に，この第４部のテーマである「自分を生きることとセラピストになるということ」をめぐる私のさらなる自分語りをするというかたちで先生方からのコメントに応えていきたいと思います。

　個人セラピーの最中，突然，分析家が自身の引退の時期を口にしました。それは１年以上も先のことでしたが，それでも終わりが訪れるという現実が突き付けられたことで，私は大きく動揺し，いつも以上に言葉が詰まり，上手くしゃべれなくなりました。そんな私に分析家は「ちゃんとした終わりなんてものはありません。自分が分析を終えることが始まりになるのだから。自分を自分で引き受けていけることに期待しましょう。引き受けられる自分を見つけられるかどうか，自分で自分を信じられるかどうか……あなたは私になるわけではないのだから。あなたはあなたになるのだから」といつもの調子で語ります。その時の分析家の言葉を動揺していた私がどの程度受け止めることができていたかはよく憶えていません。その後の数カ月間のセッションにおいて，私は，自分は大丈夫だという虚勢を張るかのように変に背伸びをしようとしてみたり，逆にまだまだ終わることなんて到底できませんとでも言わんかのように自分の頼りなさを見せてみたり，ひどく困惑していました。「個人セラピーが終わった後の自分が一体どうなっているのか？　どうなっていたいのか？」といったようなことを頭に浮かべてはそれがグチャグチャにかき混ぜられたかのようにこころが千々に乱れ散るような焦りと不安を感じていました。そのような中で，分析家は「私は一体どんな私になっ

ていくのか？ ということを問い続けること……結局はそれしかないのだと
思います。分からないことを分かったつもりにならないことです。自分が
経験していること，自分が本当に面白いと思えることが大切です。そのため
には自分がやってきたことをどのくらい信じることができるかということで
す」と静かに語りました。その後，個人セラピーの休みを前にしたセッショ
ンで，私は印象的な夢を見ました。

　　私が旅の途中で川沿いの山道を歩いていると，川の中に何かを発見し，そ
　れを拾い上げようとします。しかし，川の濁流の激しさに腕が引き千切れそ
　うになり，さまざまな理由を付けて手を離そうか葛藤します。すると，「頑
　張れ！」と自分を励ますある人物が現われ，それによって鼓舞された私は腕
　が傷だらけになり真っ赤な血を流し，その痛みに耐えながらも何とか「それ」
　を拾い上げることができました。私は自分に対する興奮と喜び，励ましてく
　れたその人物への感謝の雄叫びを挙げました。そして，私が必死に握り締め
　ていた「それ」は掌サイズの硬く歪んだゴツゴツトゲトゲした石でした。そ
　れは石なのですが，私はそれをとても大切に抱えました。

　この夢について分析家と語り合いながら，私の中に浮かび上がった感覚は，
この夢がまさに自分そのものなのではないかというものでした。川底から必死
になって拾い上げたのは歪んだゴツゴツトゲトゲした石でした。しかし，それ
が自分なのだなという気がしましたし，そんな自分を励まし鼓舞する対象が
自分の内側にいたということは発見でした。それが私にとって自分を自分で
始めるための小さな一歩となることを信じたいという思いに駆られました。
　このような内的プロセスは，当然ながら私自身のこれまでの歩みとも重な
るものでした。私は，「私（自分）」を信じることができず，そんな自分の問
題に直面したことで個人セラピーに向かいました。当時の私は専業主婦の妻
とまだ幼い3人の子どもを養うということへの精神的，そして経済的な重圧
に追い詰められていました。生活が成り立つ程度の稼ぎはありましたが，自
分の訓練，まして個人セラピーに費やす費用の捻出はかなり厳しいというの
が正直なところでした。日々の子ども（および大人）の臨床の他に，週2日

のスクールカウンセラーと夜間の自殺相談電話のアルバイトで何とかしよう
と思っていましたが，実際に日中に重篤な病理を抱えた子どもの心理療法や
その家族との関わり，学級崩壊しかけの教室の内外において問題児とされ誰
かにぶつかることで抱えてもらおうとしている子どもたちや自信を喪失した
教師たちとの関わり，夜間に死にたい気持ちを吐露する人たちの話を聞くと
いう働き方は，自分が考えていた以上に大きな負担となり，自分のこころを
維持することが難しくなっていきました。生活においても，日中も夜間も不
在の人となってしまう状況に陥り，ようやく関わることができた時間には自
分の家族の語りにこころを使って応答する余裕も持てず，すれ違ってしまう
状況が続きました。当然このような働き方で訓練費を捻出する試みは，家族
との関わりも限られ，すれ違いも増え，私自身の心身ともに限界を迎え，長
くは続かず，私は躓きました。さらにその後，先にも述べましたが，私が長
年勤務していたクリニックが閉院するという事態も生じました。家族を養う
ための生活費を稼ぎつつ育児にも参加し，さらに自分のための訓練費も稼い
で訓練を受けるということの想像以上の困難に呆然としました。そのようなと
きに，私は親からの大きな助けを得ました。それは経済的，物質的な援助で
した。また，これまで親にあまり話したことがなかった自分の仕事の話，特
に精神分析という領域について，そして自分が自分のために個人セラピーを
必要としていることについても親に語りました。父親は「難しい話はよく分
からんな」，母親は「自分のこころを分析されるなんて何だか怖いわね」と，
精神分析についての理解は当然得られませんでした。しかし，私がそれをや
りたい，必要としているということに対しては理解されることになりました。
そのことは私にとって経済的，物質的援助に加えて，精神的な援助にもなり
うるものでした。一方で，親に頼ることは，私がそれまで長年の間，棚上げ
にし，見て見ぬふりをしてきた親との葛藤に直面する機会ともなりました。
実家を離れ，親とはまったく異なる自分の仕事を見つけ，自分の家族を持ち，
自立したつもりになっていた自分が再び，「親に世話される子ども」になっ
てしまうことへの後ろめたさや直視するにはあまりにも痛々しく疚しい感覚
が重くのしかかりました。もはや「フツー」の「良い子」，「良い夫」，「良い
父親」などという幻想とは程遠いとても「厄介な自分」になっていることも

感じました。妻とも育児のこと，仕事のこと，訓練のことで何度も衝突し，離婚の危機を迎えながら，それでもこの「厄介な自分」に協力をしてもらうことで何とか家族の生活と自分の生活の一部としての個人セラピーを続けることができました。自分と向き合うためのプロセスの中で，他者からの支えがなければ何もできなかった自分の無力さと，そんな自分を支えてくれる他者の存在のありがたさを痛感しました。

　私のシンポジウムの時点での語りでは，ここまでの内容を語る覚悟はありませんでしたが，個人セラピーでの体験はもちろんですが，さらにもう一つの大きな後押しがありました。それは一番近いところで私を見ながら，共に歩んでくれていた妻からの後押しでした。書籍化するにあたり，私が決して順風満帆に自分一人の力のみで歩みを進めていったわけではなく，失敗したり，悩んだり，もがいたりしながら，人の助けを得ながら，鈍くさく遅々とした歩みを進めていった不器用で格好悪い自分の経験を伝えることがこれからこの道に進もうと思っている若い人たちにとって何らかのかたちで本当の意味で役に立つのではないかと。まさに，「それが自分なのだから」ということを信じるための大きな支えをもらえた気がしました。

　これは私自身の「内」に向けた語りでもありますが，「外」に向けた語りにもなるでしょう。改めて思うのは，「外」へ向けて語ることは確かに大切なことですが，「外」に語れるだけの「内」への語りが不充分だとすると，その「外」への語りは途端に頼りないものと感じられてしまうのではないかということです。焦って「これは良い」，「これは悪い」と結論付ける前に，まずはこのような自分にとっての内も外も含めた自分事としての経験に目を向けてみてください。このような書籍を手に取ってくれた意識的あるいは無意識的な何かしらの関心を抱いてくれた「あなた」に少しでも何かが届いてくれたらと願います。私の自分事としての経験の語りを踏み台にして，私とも，このシンポジウムで自らの経験を惜しみなく語ってくれた先生方ともまた違うそれぞれにとっての「自分」を探求していくためのきっかけとなってくれたらと思います。

第5部

子どもの精神分析的セラピストを
目指す人たちに向けて

第17章

日本における
子どもの精神分析的セラピスト育成の現状と課題

鵜飼奈津子

I　はじめに

　筆者は，1997年〜2004年の7年間にわたり，英国で子ども・青年心理療法士 Child & Adolescent Psychotherapist[注1] の資格を得るための訓練を受け，2008年に帰国後は，臨床心理士養成第一種指定大学院にて臨床心理士の養成に携わっている。また，すでに精神分析的心理療法についてある程度の知識を持っているか，あるいはほとんどないという臨床心理士や精神科医を対象に，スーパーヴィジョンやセミナーを行ったりもしている。本稿は，そうした筆者の背景を知る編者らから，特に筆者が大学院で実践している教育を踏まえてまとめることを求められたものであると理解しているが，筆者は，本書のベースとなった日本心理臨床学会の自主シンポジウムには関わってきていない。そのため，本書の編纂を支える編者らの"熱い想い"のようなものからは，一歩引いた視点で論じることになるかもしれない。

　本稿では，筆者が体験した英国での訓練について振り返りながら，日本の大学院の臨床心理士養成課程への応用の可能性について述べていきたい。

注1）資格の名称には「Psychoanalytic 精神分析的」という冠はついていないが，「Psychotherapist 心理療法士」という名称がそれを含む，あるいは意味することは，英国では広く認識されている。

Ⅱ　精神分析的セラピストを目指す

　精神分析的セラピストになるための訓練とは，いったいどのようなものなのだろうか？

　日本には，精神分析学会が認定する資格があり，筆者が訓練を受けた英国にも近隣のヨーロッパ諸国にもそれぞれに資格があり，さらに欧州で統一された一定の基準のようなものもある。また，精神分析家の資格については，国際的な基準が明確に定められている。つまり，資格にはそれが何であれ，当然，その資格を得るに足ると認められるための要件があるということである。

　本稿では，英国で子ども・青年心理療法士の資格を得るための基礎訓練と，その後に続く臨床訓練について述べるが，精神分析の訓練の基本は，乳児観察訓練についてスターンバーグ（2012, p53）が「ある一定の期間にわたって，そのほかの精神分析的インプットを得ることで，よりその効果が上がることが期待される」と述べていることに集約されると思う。「そのほかの精神分析的インプット」には，むろん理論の学習も含まれるが，「精神分析の訓練が主眼とするのは，そうした机上の学習よりもむしろ，乳児観察をはじめとする体験的な学習や自らが精神分析を受けることなど」であり，それらを通して「さまざまな情緒的体験に気づき，耐え，それらについて内省し，考え続けるといった，精神分析的心理療法士に求められるある種の態度と能力を育てていくこと」である。

　つまり，理論的知識を持つことは重要なことではあるが，それは同時に後述の乳幼児観察やワークディスカッションを通じて，観察のスキル——自身の逆転移も含めて，今，そこで起こっていることをありのままに見ること——を身につけること，自分自身が精神分析を受けること，そして心理療法のセッションについて丁寧なスーパーヴィジョンを受けることなど，スターンバーグが徒弟 apprenticeship モデルと呼ぶところの自身の体験を通じて学ぶこと，ビオンで言えば，まさに経験から学ぶことでしか得られない側面が大きいのだと言えよう。これは，のちにセラピストになった際，いくら理論的に"正しい解釈"を行ったところで，それが当のクライエントの心に届か

なければ全く意味をなさないということを，セラピストとして仕事をするようになる前の段階から，体験的に，私たち個々人がそれぞれに骨の髄で実感しながら学んでいくプロセスなのだと思う。

　現在の日本では，こうした理論と体験の同時並行的な学びを得ることは現実にはなかなか難しいと思われる。まして，臨床心理士養成課程の 2 年間では，これはとてもかなわないことである。臨床心理士の養成課程は，あくまでも臨床心理士を養成[注2]するものであって，精神分析的セラピストを養成するものではない。ただ，精神分析的セラピストになるための訓練には，たとえ将来，精神分析的セラピストになることを目指すのではない大学院生にとっても，臨床心理士として非常に有用な，基礎的な力を育てると考えられるものが少なくない。筆者は，そうした基礎的な素養を身につけていくことこそが，臨床心理士の養成には大切なことだと考えている（鵜飼，2018；2019）。

III　基礎訓練としての乳幼児観察

　英国を始め，ヨーロッパの多くの国では，精神分析家や精神分析的セラピストになるための基礎的な訓練に乳児観察がある[注3]。訓練はまず，赤ん坊の出生前に，観察に同意してくれる家庭を探すところから始まる。その後，生まれて間もない赤ん坊をその家庭に訪問し，毎週 1 回 1 時間，観察する。これは，いわゆる実験室のようにある統制された環境下で，ある目的をもって行われる観察とは異なり，観察者自身の心を働かせながら，その家庭の中に入って参与観察を行うという，調査・研究領域では自然主義的観察と呼ばれる方法である。

注 2）臨床心理学の基礎的な知識を得るのはもちろんのこと，心理療法についても多くを学ぶが，そこには精神分析的心理療法に限らず，来談者中心療法や認知行動療法など，さまざまな療法についての理論と実践が含まれる。また，各種の心理検査の理論と実践，臨床心理学の研究法など，習得するべき領域は広い。さらに，公認心理師の養成が行われるようになった現在，その幅は一層広がり，どうしても広く浅い知識に止まらざるを得ないのではないかという危惧を筆者は抱いている。

注 3）乳児観察については，すでに日本でも多くの書籍が出版されているので，詳細はそちらに譲る。例えば，「子育て，保育，心のケアに生きる赤ちゃん観察」（2019 金剛出版），「乳幼児観察入門」（2019 創元社），「乳児観察と調査・研究」（2015 創元社）など。

　これにより，訓練生である観察者は，それぞれの乳児に固有の発達——微細な手足の動きに始まる身体・運動面の発達，発声から喃語，そして意味のある言葉への発達，また，それに伴うアイコンタクトや微笑み，誘いかけや拒絶の表現などの社会性の発達など——はもとより，主たる養育者や家庭内のその他の人々，そして観察者との関係性の発達などを実際に目の当たりにしながら学んでいく。そこでは観察者は，自身の被養育体験や幼少期についてなど，それまでは記憶の片隅に閉じ込められていたような事柄を強い情動を伴って思い出すような経験をするかもしれず，それらは必ずしも快いものばかりではないかもしれない。こうした生まれたばかりのまさに無力な赤ん坊と，そのかたわらで赤ん坊の発するさまざまな情動をコンテインしたりしなかったり，あるいはできなかったりする養育者のすぐ近くにいて，その様子を観察する。それにより賦活される観察者自身のさまざまな情動体験も含めて観察をし，のちに記録におこす。観察中には録画や録音はもちろん，メモを取ることもしない。すべては，観察者の心を使って記憶をし，記録をする。記録は，できる限り専門用語を用いることなく，日常的な言葉で記すように努める。観察したことをありのままに見て，それを言葉にすることが目的であって，精神分析理論に当てはめてその事象を見ることが目的ではないからである。そして，それをセミナーグループで検討するというプロセスを，赤ん坊が満2歳になるまでの2年間にわたり，毎週繰り返す。

　こうした乳児観察は，子ども・青年心理療法士を目指すもののみならず，精神分析家や成人の精神分析的心理療法士，またアートセラピストやミュージックセラピストといった芸術系のセラピストを目指すものにとっても必須の基礎訓練であるほか，ソーシャルワーカー，看護師，保健師や助産師，保育士や教師，そして施設のケアワーカーなど，とりわけ子どもや家族とかかわることの多い対人援助職の卒後訓練としても体験される。日本では，こうした観察の概略について知ると，「そこまでのコミットはできない」と尻込みをするものは多い。ただ，そのコミットメントに見合うだけの，あるいはそれ以上の何ものにも変えがたい経験が得られることは，筆者自身の体験からも，また多くの経験者の体験からも間違いなく言えることであると思う。

　日本でも，東京・名古屋・京都そして大阪などで，乳児観察セミナーが行

われるようになって 20 年以上が経過しており，その体験については日本心理臨床学会などでも発表されている。ただ，これだけの時間とコミットメントが求められるだけに，大学院の臨床心理士養成課程の 2 年間に，乳児観察の訓練をそのまま取り入れることは，実際には不可能である。しかし，「そこで起きていることをそのまま観察する」という乳児観察の基本的な態度は，たとえ精神分析的心理療法を志向する大学院生ではなくても，非常に有益なものだと筆者は考えている。そこで，大学院では，乳児観察について紹介する映像[注4]を視聴し，ディスカッションを行う程度に留まっているが，次節で触れるワークディスカッションとも合わせて，その応用的な取り組みを積極的に行っているところである。

　本項の最後に，子ども・青年心理療法士になるための訓練において必須とされている観察訓練には，幼児観察というものもあることを付記しておく。これは，基本的には乳児観察と同様の方法で，満 2 歳〜5 歳の幼児をやはりその家庭において 1 年間，観察するものである。多くの訓練生は，乳児観察が 2 年目に入った頃にこちらの観察を始める。

　こうした乳児と幼児の観察を通して，訓練生は，生まれたばかり赤ん坊がやがて幼児になり，就学するまでの家庭での生活を丹念に追うことになるが，この年齢の幼児には新たなきょうだいの誕生や近隣の子どもたちとの関わりも増えるなど，観察者は，乳児観察とはまた異なるダイナミズムを体験することになる。こうして，臨床訓練に入る前の段階で，乳児観察と合わせて，特に大きな問題を抱えていないと考えられる家庭における子どもの成長と発達について体験的に知ることは，以後，心理療法を通じた子どもと家族との出会いに，あらゆる意味で示唆を与えてくれる貴重な機会であるといえよう。

注4)「Observation Observed」。BBC が，一般視聴者に向けて乳幼児観察の訓練について紹介した番組。書籍のみでは十分に味わうことのできない乳幼児観察の生の体験に近いものを感じることができ，視聴後は，「（書籍や論文等から）イメージしていたものとは違った」との感想が多く聞かれる。実際，筆者の勤務する大学院では，大学院 2 年次や修了後すぐに乳児観察セミナーに参加し，訓練を受けるようになるものも少なくない。

Ⅳ　基礎訓練としてのワークディスカッション

　ワークディスカッション（以下 WD）という言葉は，乳幼児観察に比べて，日本ではまだなじみが少ないかもしれない[注5]。これは，英国で 1960 年代半ばから，対人援助職のための専門教育や実践の一部として，その専門的援助を改善するための介入として着想されたものであり，子どもの心理療法士であり精神分析家でもあるハリスが，広い意味で精神分析の考えに興味を持つもののためのグループとして提供したのが始まりである。これは，さまざまな領域における仕事の経験を精神分析的視点から探求することへの関心や，多様な社会的資源から学ぶという当時の空気の表れであり，一般診療科医を対象としたバリントのグループとは異なる方法論であるといえよう。WD は，以後，さまざまな臨床訓練のプログラムに組み込まれていき，現在に至るまで多くのコースで中心的な位置を占めている。子ども・青年心理療法士になるための基礎訓練のコースにおいても，乳幼児観察セミナーとともに，週に 1 回のセミナーに 2 年間参加することになっている。

　WD における観察の方法もセミナーのあり方も，乳児観察から派生したもので，基本的には同様の理念に基づいている。ただ，乳幼児観察では赤ん坊や幼児とその家族の観察を通して，日常生活や家庭での情緒的ダイナミズムに注目し，体験的な学びを得ることを目指す一方，WD は学校，施設，クリニックなど，それぞれが専門性を持って仕事をする職場[注6]のさまざまな状況や，そこで求められる役割，そしてそれぞれの職場の特徴や関係性が引き起こす

注5)「ワークディスカッション」（2015 岩崎学術出版社）に，事例も含めて詳しく紹介されている。本項は，その原著 Work Discussion（Rustin, M. & Bradley, J., 2008）のうち，邦訳には含められていない "Work discussion: some historical and theoretical observations"（Rustin, M.），および "Work discussion: implications for research and policy"（Rustin, M.）の各章を参考にまとめた。

注6) 子ども・青年心理療法士になるための基礎訓練のコースでもある乳幼児観察コースに入るためには，最低 3 年間，何らかの子どもと家族に関わる仕事をした経験が求められ，コースで学ぶ期間中は，最低週 15 時間程度，その職業に従事し続けることが求められる。よって，訓練生には，臨床心理士，医師，看護師，ソーシャルワーカーや教師など，さまざまな対人援助職についているものが多い。

意識的・無意識的な感情に焦点を当てるという相違がある。

　訓練生は，それぞれの職場で，興味深いことや気がかりな状況など，検討したいと考える場面（必然的に，自分にも他者にも問題が起こっていると感じられるものであることが多い）を，できるだけ理論や個人的な判断から距離を置いた態度を保ちながら，およそ1時間程度観察する。こうした"日常"を素材に観察を行うという点も，観察されたことの意味を理論を通じて明確にしようとしないことが求められる点も，乳幼児観察と同じである。ただし，乳幼児観察では，観察者はそこにいながら観察に集中することができ，かつそれが目的であるのに対して，WDでは，自らがその場で求められる役割をこなしながら，自身の言動やその時の感情を含めて全体を観察し，記憶に留め，そして記録におこすことが求められる。観察者は当事者でもある（当事者—観察者 participant-observer）のである。そのため，観察することやその後に詳細な記述をすることは，乳幼児観察のそれよりも困難だと言えるかもしれない。

　WDセミナーも，乳幼児観察同様に5人前後からなり，訓練生はそれぞれの職場で行った関与しながらの観察について報告する。ここでは特別な技法が教えられるわけではなく，それぞれの専門性，役割や責任，被援助者や同僚との関係性，日常的なやりとりに偏在する無意識の動因，そして自らがその相互作用にどのような影響を与えているのか……など，意味を探求しながら，適切な向き合い方を検討する。目的は，こうした議論を通して，精神分析的な視点と理解を得ることである。訓練生は，セミナーを通して，徐々にお互いの職場，役割や責任について共有し，理解していくことになるが，これもまた，乳幼児観察者がお互いが観察する赤ん坊や幼児とその家族につい知っていくプロセスと同じであるといえよう。

V　「観察」という基本姿勢と理論の学習

　このように，乳幼児観察とWDを同時に並行して行うことで，訓練生はかなり集中的に観察をする力を養うことになる。これらの観察を通じた学びが目指すのは，それぞれの専門職を全うする上においても，さらには精神分

析的セラピストを目指す上においても，無意識の情緒的ダイナミズムに関心を向けた内省的な実践ができるようになることであるといえよう。

　対人援助職には，強烈な感情状態を心に抱えることを通して，被援助者や同僚について理解しつつ，心配りのある関係性を作る力と，仕事上の不安によるストレスに持ちこたえることのできる力をつけていくことが求められる。これらは，理論を学ぶことのみから培うのはむしろ困難であり，このような実践的な学びを通してこそ得られる力であるといえよう。また，このような観察訓練を受けたものは，それまでは見過ごしていたと思われるようなことに気づき，不可避の困難な状況に対する忍耐力をつけ，被援助者はもちろん同僚の痛みや怒りをもよりよく理解できるようになるだろう。そして，仕事上の関係で行き詰っても，建設的で創造的な解決策を見つけることができるようになり，相互に攻撃し合うというような対処をとる可能性がより少なくなると考えられている（前掲書脚注5）。

　こうした基本的な姿勢の重要性は，臨床心理士が活躍する職域である教育，保健・医療や福祉の領域とも密接に関わるものであると考えられ，その意味でもこれを大学院教育に取り入れることは非常に有益であると考える。

　また，こうした実践が精神分析的訓練を背景に持つという事実は，時に聞かれるように，精神分析がけっして硬く，冷たく，また理屈ばかりではないのだということを，その態度を通して浸透させていく，つまりその価値を実証していくという役割をも担うことになるのではないだろうか。ここには，無意識の探求は，カウチの上のみではなく，さまざまな場面で生じる情緒的な出来事についてのディスカッションを通じても可能であり，かつさまざまなレベルでの介入が，職場のメンタルヘルスの向上に影響をおよぼし得るという信念があるのだと思われる。

　このように，精神分析を単に抽象的な概念として学ぶのではなく，実践的な体験と関連づけて学ぶことが重視されていることは繰り返し強調しておきたい。とはいえ，理論の学習が重視されないというわけではない。先にスターンバーグから引用したように，その根底には，体験に基づいた学びと並行して精神分析の理論を学ぶという組み合わせこそが，自らの体験の情緒的側面や無意識的側面の意味を発見し，思慮深く内省的な実践をするための力を発

達させる成長促進的なのものであるという考えがある。

　さて，理論の学習はおおむね次のようなプロセスをたどる。

　基礎訓練の段階では，フロイトから始まる精神分析理論の基礎的かつ主要な論文を講読するセミナーと，子どもの発達理論や発達研究に関する文献を講読するセミナーが，それぞれ隔週で開かれる。また，かなり幅広い領域に渡る参考文献が紹介されるが，それらは，集団や組織の理論，社会理論，また，児童文学を含む文学作品など多岐にわたる。

　さらに，訓練生として心理療法を行う段階——基本的に 4 年間のフルタイムの臨床訓練——においては，理論の学習は概ね次のように進んでいく。1 年目に子どもの心理療法および精神分析理論に関する基本的な論文を振り返り，2 年目以降にはクライン，ウィニコット，ビオンやメルツァー，そして，現代クライン派の諸理論……と，毎週の講読セミナーが続く。これらのセミナーは，いずれも 20 名程度の比較的大きな規模で行われる。また，1 年で精神分析理論を系統的に紹介する講義もある。（講義は後にも先にもこの 1 年間のみである。）

　こうして積み上げられた理論的知識は，実際の臨床場面で生かされつつ，最終的に資格取得論文[注7]で引用・参照されることになる。これは，大学院生が修士論文の執筆にあたって，さまざまな先行研究や理論に関する文献に触れながら，自らの研究課題に取り組んでいくこととも通じるものだといえよう。ただ，これも繰り返しになるが，臨床心理士の養成過程は，一つの理論に精通することを目指すわけではないため，ここはそれぞれの教員による研究指導および院生の自主的な取り組みに負うところが大きいのが実状であろう。

VI　臨床訓練と卒後訓練

　乳幼児観察や WD，そして理論学習といった基礎的なプログラムを経たのち，実際に地域のメンタルヘルスクリニックに臨床訓練生として配属され，臨床実践を行う訓練に入る。その前提条件には，自身が週 4 回以上の精神分

注7）訓練期間中に行った集中的心理療法のうちの 1 ケースについて，その経過をまとめて考察する事例研究論文。

析を最低1年以上受けていることも含まれる。自身の分析は，少なくとも臨床訓練を終えるまでは継続することが求められる。

　臨床訓練においては，先述の理論に関するセミナーには4年間にわたって毎週参加するが，やはり重視されるのは，自身の分析体験をはじめ，これから述べるスーパーヴィジョンといった体験的な学びである。

　訓練生は，就学前の子ども，学童期，思春期という3つの年齢層の子どもに対して，それぞれ週3回以上の集中的心理療法を1年〜2年以上継続して行う。そして，それぞれのケースについて，異なるスーパーヴァイザーからそれぞれ週1回のスーパーヴィジョンを受ける。つまり，ここで3人のスーパーヴァイザーとのスーパーヴィジョン経験を持つことになる。さらに，幅広い年齢層のさまざまな問題を持つ子どもや思春期青年の週1回の心理療法を少なくとも6ケース，また週1回の親面接を少なくとも1ケース，すべて1年以上継続して担当することが求められる。これらのケースについての検討は，週1回，5人前後からなるグループスーパーヴィジョンにより行われるが，このグループは1年ごとにメンバーもスーパーヴァイザーも入れ替わるため，訓練生は基本的に4年間にわたる臨床訓練で，4人のスーパーヴァイザーのグループスーパーヴィジョンを体験することになる。さらに，親面接に特化したグループスーパーヴィジョンも受ける。こうしたスーパーヴィジョンの頻度や出会うことになるスーパーヴァイザーの数は，日本のそれとは比較にならないものであろう。

　では，これだけの数のスーパーヴィジョン体験を持つことのメリットはなんであろう。日本では，多くのスーパーヴァイザーから助言を受け，さまざまな見方を得ると混乱することになり，それは特に学びの初期段階には適さないのではないかとの意見を聞くことがある。しかし，それを"混乱"と捉えるのか，"多様な見方"と捉えるのか。あるいは，"一つの正解"を求めるのか，さまざまな見方を通して"自分なりに考えるのか"。精神分析的セラピストとしてのみならず，臨床心理士としてどちらを志向していくのかが，ここでは問われるのだと思う。

　また，精神分析的心理療法と一言で言っても，やはりその幅は広い。英国内に限ってみても，概してフロイト派，クライン派，独立学派を自認する分

析家やセラピストがいる。自身の分析をどの学派の分析家から受けるのかという選択は重要なことだと思うが，スーパーヴィジョンに関しては，特定の学派に固執することなく，幅広く受けてみることも一つの学び方であるかもしれない。あるいは，一つの学派のスーパーヴァイザーに絞ってスーパーヴィジョンを受けるという方法もあるが，そうすると今度は，一言で○○学派といっても，スーパーヴァイザーによって必然的にその考え方や技法の詳細な部分にはかなりの幅があるという体験をする。そして，それこそが学びの体験であると思う。一言で精神分析，あるいは○○学派といってみたところで，何か一つ，特定の正解や技法があるわけではない。個々のセラピストが個々のセラピストとして独立していくことこそが大切なのであって，何か特定の秘儀のようなものを身につけることが訓練の目的ではないからである。さもなければ，精神分析は，教条的で融通が効かないという"風評"を自ら証明してしまうことにもなるだろう。

　一方，精神分析を専門とするものの視点から，いかに他職種との共通理解を築いていくのかということもまた，多職種協働チームの一員としての大切な課題である。臨床訓練では，そうした状況に適した報告書の記述について学ぶ機会も設けられている。また，2000 年代半ば以降は，調査・研究もプログラムに含められるようになった。精神分析の実践は，調査・研究にはなじまないものであるとして長く敬遠されてきた歴史があるが，やはり調査・研究を通して自らの実践を振り返り，まとめ，そしてそれを公表していくことの必要性は避けては通れないのが昨今の流れである。

　さらに特筆すべきは，臨床訓練の後半から終盤に入ったところで推奨される，次の二つのプログラムであろう。

　一つは，他の技法について学ぶ機会である。卒後は地域のメンタルヘルスクリニックの多職種協働チームの一員として仕事をすることになるのを考えると，他職種が専門とする療法について，たとえ浅薄なものにならざるを得ないとしても，知る機会を持つのは大切なことだと思う。

　二つ目は，グループ体験である。これは，他職種の訓練生や臨床家，また企業などのリーダーら 100 人余が集まり，5 日間に渡ってさまざまなグループ体験を持つイベントである。ここでは，こうしたグループに参加すること

で個々人がとるリスクについて考えながら，自分が集団の中でどのような役割を引き受けるのか，それは集団の規模あるいは課題集団とそうではない集団とでは異なるのかといったことを体験的に考えていくことになる。こちらもまた，近い将来，多職種協働チームの一員となる自らの専門性について考え，かつ，異なる専門性をもつものとどのように関わり，自身に課せられた課題を解決しながらその専門性を発揮し，役割を担っていくのかということを体験的に学ぶ機会であるといえよう。

　日本の場合には，一言で臨床心理士といっても，かなり幅の広い志向性があり，実践が行われている。そのため，臨床心理士という一つの専門職としての凝集性を保ちにくい状況があるようにも思う。そこで，英国における多職種協働チームの中で精神分析的視点を生かそうとする試みは，日本では多様な臨床心理士の世界において自らの精神分析的視点を生かそうとする際のヒントになるようにも思う。

　以上のように，さまざまな訓練を受けて，子ども・青年心理療法士という資格を得ることになるが，これですべてが終了したということにはならない。さまざまな卒後訓練の機会を持つことが推奨されるのは，日本の臨床心理士の資格が5年ごとにその条件を満たすことで更新されるのと同じである。

　子ども・青年心理療法士の場合，英国内でその臨床を継続するものについては，その臨床実践の実績と Continuing Professional Development（CPD継続的専門訓練）の実績を毎年報告することが義務づけられている。CPDには，文献講読や学会参加などの受身的な学習も含まれるが（もちろん，論文の執筆や学会発表も推奨されている），引き続き，分析やスーパーヴィジョンを受けることや，ピア・スーパーヴィジョンの機会を持ったり，他職種や後進の心理療法士にスーパーヴィジョンを提供したりすること，またセミナーやコースの企画・運営を行うことなど，積極的に体験的な学びの機会を持つことが強調されている。さらに，子ども虐待防止ガイドラインなど，メンタルヘルスチームの一員として仕事をする上で基本となる法的・行政的事項も含め，精神分析以外の諸理論について学ぶ機会や，調査・研究に取り組むことも推奨されている。これらは，私たちが自らの研修機会について考える際にも大いに参考になるであろう。

また，先に紹介した WD は，自身の職場や専門性に第三者の視点が入ることで，それまでの自分にとってはなじみある事象について，新しい見方を発見していくという意味から，基礎訓練としてのみならず，専門性向上のための生涯研修として，幅広い対人援助職の間で実践されていることを付記しておく。

Ⅶ　おわりに

　乳幼児観察も WD も，そこに参加する訓練生は，その専門性もバックグランドも異なる人々が集まるグループであるが，これは，さまざまな社会経験者が多く，必然的に年齢層にも幅のある大学院とも類似の状況だと思う。また，大学院では，個々の院生がさまざまな現場に「実習」にでかける[注8]。つまり，大学院教育の中では，こうした WD の状況を再現できるような土壌があると筆者は考えている。筆者の勤務する大学院では，他の教員らの協力を得て，「臨床心理基礎実習」という臨床心理士養成課程における必須科目を，こうしたそれぞれの実習の体験について振り返り，検討する機会としている。また，筆者の研究室では，WD の方法を参考に，実習先での体験を詳細な記録におこしたものを検討し，それを基礎素材として用いる修士論文を執筆するものも少なくない。

　乳幼児観察セミナーも WD セミナーも，その運営モデルには，セミナーリーダー[注9]がいわゆる親機能を果たすというコンテインメント理論がその核にある。つまり，リーダーの役割は，好奇心や疑念，仲間意識，そして討論することで互いの相違を理解することを目指す，探求的な空気を維持することであるといえよう。それを通して，未知とは恐ろしいことではなく，新

注8）筆者の勤務する大学院では，現在，教育領域（幼稚園，小学校，適応指導教室）・医療領域（精神科や児童精神科クリニック，心身医療や緩和ケアを専門科にもつ病院など）・福祉領域（乳児院，児童心理治療施設，子育て支援施設，知的障害者施設，精神科デイケア施設など）の３領域から，それぞれ１つの機関に週１回半年ずつ通うことになっている。つまり，院生は２年間で３領域，合計４つの機関に毎週実習に行くことになる。

注9）現役の心理療法士や臨床心理士，精神科医らがセミナーリーダーを務めるが，「教員」という呼び方をしないところにも，何かを「教える」のではなく，ともに「学ぶ」こと，そしてそれを通してその「場」を作り上げるということが強調されているように思う。

しい考えや問いは，より豊かな学びの土壌になり得るということを体験的に知っていくことをサポートすることになる。

　これは時に，大学院におけるケースカンファレンスが，"経験豊かでなんでも知っている"教員が"指導"をして，発表した院生が自分は全くダメだと思い知らされるような場になることがあるらしいと耳にするのとは，かなり異なるものだといえよう。精神分析が教条的になることは意識的に避けなければならないと考えるが，同時に，"大学院の教員の言うこと"もまた，ある意味で絶対的で教条主義的なものに陥らないように，改めて自らの手綱を引き締めたいと思う。

文　献

Urwin, C. & Sternberg, J. Ed.（2012）．*Infant Observation and Research*, London：Routledge. 鵜飼奈津子監訳（2015）．乳児観察と調査・研究．創元社

鵜飼奈津子（2018）．臨床心理士養成指定大学院において，子どもの精神分析的心理療法を学ぶことの意義．精神分析研究, 62（1）32-37

鵜飼奈津子（2019）．子どもの精神分析的心理療法のアセスメント．精神分析研究, 63（1）2-9

第18章

子どもの精神分析的セラピストに求められるもの

平井正三

I　はじめに——プレイセラピーから精神分析的セラピーへ

　私が大学院で心理臨床を学んでいた頃,「子どものプレイセラピーをすれ
ばいいよ。子どものケースはセラピーがどんなものか,実感を持って学べる
最良の入門になるから」とよく言われていた。その頃の記憶では,大学の相
談室に来る子どもには一定程度の力があり,新米のセラピストに,自分の心
の問題を関わりや遊びを通じて突きつけ,関係をうまく用いて変わっていけ
る子どもが結構多かったように思う。そうしたケースは,セラピストになる
イニシエーション(通過儀礼)として機能しているところがあり,そうした
子どもとのプレイセラピー経験を多くのベテラン心理臨床家は「イニシャル
ケース」という,思い入れのある言葉で語っていた。
　実際のところ,私自身はこうしたイニシエーションと呼べる経験はなく,
もうひとつセラピーというものが何をやっていくのかよく分からないでい
た。当時(今でもそうかもしれないが),心理臨床の世界で一般的にプレイ
セラピーといえば,漠然とアクスライン(Axline, 1947)を源流とする来談
者中心療法を基軸とするアプローチであった。実質的にそれは,おもちゃが
たくさんある「プレイルーム」で子どもと目一杯「遊ぶ」ことを意味してい
た。そのセッションの「遊び」の内容を羅列した記録が事例検討会では提示
され,それについて「うまくいっている」とか「深いことが起こっている」,
あるいは「子どもに添えていない」といった評価的なコメントが「偉い先生」

の口から発せられるのを拝聴するというのが一連の営みであり，それはとき
に厳かな儀式のように見えた。

　こうした子どものプレイセラピーを学ぶ過程で，私は，プレイセラピーで
は，子どもと仲良くなる，すなわちラポールを形成する力，子どもと上手く
波長を合わせる力，そして子どもに共感し，受容する力などがセラピストに
求められていると理解した。ところが，私は，自分にはこれらの能力はどれ
もそれほどあるように思えなかったし，さらに悪いことに，それらの力をつ
けたいと心から思えなかった。こうした能力を自然に身につけている人は，
「センスのある」人と評価されていた。私は羨ましくは思ったが，自分がそ
うした人になりたいとはやはり思えなかった。

　こうした中で，私は，精神分析に惹かれていった。当初，私は，そうした
関心は，「センス」などという反知性主義的なスタンスが蔓延しているよう
に見えたプレイセラピーの世界への反発のように自分では思っていた。精神
分析は知的関心に応えてくれるものと思っていたからである。とはいえ，当
時，日本のプレイセラピーの世界では，精神分析は「頭でっかちであまり臨
床的ではない」というのが一般的な見方であり，私もどこかでそれを否定で
きないでいたように思う。しかも，その頃行われていた精神分析的なアプロー
チといえば，実践面では先に述べた「遊ぶ」タイプの一般的なプレイセラピー
と殆ど変わりがなく，事例検討会などにおける理解に精神分析理論を用いる
というものであった。つまり，理論と実践の間の有機的，本質的なつながり
はなかった。

　振り返ってみれば，私がどうしてもこうしたプレイセラピー実践の考えに
馴染めなかったのは，「上手くやる」というスタンスが色濃くあるように思
えた点だったように思われる。そこにはどこか「子どもを導く」という姿勢
が垣間見られ，子どもと真剣に向き合い，子どもから学び，子どもとの関り
から教えられ，自分自身が根底から変わっていくという発想はないように見
えた。日本の大学院を去り，ロンドンのタヴィストック・クリニックで出会っ
たのはこれとは全く異なる臨床姿勢であった。

II　精神分析的セラピーの訓練──観察と内省の訓練

　タヴィストック・クリニックの子どもの精神分析的心理療法の訓練[注1]は，2段階制になっている。子どもの精神分析的心理療法を学びたい人は，まず乳児観察コースで2年以上過ごす。その後，セラピストコースで4年以上の訓練を受けることになる。乳児観察コースを修了した人のうち，セラピストコースに進む人は少数派であり，多くはセラピー以外の子どもと関わる心理臨床にコースで学んだスキルと知識を活かしていくことになる。

　このように，乳児観察コースは，セラピーだけでなく，心理臨床一般に活用できる精神分析の基本的な知識とスキルを養成し，それが子どもの精神分析的セラピーの基礎として位置づけられている。

1. 精神分析的観察訓練──乳児観察

　それでは乳児観察コースでどのような知識やスキルを身につけることが期待されるのであろうか？　乳児観察コースのカリキュラムの軸になっているのは乳児観察セミナーとワーク・ディスカッションセミナーである[注2]。ワーク・ディスカッションセミナーは，乳児観察セミナーで培った精神分析的観察スキルを，訓練生がそれぞれの臨床現場で応用することがその眼目である。つまり，訓練生がそれぞれの心理臨床実践において起こっていることを観察し，それをセミナーで報告しグループで討議していく。したがって，ワーク・ディスカッションセミナーの基盤は，乳児観察訓練にあると言ってよい。

　乳児観察セミナーは，子どもの精神分析的セラピストが率いる，5名ほどの訓練生からなるグループで実施される。訓練生は，生まれたばかりの赤ん坊のいる家庭に毎週決まった時間に訪れ，1時間母子の交流を観察する。記録は観察が終わってから書く。セミナーでは順番に，訓練生が観察記録を提

注1) タヴィストック・クリニックの子どもの精神分析的心理療法の訓練については，平井（2009），そして鵜飼（2010）に詳しい。
注2) 乳児観察の詳細については Miller ら（1989），そして鈴木・上田（2019）を，ワーク・ディスカッションの詳細については Rustin ら（2008）を参照していただきたい。

示し，それを基にメンバーは討議をする。このサイクルを，赤ん坊が２歳に
なるまで続ける。

　さて，タヴィストックで子どもの精神分析的セラピーを学ぼうとする人が
最初に経験するのがこの乳児観察訓練である。先に，日本では精神分析が頭
でっかちでありあまり実践的臨床的でないというイメージを持っていたと書
いたが，私が実際に訓練を受けてみるとそのイメージは完全に払拭された。
体験学習が精神分析の学びの根幹であることをまず知ったのである。そして
その基本が精神分析的観察訓練としての乳児観察なのである。この訓練は，
三つの構成要素からなる。一つは，観察であり，二つ目に記録であり，最後
にグループ討議である。すなわち，観察→記録→討議という一連のサイクル
を繰り返すのが乳児観察訓練の基本動作であり，これがそのままこの訓練か
ら学ぶ精神分析実践の基本スキルを構成すると考えて良い。

　当初，私は観察というと，外側から対象である母子のやりとりを見てそれ
を記述するものと思っていた。そしてそこで見たものに精神分析的理論を当
てはめるくらいに考えていたのである。しかし，実際に訓練を経験してみる
と，そうした想定とは全く異なることに最初は戸惑い，のちに少しずつ関心
を強めていった。セミナーグループでは，分析概念はほとんど用いられず，
赤ん坊の様子と母親とのやりとりの様子が非常に詳細に日常語で検討されメ
ンバーはそれぞれ感じたことを話していく。すぐに何かの理論や概念に当て
はめることは控えられ，結論に飛びつかず，わからないままにとどまり，観
察が進むにつれ，次第にあるパターンが明確になってくるのを待つ姿勢を訓
練生は学んでいく。細かく起こっていることを観察し，記録し，考えて話し
合っていくうちに，「この赤ちゃんはこういう子どもなんだ」「この母子には
こういうところがあるんだ」という発見をしていく。そうした発見の過程こ
そが精神分析実践の醍醐味であることを実感していく。

　こうしたことをしていくには，まず精神分析的に意味のある観察をし，そ
れを記録していかなければならない。そこで訓練生は，そうした観察が可能
になるのは，観察者が自分自身の心を感受装置として的確に用いることに
よってであるということを学んでいく。さらに，観察者は赤ん坊や母親に同
一化していないと彼らの心にどのようなことが起こっているか感受すること

が難しくなる。赤ん坊への同一化は，自分自身の赤ん坊の部分，乳児的心性に触れていなければできない。例えば，母親が戻ってこないのでこの世の終わりであるかのように泣き叫ぶ赤ん坊や，母親が近づいてくるとまるで恋人に会うかのように嬉しそうな顔をする赤ん坊の心の状態を観察者が的確に捉えられるのは，それを見ている観察者自身の心に同じような気持ちが喚起されている場合であろう。

　このように感受装置としての自身の心を用いるのが精神分析的観察の本質である。対象者から自身の心を切り離して観察するのではなく，たとえそこにいて見ているだけであるとしても，観察対象者とのそのような関わりの中で自分自身の心が動かされていき，その心の動きに基づいて対象者に起こっていることを捉えていくという意味で，それは参与観察の一種であるとも言えるだろう。

　こうして観察してきたこと，正確に言うと観察経験を訓練生は言葉にして書き留めていくという作業をしていくことになる。長い場合は 1 回の観察につき 5，6 時間もかかるこの作業は多くの訓練生にとって乳児観察訓練の中で最も負担の大きいものかもしれない。記録というと，「事実の記録」という視点で見られがちであるが，例えば先に書いた「この世の終わりであるかのように泣き叫ぶ」という記述に見られるように観察者の主観的表現が実のところ最も重要になる。「この世の終わり」という表現は，単に「赤ん坊は激しく泣いた」と記述するよりも，そのときの赤ん坊の心の状態をより的確に表現しているかもしれないのである。さらにもっと的確な表現があるかもしれない。このように自身の情動経験を言葉で表現できることは精神分析臨床家が臨床的に考えていく際の起点になるものであり，自然科学者でいうとデータをとることに比せられる最も基礎的なスキルと言ってよいだろう。臨床実践の的確な記録をかけるかどうかが，その臨床家の臨床能力の重要部分を構成していると少なくとも精神分析では考えてよいだろう。

　こうした問題に関心のある人は，『ヒステリー研究』（Freud, 1895）のブロイヤーによるアンナ・O の記述とそのあとのフロイトの症例記述とを読み比べてほしい。ブロイヤーのそれはいわゆる医学的な論文の色彩が濃く，「事実」が羅列されている。しかし，アンナ・O がどんな女性で，ブロイヤーと

の関係がどのようなものであったかほとんど分からない。それに対して，フロイトの記述では，例えばエミー・フォン・N夫人の症例では，N夫人がどのような女性であったか，そしてフロイトとどのような関係を持っており，それがどのように移り変わっていったかが生き生きと伝わってくる。

　ブロイヤーの記述とフロイトの記述の相違は，後者に文学的才能あったということ以上に，患者の人となりや治療者との関係が生き生きと描かれているということにあり，そこにこそ精神分析実践の本質が現れていると私は考える。文学的に優れた記録を書く必要はないが，観察したことをできるだけその情動的本質が伝わるように言葉で表現できるようになるというのが，精神分析の基礎訓練としての乳児観察の重要な訓練要素なのである。

　こうしてできあがった観察記録をセミナーグループに持っていく。そこで，観察者自身が意識しなかった，思いもよらなかった視点や感じ方に出くわしたり，あるいは質問に答えるために観察経験を思い返したりする中で，観察者は新たな見方や考えを持っていく。このように，観察経験という主観的な経験を言葉にし，そしてグループの中でそれを共有し，考えもしなかった視点や感じ方と出会う中で観察の経験の意味が次第にあらわになり，深まっていく。そこでは，説明するのではなく，「何が起こっているのか」を記述していき，その記述の作業を通じて，そこにある意味が開示されていく。

　こうしたグループ討議を経て，観察者は，また観察に戻って行き，それを記録し，グループに持ってくるという新たなサイクルが続いていく。先に書いたように，こうした一連の動作，すなわち観察，記録，グループ討議と続いていく動作が乳児観察訓練の基本動作である。訓練生は，最後のグループ討議を内在化させていくことが期待される。つまり，臨床的にものを考える際には，常に多様な「別の視点」との「討議」を心の中で行っていくことを学んでいく。自分の心を用いた観察をすること，それを言葉で表現すること，そして心の中でグループ討議的に考えられること，これらは知的理解というよりも，動作の習得に近いことにここでは注意を喚起しておきたい。

2．内省訓練——個人分析

　精神分析実践の基礎は自由連想法であると一般に理解されている。我が国

で，自由連想法はしばしばクライアントが言葉を自由に話していき，分析家がそれを見事に解釈するという図式で理解されているように思われる。この図式では，精神分析実践はいくつかの点でパズルを解くような知的作業のように理解されがちである。しかし，実際，フロイトの技法論文を読んでいくと，フロイトは，精神分析状況において，分析家にも精神分析の基本原則，すなわち自由連想法を適用しなければならないと書いている（Freud, 1912; 1913）。そして，分析家がクライアントの無意識を理解するのは，クライアントの無意識からのコミュニケーションを分析家の無意識が受け取り，その受け取ったものを意識化することであるということを，有名な電話の比喩を用いて述べている（Freud, 1912）。つまり，電話が音声（意識）を電波（無意識）に変えてコミュニケーションすることに例えている。このとき，分析家は，自分自身の心をクライアントの心を感受するために用い，その受け取ったものを捉えて意識化することが必要になる。そうした意味で，分析状況においては，クライアントだけでなく，分析家も自分自身の心に起こっていることに開かれていく必要があるのである。

　先に述べたように，自由連想法だけでなく，もっと広く精神分析的観察において，自分自身の心を感受装置として用いることがその基礎となる。自分自身の心を感受装置として用いることができるためには，自分の心の中に起こっていることをありのままに捉えることができる必要がある。

　このように「心の中に起こっていることをありのままに捉えていく」ことは精神分析の考えでは，原理的には自分自身ではできない。もちろん，殆どの人は自分自身がどんな気持ちなのかある程度が把握できる。それは自分自身の中にある「他者」である内的対象がそれを行っているからである，しかし，精神分析の仕事を職業として行い，そこで成長していけるようになるためにはそのような「センス」，すなわちそれまでの育てられた経験で身につけた力だけでは十分ではなく，精神分析的に強化された内的対象を育んでいく必要があり，それこそが個人分析経験が目指すものである[注3]。

　私の考えでは，メラニー・クラインがよい内的対象という言い方で捉えよ

注3）平井（2020）の第9章参照。

うとしているものは，静的なもの，もしかしたら知的な何かというものでは
なく，ある特定の質を持ったやりとりとそのやりとりを可能にする「相手」，
すなわち対象の感覚と関わる。それはのちに詳述するように，ある種の「運
動」感覚であり，ほとんど身体的な「手応え」感に近い。つまり，個人分析
経験で培われる，内省活動のポテンシャルは，分離性の感覚やエディプス葛
藤に持ちこたえると言いうるものであるが，それらは，知的なものでもない
し（もちろん知的な理解は必要），いわゆる「精神」的なものに収まりもし
ない。それらは身体的なものであり，運動感覚であり，「感触」のように私
には思われる。内省活動は，本質的に身体に根差した「運動」であり，そう
した「運動」の感覚，所作を体に刻み付けていくのが個人分析経験であると
私は考える。

Ⅲ　精神分析状況

1.　フロイトの自由連想法──戸口から入って来るもの

　私は別のところ（平井，2020，第 2 章）で，フロイトの『夢解釈』（Freud,
1900）の第 2 章に自由連想法の本質が描かれていることを指摘した。その章
では，理性という門番が戸口から入って来る人を制限することをやめること
の必要性を説く，詩人のシラーの創作方法についての記述が引用されている。
そしてその章では，有名なフロイトの「イルマの注射」の夢が述べられてい
る。その夢の中では，やはり夢見手のフロイトは，ホールで入って来る客を
迎え入れているのである。
　私は，これらは「ある建物の中にいる主体が外側から入って来る '客' を
迎え入れる」という構図を自由連想法の基本的状況であるとフロイトが考え
ていたことを示すと理解していている。この「建物」をビオン（Bion, 1962）
にならってコンテイナーとみなしてもよいだろう。あるいは，分析の設定や
枠組みとみてもよい。あるいはもっと具象的に面接室やプレイルームと言っ
てよいだろう。そこに入って来るものをできるだけ取捨選択せず受け止めて
いくことが分析の営みの根本であることを『夢解釈』のこの章は示唆してい
る。

　フロイトの創始した自由連想法は，一見，言葉を自由に述べていく，つまり，面接室の中に入って来るのは言葉であり，それを制限しないということのように思われる。しかし，イルマの注射の夢やシラーの比喩を自由連想法のモデルとみなしてみると，そこに入って来るのは「客」すなわち人なのであり，言葉ではない。このように，フロイトの書いているものを読んでいくと，そこには著者が意図しているもの以上のことが書いてあることに驚かされる。フロイトのテキストに潜在しているこのような側面が精神分析実践に持つ含みを明らかにしたのがメラニー・クラインの仕事である。

2.　クラインの遊戯技法──子どもから学ぶこと

　フロイトは，患者の話すことをばかげているとか病的であると一蹴することを退け，患者は「ある点で正しく，患者にはそう見えることを話しているに違いない」（Freud, 1917, SE 14, p.246）と捉え，患者にとってそのように見える枠組みを見出していくことが分析家の課題であると論じている。つまり，患者の話すことを真剣に受け止め，それについて考え続けること，すなわち患者から学ぶことこそが分析家の中心課題であることを示唆しているのである。

　しかし，フロイトは，ハンス少年の症例報告では異なった態度を示している。この5歳の馬恐怖症の男の子の「分析」はその父親を通じて行われた。フロイトはその症例報告の最後に，「私はこの分析から何も新しいことは学ばなかった。つまり，私が大人になった時点で分析をした他の患者から発見することのできたもの以上のものを学ぶことはなかったのである」（Freud, 1909, SE10, p.147）と述べているのである。当時は，子どもは言語能力が十分にないので精神分析の探索方法である自由連想法は用いることができないか，不十分なものでしかないと考えられていた。つまり，子どもから学ぶことはないとみなされていたのである。クラインが精神分析実践を子どもに行い始めたのはそのような頃であった。

　クラインは，子どもが遊びにおいて心の中にあることを表現することに気づいた。そして子どもとの分析治療のために，言葉のみを用いる方法ではなく，遊びを用いる遊戯技法を考案したのである。つまり，クラインは子ども

の遊びをばかげた意味のないものとはとらえずに，子どもの見方や感じ方を表現しているものとして真剣に受け止め，それが何を意味しているのか理解しようと努めたのである。その際に，フロイトのように，大人の見方で見るのではなく，子どもの見方がどのようなものか理解していこうと努めた。つまり，子どもから学ぼうと努めたのである。それは子どもの心の内実は，言葉だけではなく，その遊び，特にさまざまなキャラクターのふるまいを通じて表現されるということであった。別の言い方で言えば，クラインは，人の心はさまざまなキャラクターとその関係性によって構成されていることを子どもから教えられたのである。

　クラインは，遊戯技法を実践していく中で，プレイルームには，言葉ではなく，さまざまなキャラクターが現れてくることに気づかされた。恐ろしい魔女が赤ん坊を虐げたり，あるいは「お父さん」を子どもたちが虐げたりするなどのドラマが，人形やあるいはごっこ遊びで演じられる。セラピストは，ごっこ遊びの中で「バカな子ども」の役をやらされ，先生役の子どもから叱責され続けるかもしれない。これらはすべて子どもの心の中から出現してきたキャラクターのように思われる。このようにプレイセラピーの中では，子どもの心の中のものが，言葉ではなく，キャラクターとして現れていくことをクラインは「人格化」と呼んだ（Klein, 1929）。

　クラインの遊戯技法は，遊びが自由連想と等価であると見出したとしばしば解説される。しかし，より強調した方がいいと思われるのは，クラインが発見したのは，むしろ，自由連想法はより広大な自由遊びの領域の特殊な部分であるということではなかったかと思う。その意味で，クラインの遊戯技法を通じて，大人の分析状況の理解も大きく変容していった。現代クライン派は，大人の分析状況は言葉を知的にやりとりする場ではなく，クライアントと分析家がお互いに何かをしている状況であるとみなす（Joseph, 1985）。つまり，大人の言葉を介したやりとりも本質的にはプレイセラピーと同じ状況とみなせるのである。

　このように，クラインが明らかにしていった，プレイセラピー状況は，分析状況一般の姿でもあると理解できるわけである。それはまさしく，先に述べたシラーの比喩や「イルマの注射」の夢の状況そのものであることに気づ

かされる。つまり，分析状況は面接室（プレイルーム）の中にさまざまなキャラクターが入り込んでくるという状況なのである。

Ⅳ　おわりに
――子どもの精神分析的セラピストに求められるもの

　ここまで述べてきたことから精神分析的セラピーがどのような実践であるか，そしてそれを行うセラピストに何が求められるかみてみよう。

　精神分析状況はクライアントから学ぶこと，子どもから学ぶということがその本質であることをまず確認したい。その場合，「学ぶ」とは自分自身が考えたこともないことや不快で考えたくないことが含まれていることが普通である。「私たち」にとって苦痛であったり考えたくなかったり，考えもつかないことを抱えていなければそもそもクライアントが私たちのもとを訪れることはなかったかもしれないのである。クライアントにとって困難なことは私たちにとっても困難である。しかし，分析的セラピストの仕事において私たちは，そうした困難に向き合う準備がある必要がある。

　シラーの比喩で言えば，私たちは「戸口」を厳しく管理し，セラピーの枠の中で気づくことを限定してしまうかもしれない。あるいはそもそもセッションの中で起こることを限定してしまうかもしれない。「イルマの注射」の夢では，フロイトは自分の問題解決をイルマが受け入れず治療に抵抗していると決めつけるが，イルマの口の中を覗いてみると白斑やらできものがあり驚き動揺する。つまり，不都合な真実に気づいてしまったのである。その後の，ドラの症例では，フロイトが新しく考案した夢分析の方法を駆使し，ドラの夢をもう少しで解釈しつくしたと思える地点までたどり着いたまさしくその時点で，ドラは治療を中断する。この時，フロイトはこの不都合な現実から目をそらさず，自らの治療論そのものを根底から再構築し，転移分析を中心とする方法を編み出していったのである。このように真実を大切にし，必要であれば自分自身の考えを根底から再構築していく覚悟があるかどうかが分析実践をしていく際に最も必要とされる資質ではないかと思われる。

　真実というと抽象的に聞こえてしまうがそうではない。ここまで繰り返し

述べてきたように，分析実践でいう真実は，「まさしくこの子はこういう子なんだ」と思える何かである。それは必然的に，セラピストが，「自分にはまさしくこういうところがある」と知ることが含まれている。なぜなら，先にフロイトの電話の比喩のところで書いたように，分析実践は優れて相互的，互恵的営みであるからである。

こうした意味で，ある特定の子どものことを知るということは，最初に述べた日本のプレイセラピーの実践のところで述べたような「共感」とは質的に異なったプロセスのように思われる。後者は，セラピスト側の意図的能動的な行為であるのに対して，分析臨床における共感は，セラピストがセラピープロセスの中に身を委ねていく中で，自ずと生じてくる情動状態と関わる。つまり，分析的設定を設けて，セッションを重ねていく中で，セラピストは子どもの体験世界の一部を共有し，まさしくその子どもとともに感じ考えることのできる状況に自らを見出すこととなる。その時初めて，先に書いたような「まさしくこの子はこういう子なんだ」と実感することが生じうるのである。

このようなことが可能になるには，セラピストは，目の前の子ども，すなわち自分とは異なり，自分が想像も想定もしていない経験世界をもつ他者である，その子どもを知りたいという強い気持ちを持っていることが肝要に思われる。

このようなわけで，子どもの精神分析的セラピストに求められるのは子どもと自分自身の真実に開かれ，不都合であろうともそれを受け止め知っていきたいという気持ちであると言えよう。そしてそうした気持ちがそのために必要な心と体の負担を厭わないほど強いことが求められると私は考える。

文　献

Axline, V. M. (1947). *Play therapy*. 小林治夫訳 (1972)：遊戯療法. 岩崎学術出版社.

Bion, W. (1962) *Learning from Experience*. Heinemann. 福本修訳 (1999). 経験から学ぶこと. 精神分析の方法Ⅰ. 法政大学出版.

Freud, S. (1895). Studies on Hysteria. *Standard Edition, 2*. Hogarth Press.

Freud, S. (1900). The Interpretation of Dreams. *Standard Edition, 4*. Hogarth Press.

Freud, S. (1909). Analysis of a Phobia in a Five-Year-Old Boy. *Standard Edition, 10*.

Hogarth Press.

Freud, S.（1912）. Recommendations to Physicians Practising Psyho-Analysis. *Standard Edition, 12*. Hogarth Press.

Freud, S.（1913）. On Beginning the Treatment（Further recommendations on the technique of psycho-analysis）. *Standard Edition, 12*. Hogarth Press.

Freud, S.（1917）. Mourning and Melancholia. *Standard Edition, 14*. Hogarth Press.

平井正三（2009）. 子どもの精神分析的心理療法の経験：タビストック・クリニックの訓練. 金剛出版.

平井正三（2020）. 意識性の臨床科学としての精神分析――ポスト・クライン派の視座. 金剛出版.

Joseph, J.（1985）. Transference: the total situation. In Spillius, E.B.（Ed）（1988）. *Melanie Klein Today vol.2*. Routledge.

Klein, M.（1929）. Personification in the play of children. In *The Writings of Melanie Klein. vol.1: Love, Guilt and Reparation*. Hogarth Press.

Miller, L., Rustin, M., Rustin, M. & Shuttleworth, J.（Eds.）（1989）. *Closely Observed Infants*. Duckworth. 木部則雄・鈴木龍・脇谷順子監訳（2019）. 乳幼児観察入門. 創元社.

Rustin, M.&Bradley, J.（2008）. *Work Discussion: Learning from Reflective Practice in Work with children and Families*. Routledge. 鈴木誠・鵜飼奈津子監訳（2015）. ワーク・ディスカッション：心理療法の届かぬ過酷な現場で生き残る方法とその実践. 岩崎学術出版社.

鈴木龍・上田順一（2019）. 子育て，保育，心のケアにいきる赤ちゃん観察. 金剛出版.

鵜飼奈津子（2010）. 子どもの精神分析的心理療法の基本. 誠信書房.

終　章

セラピストはいつからセラピストなのか？

　本書をここまで読んでいただけた皆さんに心より感謝します。本書の骨格は日本心理臨床学会の自主シンポジウムでしたが，そこで話したシンポジストだけでなく，本書のためにコメントをいただいた先生方の情動経験の物語を読んでいただきました。今の皆さんの心にはどのようなものが浮かんできているでしょうか。通常の学会の事例検討会や書籍などで紹介される心理療法の事例の舞台裏ともいえるべき領域を描いてきましたが，舞台裏を知って舞台をさらに好きになる人もいるでしょうし，それによって冷めてしまう人もいたかもしれません。ただ，これは見るか見ないかは別として，セラピストがいるところのあちこちで起こっている物語なのです。一つとして同じ物語はありません。それぞれのセラピストが自身の情熱を抱き，目撃した変化とやりがいに手を引かれながら，一人の人間として生きる中にセラピストとしての生きることをしみこませていくプロセスがあることを見ていただけたのではないでしょうか。

　学会の自主シンポジウムを書籍化しようという当初の想定と比較すると，出来上がった本書はとても分厚いものになったと思います。そこには，木部先生（第1章）・飛谷先生（第2章）・鵜飼先生（第17章）・平井先生（第18章）という今の日本の子どもの精神分析的心理療法をけん引している先生方と，シンポジスト以外で本書のためにコメントを書いてくださった先生のおかげであり，この場を借りて深く御礼を申し上げます。そして，それらの刺激を受けて，シンポジストたちは学会の場で話した考えをより深め，修正を加えられたことで，本書をさらに内容の濃いものにできたと考えています。

　しかし，そのことが私に新たな問いを生じさせました。本来は終章ですから，結論や要約を書いて終わった方がすっきりとすると思います。ただ，すぐには答えを出せないような問いを問いとして考え続けて終わるということが本書らしいのかもしれません。

　私に生じた問いというのは「子どもの精神分析的セラピストはいつからセラピストなのだろうか？」という問いです。私はこの時点からセラピストになりましたという線引きはできるのでしょうか。第2部から第4部にかけて，各執筆者が精神分析的心理療法に惹かれ，その訓練を受けて，セラピストとして活動していくプロセスが語られています。特に第4部は「セラピストになる」ことが主題となっています。しかし，いつから，どの段階から自分はセラピストであると認識しているのかということは明確にされなかったように思います。

　話は少し逸れますが，私は本書を作るにあたって，高校生や大学生ぐらいの人に読んでもらえたらいいなあと思っていました。大学や大学院への進学や職業選択を考えるときに，「精神分析的セラピスト」という選択肢があるのだということを知ってもらいたいからです。私は第2部のシンポジウムを行った年度に採用された大学で，心理学を教え，臨床心理士養成をするようになって，今では4年目となりましたが，日本においては「精神分析」を知っている大学生がほとんどいないという現状に直面しています。大学・大学院で知っていけばよいのではないかという意見もあると思いますが，第17章で鵜飼先生が日本の大学院は精神分析的セラピストになるための訓練機関ではなく，臨床心理士・公認心理師になるための訓練機関だと指摘したように，汎用的であるために広く学ばせることとなり，1つの考えを深く知ることを促すには限界があります。特に公認心理師が活動することを想定されている5領域（保健医療・福祉・教育・産業・司法）の中に，多くの精神分析的心理療法が提供されてきた私設心理相談領域（プライベートオフィスによる開業実践）は含まれていません。そのため，今後の大学・大学院教育の中で精神分析的心理療法は，全く無用とはならないでしょうが，実践する機会は減っていくことが危惧されます。知らないものを選ぶことはできないわけですか

ら，この方法を知って，やりたいと思ってくれる若い世代を増やしていくことは重要なことだと思っています。

　それにしては本書がセラピストになることの厳しさや苦悩を強調しすぎていて，これを読んでなりたいと思う高校生・大学生なんていないよと心配されるかもしれません。私は若い人を千尋の谷に突き落とすという考えには反対だと第3章で示した通りですから，そのような意図で書いたわけではありません。私はむしろ高校生・大学生の中にはそのような苦悩をすでに知っており，私たちが示した情動経験の物語に共感を示す人たちがいると思っています。他人の残酷な攻撃性にさらされてきた人，家族や友人などの大切な人を救えない無力感を抱いてきた人，自分が何を考えているのかわからなくなるような混乱に陥った人などは少なくないことでしょう。さらに，その高校生・大学生とは，私たちの心理療法で出会ってきた子どもたちも含まれています。私たちにセラピーとは何か，セラピーにおいて何が起こるのかを教えてくれたあの子どもたちです。子どもだから精神分析的な素養がないことは決してなく，むしろ成人よりも率直に評価してくれる可能性があるのではないかと思います。そのような人にとって，本書は登るべき山への誘いと感じられることでしょう。

● セラピストたる特別な力はあるか？

　さて，その高校生・大学生の視点から考えれば，セラピストとそうでない状態を分ける境界線は，セラピストであると自他ともに認められるような特別な力を身に着けた瞬間と考えるのが自然なように思います。文献を読んで，実習でいろいろな人と出会うことを積み重ねていき，その総量が一定の水準を超えたらセラピストといった量的な基準だけではないでしょう。知識・経験の蓄積はもちろん大切ですが，そこには以前の自分とは一線が引かれるような質的な変化が起きて，ある意味では後戻りできない変身が起こり，それがセラピストになるということだと説明されるとスッキリすることでしょう。その場合に，セラピストをセラピストたらしめる特別な力というのは一体何なのでしょうか。

　そのような変化なのかは少し脇に置いておくとして，私はセラピストをセ

ラピストたらしめる力は「目に見えないものを見ていく力」だと思っています。目に見えないものの代表が情緒であり，心でもあるわけですが，それは一人の人間の中に留まっているというよりも，多くの場合は人と人との関係の間に，グループの中で展開しているものです。ある子どもが他の子に噛みついた場合に，誰もがそれを攻撃的な行動だと見なすかもしれませんが，見えにくいところでは自分を忘れないでほしい，見捨てないでほしいという切実な訴えがあるかもしれません。先生が良いことをした子どもを褒めているときに，その背景には期待通りに動かなかった子どもへの脅しがあるかもしれません。この見えないものを見るという力を育てるには，第5部で鵜飼先生・平井先生が強調した乳児観察とそれに付随するワークディスカッションが役に立ちます。言葉を話せない赤ちゃんの様子を，文字にして記録し，さらにそれを繰り返していき考え続けることで物語になっていきます。本書の執筆者の発表は，そのような力によって見つけることができた物語です。すると，ここには目に見えないものを見ることだけで留まることなく，それを誰かと共有可能な形にする，物語にする力も含まれているといえそうです。

　しかし，ここで問題となるのは，そのような力があるセラピストにとっても盲目な領域はあるということです。経験を積むことで見えるようになる領域は増えてくる一方で，だからこそ見えない領域が出てきてしまうようです。例えば，権威的な立場を得た人は，自分の言葉に誰も耳を傾けてくれないということがどういう気持ちになるものかを見えにくくなっているかもしれません。そのためセラピストは，常に他の人の目に依存しているということになります。出会っているクライエントの目，セラピスト仲間の目，一緒に働く他の職種の目によって盲目の領域を減らすよう助けられていますし，さらに自分が指導をする学生，スーパーヴィジョンを提供する訓練生の目にも大いに助けられています。そうすると，人に見えないものが自分には見えて，自分に見えないものを他の人が見えているに過ぎず，「目に見えない力」はセラピストだけが持っている特別な力とはいえないのでしょう。セラピストが特別な人間であると思うこと自体が盲目の領域を作り出すのに一役買っているともいえそうです。

●資格により認められるのか？

　では，別の方法によりセラピストになる境界線を引くことを考えてみましょう。次に考えられるのは資格を取得したらセラピストであるという線引きです。第17章に鵜飼先生がイギリスを代表とするヨーロッパ圏の資格の現状について触れており，いくつかの資格があることがわかりますが，日本においてはどうでしょう。

　日本において心理療法に関連する最も知名度の高い資格は，日本臨床心理士資格認定協会が認定する「臨床心理士」でしょう。心理の国家資格としては，2015年に公認心理師法が成立し，2017年に施行され，2018年に最初の国家試験が行われ，「公認心理師」が誕生しています。しかし，これらの資格はもちろん精神分析的なセラピストであることを認定したものではありません。

　日本で最も会員数が多い精神分析系の学会は，日本精神分析学会ですが，その学会には「日本精神分析学会認定精神療法医」と「日本精神分析学会認定心理療法士」の2つの認定があります。これは精神分析的なセラピストの資格であるように見えるわけですが，設立時からあくまで「認定」であって「資格」ではないことが強調されており，規定においても「資格」という言葉が注意深く使用を避けられています。認定の目的には「精神分析学の知識に裏づけられた精神療法・心理療法を実践する会員のアイデンティティーの確立をはかり，これによって一般の人々が精神分析的・精神力動的療法の恩恵を受けられるよう，社会に貢献する」とあります。少しわかりにくいですが，アイデンティティーの確立ですから，ある人がセラピストであることを学会が認めるということではなく，自分が自分のことを精神分析的セラピストであると思うことを手助けしますという意味なのでしょう。精神分析と名の付く資格の認定については，日本精神分析学会とは別に国際精神分析学会 International Psychoanalytical Association（IPA）の日本支部として資格を認定している日本精神分析協会という組織があります。そこには「精神分析家」と「精神分析的精神療法家」という2つの資格があることがわかります。しかし，その資格取得者の名簿を見ると41名しかいません（http://jpas.jp/members.html，2020年6月12日現在）。子どもの心理療法に限定し

た資格として認定ＮＰＯ法人子どもの心理療法支援会という団体が認定している「子どもの精神分析的心理療法士」の資格がありますが，その資格取得者も 12 名しかいません（https://sacp.jp/wp-content/uploads/2018/11/Psychotherapists-SV.pdf，2020 年 6 月 12 日現在）。もちろん海外にて資格を取得して日本で活躍しているセラピストも多いわけですが，臨床心理士が 3 万人を超えているのに比べて，日本において精神分析的セラピストという資格を有している人はとても少ないということがわかります。認定ＮＰＯ法人子どもの心理療法支援会の資格ができたのが 2011 年ですから，今後の状況は変わってくるのかもしれません。

　ただ，日本において自分を精神分析的セラピストであると思ってる人が 100 名にも満たないということは考えにくいので，多くの人は資格取得＝セラピストであると考えていない可能性が浮上します。学会や協会などの団体によって，自分がセラピストであるかどうかを決められるものではないという考えでしょうか。

● お金をもらえるようになったらセラピストなのか？

　クライエントに対して精神分析的セラピーを行って，お金をもらうという段階に至ったときに，その人はセラピストになったというスタートラインはどうでしょう。お客さんに料理を出してお金をもらえれば料理人ですし，書いた小説が出版され買ってもらえれば小説家といった具合の定義です。クライエントがその技術に納得しなければお金を支払って通い続けるということはないわけですから，自分が自分をセラピストとしての力があると自負することや，学会や協会がセラピストとしての力があると認定するよりも，適切な評価なように思えます。

　しかし，料理人はお金をもらう前に料理の練習ができるし，小説家も出版される前に小説の練習はできるのですが，セラピストはセラピーがお金をもらえる水準になるまでの練習をどうすればよいでしょうか。自分一人では練習することができないわけですから，誰か相手が必要となります。それもそこらへんにいる人でいいわけではなく，セラピーを求めている人が必要になるのです。では，訓練中は無料にしたらどうだろうかという案が出てくると

思いますが，お金をもらうことはセラピーにおいて重要な要因になってくるため外すことができません。そこでスーパーヴィジョンという別のセラピストにサポートを受けながらセラピーを行う訓練期間があるのです。

　では，その期間はセラピストではないのでしょうか。また，日本の臨床心理士・公認心理師は精神分析的セラピストの資格ではないわけですから，その資格を持ちながらも，精神分析的なセラピーは提供していないという段階にいる人も多くいることになります。本書を手に取ってくださっている人の中にも，これから精神分析的な訓練を受けていこうと思っている人も多いことでしょう。その人たちはいつから自分を精神分析的セラピストだと思うようになるのでしょうか。精神分析的セラピーの勉強会やセミナーに出席したらでしょうか。精神分析的セラピストによるスーパーヴィジョンを受け始めたときでしょうか。自分が個人セラピーを受け始めたらでしょうか。子どもの精神分析的セラピストのための訓練の入り口として，認定ＮＰＯ法人子どもの心理療法支援会は，2018 年から「観察と臨床基礎コース」と「セラピスト養成コース」の２つの訓練コースを作っています。ここに入るということは，自分が精神分析的セラピストになる入り口に立ったのだということを自他ともに認めることになります。これはわかりやすいことではありますが，そうでなければスタートラインはないのかというと疑問が生じます。

　これらの疑問を考える際に，第 16 章で若佐先生が述べた，「セラピストになるために生きているのではなく，生きることの中に，精神分析が入り込み，もはや分かちがたく結びついている」という考えが参考になります。精神分析的セラピストになるというのは，全く別の存在になってしまうことだと思いたい気持ちもありますが，そうではないのかもしれません。私たちが大人になるということも，一応の 20 歳（18 歳）という区切りや成人式という儀式はあるものの，意識してなるというよりも，気づいたらなっていたというものであることと似ているのでしょう。自分がいつから大人になったのかについて考えることに時間を費やすよりも，大人としてどう生きるかにエネルギーを注いだ方がいいという考え方もあるでしょう。

　とはいえ，大人になることと違うのは，明確な意志をもって目指さなけれ

ば精神分析的セラピストになるということはないということです。その点で
スタートラインはどこかにあることになります。そのスタートラインは制度
や他人が決めるのではなく，自分の心の中で切るものなのかもしれません。
本書を読んで，精神分析，子どもの精神分析的セラピーに近づいてみようと
思ったことが，後から見れば自分の子どもの精神分析的セラピストとしての
スタートラインだったと感じてくださる人がいたら，執筆者一同の大きな喜
びとなります。

　最後に，本書を出版するにあたりご尽力いただいた金剛出版の皆様，素敵
な装丁に仕上げていただいた画家のさいとうかこみ氏，装丁デザイナーの臼
井新太郎氏に心より感謝いたします。

　2020 年 12 月 23 日
　　　雪の下の芽に思いを馳せて

　　　　　　　　　　　　　　　　　　　　　　　　　　　　松本拓真

■監修者紹介

木部則雄（きべのりお）

第1章

1983年京都府立医科大学卒業後，聖路加国際病院小児科にて研修医として臨床を開始し，帝京大学医学部付属病院精神神経科を経て，タヴィストック・クリニック児童家族部門に留学。現職は，白百合女子大学人間総合学科発達心理学科教授，こども・思春期メンタルクリニック代表。主な著訳書に『クラインとウィニコット─臨床パラダイムの比較と対話』（共監訳，岩崎学術出版社），『こころの発達と精神分析 - 現代藝術・社会を読み解く』（金剛出版），『こどもの精神分析』『こどもの精神分析Ⅱ』（岩崎学術出版社），『乳幼児観察入門：早期母子関係の世界』（共監訳，創元社），『基礎講義アタッチメント─子どもとかかわるすべての人のために』（企画・監修，岩崎学術出版社），『発達障害・被虐待児のこころの世界』『こどものこころのアセスメント』『母子臨床の精神力動』（監訳，岩崎学術出版社），『こどものこころの環境─現代のクライン派家族論』（監訳，金剛出版），『トーキング・キュア』（監訳，金剛出版）などがある。

平井正三（ひらいしょうぞう）

第18章

1992年京都大学大学院教育学研究科博士後期課程研究指導認定退学。タヴィストック・クリニック児童家庭部門に留学し，1997年タヴィストック・クリニック児童心理療法士資格取得。現職は，御池心理療法センター代表，認定NPO法人子どもの心理療法支援会（サポチル）理事長，精神分析的サイコセラピーインスティチュート・大阪（IPPO）会長，日本精神分析的心理療法フォーラム会長，大阪経済大学客員教授。主な著訳書に，『児童養護施設の子どもへの精神分析的心理療法』（編著，誠信書房），『学校臨床に役立つ精神分析』（編著，誠信書房），『精神分析の学びと深まり─内省と観察が支える心理臨床』（岩崎学術出版社），『子どもの精神分析的心理療法の経験』（金剛出版），『自閉症世界の探求─精神分析的研究より』（監訳，金剛出版），『精神分析的心理療法と象徴化─コンテインメントをめぐる臨床思考』（岩崎学術出版社），『意識性の臨床科学としての精神分析─ポスト・クライン派の視座』（金剛出版）などがある。

■編著者紹介

吉沢伸一（よしざわしんいち）
序章・第2部イントロダクション・第5章・第7章・第15章
2004年，青山学院大学大学院文学研究科心理学専攻臨床心理学コース博士前期課程修了。臨床心理士。公認心理師。子どもの精神分析的心理療法士（認定NPO法人 子どもの心理療法支援会）。現在，ファミリーメンタルクリニックまつたににて勤務。主な著訳書に『こころに寄り添うということ―子どもと家族の成長を支える心理臨床』（編著，金剛出版），『精神分析／精神科・小児科臨床セミナー 総論：精神分析的アセスメントとプロセス』（分担執筆，福村出版），『新訂増補 パーソナリティ障害の精神分析的アプローチ―病理の理解と分析的対応の実際』（分担執筆，金剛出版），『スクールカウンセリングの「困った」を解決するヒント48』（分担執筆，大修館書店），『子どものこころの生きた理解に向けて―発達障害・被虐待児との心理療法の3つのレベル』（共訳，金剛出版），『心的変化を求めて：ベティ・ジョセフ精神分析ワークショップの軌跡』（共訳，創元社）などがある。

松本拓真（まつもとたくま）
第3部イントロダクション・第3章・第7章・第8章・第12章・終章
2013年大阪大学大学院人間科学研究科博士後期課程を単位取得退学。博士（人間科学）。臨床心理士。公認心理師。子どもの精神分析的心理療法スーパーバイザー（コンサルタントセラピスト）（認定NPO法人子どもの心理療法支援会）を取得。現在，岐阜大学教育学部准教授。主な著訳書に，『自閉スペクトラム症を抱える子どもたち―受身性研究と心理療法が拓く新たな理解』（金剛出版），『子どものこころの生きた理解に向けて―発達障害・被虐待児との心理療法の3つのレベル』（共訳，金剛出版），『精神分析から見た成人の自閉スペクトラム―中核群から多様な拡がりへ』（共著，誠信書房），『自閉症スペクトラムの臨床‐大人と子どもへの精神分析的アプローチ』（共訳，岩崎学術出版社）などがある。

小笠原貴史（おがさはらたかふみ）
第4部イントロダクション・第6章・第13章・第16章
2007年，東京国際大学大学院臨床心理学研究科博士課程前期修了。臨床心理士。公認心理師。子どもの精神分析的心理療法士（認定NPO法人 子どもの心理療法支援会）。現在，こうぬま心理相談室にて勤務。主な著訳書に『自殺の対人関係理論―予防・治療の実践マニュアル』（共訳，日本評論社），『短期力動療法入門』（共訳，金剛出版），『子どものこころの生きた理解に向けて―発達障害・被虐待児との心理療法の3つのレベル』（共訳，金剛出版）などがある。

■執筆者一覧

飛谷　渉	（大阪教育大学保健センター）	第 2 章
榊原みゆき	（東京女子医科大学小児科）	第 4 章・第 7 章
熊田知佳	（聖マリアンナ医科大学病院）	第 6 章・第 10 章・第 12 章
中島良二	（調布学園）	第 7 章
三宅朝子	（あさ心理室）	第 7 章
村田朱美	（日本赤十字社医療センター小児保健部）	第 9 章・第 12 章
若佐美奈子	（西天満心理療法オフィス／神戸女学院大学）	第 11 章・第 14 章・第 16 章
千﨑美恵	（白百合女子大学人間総合学部発達心理学科）	第 12 章
竹山陽子	（御池心理療法センター）	第 12 章
阿久津章乃	（ファミリーメンタルクリニックまつたに）	第 16 章
山崎孝明	（こども・思春期メンタルクリニック）	第 16 章
上田順一	（大倉山子ども心理相談室）	第 16 章
ガヴィニオ重利子	（Child-Parent Counselling）	第 16 章
鵜飼奈津子	（大阪経済大学人間科学部）	第 17 章

子どもの精神分析的セラピストになること
実践と訓練をめぐる情動経験の物語

2021 年 4 月 10 日　印刷
2021 年 4 月 20 日　発行

監修者　木部則雄・平井正三
編著者　吉沢伸一・松本拓真・小笠原貴史
発行者　立石正信

印刷・製本　シナノ印刷

装丁　臼井新太郎

装画　さいとうかこみ

株式会社　金剛出版
〒 112-0005　東京都文京区水道 1-5-16
　　　　　　電話 03（3815）6661（代）
　　　　　　FAX03（3818）6848

ISBN978-4-7724-1776-1　C3011　　　　　　　　　Printed in Japan ©2021

こころの発達と精神分析
現代藝術・社会を読み解く

[著]＝木部則雄

●A5判 ●上製 ●280頁 ●定価 **4,180**円
● ISBN978-4-7724-1730-3 C3011

現代クライン派精神分析の「美と真実」。
モーリス・センダック，宮崎駿「千と千尋の神隠し」，
村上春樹『海辺のカフカ』を素材に，大人に至る心的発達を描く。

意識性の臨床科学としての精神分析
ポスト・クライン派の視座

[著]＝平井正三

●A5判 ●上製 ●268頁 ●定価 **4,620**円
● ISBN978-4-7724-1761-7 C3011

ビオン，メルツァー，アルヴァレズを読み解きながら，
自分自身を知るための作業であるいきいきとした
精神分析実践の姿を描きだしていく。

新訂増補
子どもの精神分析的心理療法の経験
タビストック・クリニックの訓練

[著]＝平井正三

●A5判 ●並製 ●240頁 ●定価 **3,520**円
● ISBN978-4-7724-1460-9 C3011

著者が不十分だと感じていた，わが国での
子どもの精神分析的心理療法訓練の現状を批判し，
何が必要であるかを説いた章を加えて改訂新版とした。

こころに寄り添うということ
子どもと家族の成長を支える心理臨床

[編著]=松谷克彦　吉沢伸一

●B5判　●並製　●244頁　●定価 **3,080**円
● ISBN978-4-7724-1792-1 C3011

子どもや家族が抱える「寄り添い難きこころの諸問題」に対する，
児童思春期精神科ファミリーメンタルクリニックまつたにの
全臨床スタッフによる実践の経験が凝縮されている。

自閉スペクトラム症を抱える子どもたち
受身性研究と心理療法が拓く新たな理解

[著]=松本拓真

●A5判　●並製　●240頁　●定価 **4,180**円
● ISBN978-4-7724-1586-6 C3011

自閉スペクトラム症を抱える子どもと青年およびその家族は
何を体験しているのか？
著者が心理療法を通して聞いた心の声を描き出す。

子どもと青年の
心理療法における親とのワーク
親子の成長・発達のための取り組み

[著]=J・ツィアンティス他　　[監訳]=津田真知子　脇谷順子

●A5判　●並製　●256頁　●定価 **4,180**円
● ISBN978-4-7724-1712-9 C3011

子どもの心理療法は子どもの親との取り組みなしには成立しない。
本書では，セラピストによる親との取り組みについての
臨床経験を通して問題点を考察していく。

子育て，保育，心のケアにいきる 赤ちゃん観察

[編]＝鈴木龍 上田順一

●A5判 ●並製 ●236頁 ●定価 **3,740**円
● ISBN978-4-7724-1682-5 C3011

赤ちゃんは見られたがっている。
よく見て，赤ちゃんのこころを感じとる。
子育てとこころのケアに携わる人の感性を育む必読書。

子どものこころの生きた理解に向けて
発達障害・被虐待児との心理療法の3つのレベル

[著]＝A・アルヴァレズ [監訳]＝脇谷順子

●A5判 ●並製 ●336頁 ●定価 **4,620**円
● ISBN978-4-7724-1591-0 C3011

発達障害や自閉スペクトラム症の子どもたちの心について，
著者の繊細かつユニークな
精神分析的心理療法の視点から解説していく。

自閉症世界の探求
精神分析的研究より

[著]＝D・メルツァー [監訳]＝平井正三 [訳]＝賀来博光 西見奈子

●A5判 ●上製 ●288頁 ●定価 **4,180**円
● ISBN978-4-7724-1392-3 C3011

本書はメルツァーの自閉症臨床研究の成果である。
これらは精神分析や自閉症の理解においても，
重要な研究結果となるであろう。

（価格は10％税込です）

こどものこころの環境
現代のクライン派家族論

［著］=D・メルツァー　M・ハリス　［監訳］=木部則雄　池上和子

●四六判　●上製　●240頁　●定価 **4,180**円
● ISBN978-4-7724-1667-2 C3011

メラニー・クラインとアンナ・フロイトの論争以来，
クライン派精神分析の盲点でありつづけた家族とコミュニティの機能に
焦点を当てる，現代クライン派精神分析モデルによる新しい家族論。

ピグル
ある少女の精神分析的治療の記録

［著］=D・W・ウィニコット　［監訳］=妙木浩之

●B6判　●並製　●290頁　●定価 **3,520**円
● ISBN978-4-7724-1450-0 C3011

児童分析の大家ウィニコットによる，
ピグルというニックネームをもつ少女の
2歳半から5歳2カ月までの心理療法記録の全貌。

精神分析的心理療法における
コンサルテーション面接

［編］=P・ホブソン　［監訳］=福本 修　［訳］=奥山今日子　櫻井 鼓

●A5判　●並製　●230頁　●定価 **4,620**円
● ISBN978-4-7724-1729-7 C3011

タビストック・クリニックにおける
精神分析的心理療法のアセスメントは
どのようなプロセスを経ているのかを平易かつ詳細に解説する。

心理療法における無意識的空想
セラピストの妊娠に焦点を当てて

［著］＝若佐美奈子

●A5判 ●並製 ●244頁 ●定価 **4,620**円
● ISBN978-4-7724-1587-3 C3011

クライエントの無意識的空想にセラピストの人生上の変化が
及ぼす影響について考察しており，
特にセラピストの妊娠・出産の影響に焦点を当てる。

心的交流の起こる場所
心理療法における行き詰まりと治療機序をめぐって

［著］＝上田勝久

●A5判 ●上製 ●240頁 ●定価 **3,960**円
● ISBN978-4-7724-1636-8 C3011

精神分析の最新の研究成果を実践応用するための技術論を展開。
仮説と検証のプロセスを辿り，
あらゆる心理療法に通底する「治療原理」を探求する。

精神分析の諸相
多様性の臨床に向かって

［著］＝吾妻 壮

●A5判 ●上製 ●200頁 ●定価 **3,960**円
● ISBN978-4-7724-1731-0 C3011

精神分析をめぐる最新の議論を，
主に世界最多の精神分析家を擁し精神分析の伝統が根を下ろしている
米国の動きに注目して紹介する。

（価格は10％税込です）

リーディング・クライン

[著]=M・ラスティン他　[監訳]=松木邦裕　武藤 誠　北村婦美

●A5判　●並製　●336頁　●定価 **4,840**円
● ISBN978-4-7724-1725-9 C3011

「抑うつポジション」,「妄想分裂ポジション」,「羨望」等,
クラインの鍵概念を解説。
クライン派精神分析の理論と実際を学ぶための,
英国クライン・グループの公式テキスト。

ビオン・イン・ブエノスアイレス 1968

[著]=W・R・ビオン　[編]=J・アグアヨ他
[監訳]=松木邦裕　[訳]=清野百合

●A5判　●上製　●264頁　●定価 **4,950**円
● ISBN978-4-7724-1809-6 C3011

貴重なビオン自身による症例報告やスーパービジョンを含む,
ビオンの臨床姿勢を存分に味わうことができる
セミナーシリーズの記録。

こころの出会い
精神分析家としての専門的技能を習得する

[著]=L・アロン　[監訳]=横井公一

●A5判　●上製　●376頁　●定価 **5,720**円
● ISBN978-4-7724-1801-0 C3011

米英における現代精神分析思想の諸潮流
(対象関係論,自我心理学,自己心理学,関係論的精神分析)を
概観するための優れた入門書。

（価格は10%税込です）

現代精神分析基礎講座［第4巻］
精神分析学派の紹介2
——自我心理学，自己心理学，関係学派，応用精神分析

［編集代表］＝古賀靖彦
［編］＝日本精神分析協会 精神分析インスティテュート福岡支部

●A5判 ●並製 ●200頁 ●定価 **4,180**円
● ISBN978-4-7724-1733-4 C3011

1996年から始まり今も続いている
精神分析インスティテュート福岡支部主催の精神分析セミナーを基に
それらの講演をまとめたものである。

パーソナル 精神分析事典

［著］＝松木邦裕

●A5判 ●上製 ●364頁 ●定価 **4,180**円
● ISBN978-4-7724-1802-7 C3011

「対象関係理論」を中核に選択された
精神分析概念・用語について，
深く広く知識を得ることができる「読む事典」！

クライエントと臨床心理士
こころの「病」と心理療法

［編］＝渡辺雄三 山田 勝 髙橋蔵人 石黒直生

●A5判 ●上製 ●304頁 ●定価 **4,620**円
● ISBN978-4-7724-1510-1 C3011

個人心理療法の実践を積み重ねてきた執筆者らにより，
重篤なこころの「病」を抱えたクライエントとの
心理療法過程が描き出される。

（価格は10%税込です）